中国校本教研与校本课程数字出版平台
中国校本教研网 www.schooledu.com.cn
◎特别推荐◎

高效能校长的10个好习惯

张勤◎编著

江苏教育出版社

图书在版编目（CIP）数据

高效能校长的10个好习惯/张勤编著. —南京：江苏教育出版社，2013.7

ISBN 978-7-5499-3137-8

Ⅰ.①高… Ⅱ.①张… Ⅲ.①中小学—校长—学校管理—习惯性—能力培养—研究 Ⅳ.①G637.1

中国版本图书馆CIP数据核字（2013）第138959号

书　　名	高效能校长的10个好习惯
作　　者	张　勤
责任编辑	严小英　马春霞
出版发行	凤凰出版传媒股份有限公司 江苏教育出版社（南京市湖南路1号A楼　邮编210009）
苏教网址	http：//www.1088.com.cn
照　　排	润星之源文化有限公司
印　　刷	九洲财鑫印刷有限公司
厂　　址	河北省三河市灵山大口
开　　本	787毫米×1092毫米　1/16
印　　张	16
字　　数	262千字
版　　次	2013年7月第1版　2013年7月第1次印刷
书　　号	ISBN 978-7-5499-3137-8
定　　价	30.00元
网店地址	http：//jsfhjy.taobao.com
邮购电话	025-85406265，85400774　短信　02585420909
E - mail	jsep@vip.163.com
盗版举报	025-83658837

序

人生是要讲效能的。读过几本关于效能的书，印象最深、受益最多的是史蒂芬·柯维著的《高效能人士的七个习惯》和阿兰·拉金的《如何掌控自己的时间和生活》。不难看出，即将面世的《高效能校长的10个好习惯》（以下简称“本书”）的书名就受其影响。说不清这样定名是什么原因。是想沾名著的光吗？不是，因为无可比及。是内容有关联吗？不是，人家的书大气到覆盖所有的群体所有的人，本书涉及的内容很狭窄。但是本书和以上列举的名著一样，同样认为优秀不是一种行为而是一种习惯。

多年校长工作的经历使我确实有着一些自己的习惯（估且不论习惯好坏）。比如，我不喜欢也反对在教职工大会上漫无边际、信口开河、拉拉杂杂地讲话；不喜欢也反对婆婆妈妈、事无巨细的管理；不喜欢也反对校长在全校教职工大会上一件一件地去布置工作；不喜欢也反对今年的报告和去年的报告没啥区别、本学期的总结和上学期的总结听不出有什么两样的校长讲话。因为这些不喜欢和反对，我给自己规定：每学期只在全校教职工大会上讲一次话；每次讲话都要有新意、有成果；讲话的要旨是方向和引领；讲话的作用是激励和升华；讲话的效果是激起教师的思维火花，使之进行改革创新实践并动力十足；讲话的原则是有助于教育事业的可持续发展。我讲话时喜欢观察教师的反应，进而评价自己的讲话效果，希望获得自发的掌声。

忽然有一天，在整理这些讲话稿或讲话提纲的时候，我有了归纳成文的念头，可整理后发现一篇篇讲话拼凑起来不成体系。于是重新梳理，可理来理去却又成了老生常谈。敝帚自珍，又不舍一弃。感谢编辑老师的指导和帮助，他们为本书的出版奉献了智慧和劳动。本书在编写过程中引用了诸多人士的案例和研究成果，在此深致敬意和谢忱！缺点不足肯定存在，欢迎批评指正。

拉杂至此，是为序。

张 勤

主编简介：

张勤，中学高级教师，现任阿鲁科尔沁旗民族职业教育中心校长。从事教育管理研究多年，曾获赤峰市学科带头人、赤峰市优秀教师、阿鲁科尔沁旗名校长、赤峰市名校长等荣誉称号。

目　录

习惯*1*　树理念

——以先进理念为指导，创建一流学校

习惯2 巧管理

——抓大放小巧管理，游刃有余靠智慧

习惯3 会用人

——知人善任有慧眼，用其长取其“短”

习惯4　生为本

——一切为了学生，一切为了学生的终身发展

习惯5　抓科研

——以校本科研为抓手，促进教学上台阶

习惯6 重课堂

——进教室掌握师情学情，督促引导质量提升

习惯7 明赏罚

——靠组织制度管人，让赏罚都令人心悦诚服

习惯8 会理财

——开源节流两手抓，生财有道富学校

习惯9 谋创新

——思路领出路，创新促高效

习惯10 常充电

——紧跟学术潮流，充电增长后劲

习惯1 树理念

——以先进理念为指导，创建一流学校

办学理念是校长基于“办怎样的学校”和“怎样办好学校”的深层次思考的结晶。从某种意义上说，办学理念是由学校生存理由、生存动力、生存期望有机构成。从内容上说，办学理念包括学校理念、教育目的理念、教师理念、治校理念等；从结构上说，办学理念包括办学目标、办学方向、工作思路、办学特色等要素。办学理念具有时代性和超前性、稳定性和发展性、统一性和多样性等特性。高效能的校长能够以先进理念为指导，创建一流的学校。

一、“树理念”概述

理念，是人们经过长期的理性思考及实践所形成的思想观念、精神向往、理想追求和哲学信仰的抽象概括。理念的总和构成理念世界。它是理性化的想法、理性化的思维活动模式，或者说理性化的看法和见解。它是客观事实的本质的反映，是事物内在特性的外在表征。校长树理念，就是树立先进的办学理念，并使其成为办学的灵魂，指导学校健康发展。

办学理念是校长基于“办怎样的学校”和“怎样办好学校”的深层次思考的结晶。从某种意义上说，办学理念是学校生存理由、生存动力、生存期望的有机构成。从内容来说，办学理念包括学校理念、教育目的理念、教师理念、治校理念等；从结构来说，包括办学目标、办学方向、工作思路、办学特色等要素。办学理念具有时代性和超前性、稳定性和发展性、同一性和多样性等特性。

（一）校长树理念的重要意义

办学理念的确立可以回答学校全部活动所涉及的三个基本问题，即“为什么”“做什么”“怎么做”，解决了“学校是什么”的终极问题，所以，校长树立办学理念是基于如下需要：

1. 学校发展的需要

校长树立办学理念有两个最基本的作用：其一，使校长个体的行为具有自觉性和目的性；其二，在此基础上，使学校的整体行为具有自觉性和目的性。自觉性表现为行为的理性，目的性表现为行为的指向性。

学校要走上可持续发展的道路，确立一个正确清晰、既富于时代精神又体现学校特点的办学理念是关键和前提。

2. 学校形成或保持独特个性的需要

如今，中小学教育共性明显，个性欠缺，而办学理念可以体现一所学校的办学特色和办学模式的多样化。

人们之所以容易记住一些名校，是因为它们都有自己鲜明的办学特色，这些办学特色的形成，离不开这些学校的校长独特而深邃的办学理念。

3. 校长专业化发展的需要

作为校长，应经常思考这样的问题：一定时期内的办学目标是什么？用什么样的教育思想、办学理念实现办学目标？校长有了这种思考，就有了自我发展、自我完善的动力，而有了这样理念的校长，就可能办出一所好学校，校长个人也能在办学实践中成长为教育家。

（二）树理念的内涵与基本特点

办学理念是学校之魂，它包括学校的办学宗旨、办学目标、办学策略，具体体现在校训、校风、校规、校歌、教育理想、建校原则、办学宗旨、育人取向、培养目标、育人途径、学风建设、教师形象、校园文化、工作重心等方面。作为校长，应对每一方面都精雕细琢，力求这些方面的办学理念在实践中达到完美。先进的办学理念对内是凝聚力、向心力，对外则是核心竞争力和品牌。

独特的办学理念应体现学校对教育理想的追求及在教与学、发展与改革、理想与现实等基本关系方面的价值信念。具体来说，独特的办学理念应体现以下几个特点：

1. 理想性

这是办学理念的目标特点。办学理念包含着学校发展或学生发展的目标性内容，反映着办学者对学校发展或学生发展的理想追求。

2. 全局性

这是办学理念的认识特点。办学理念是对办学活动全局性、宏观性、整体性的理解和把握。

3. 实践性

这是办学理念的功能特点。办学理念不是纯粹的观念，它渗透到学校教育教学的各个方面，融于办学实践并指导办学实践，具体化为学校的校训、校风、教风、学风等。

4. 独特性

这是办学理念的内容特点。由于办学环境、面临的问题、办学经验及信念等差异，办学理念也往往不同，甚至表现出学校的鲜明个性特点。先进的办学理念应立足学校实际，继承学校的优良办学传统，体现时代精神和积极的文化价值观。

5. 稳定性

这是办学理念的结构特点。办学理念主动适应学校及其环境发展，能够在一段时期内甚至很长时间内指导学校的办学实践，但又要根据时代的发展变化而不断创新。

学校的办学理念是在长期的教育实践过程中通过不断总结、提炼、发展或创新而形成的一种具有理想性、全局性、实践性、独特性和相对稳定性的价值信念，并在学校教育教学实践中体现出其特有的导向功能、感召功能、辐射功能和识别功能，是学校文化品牌建设的向心力。

（三）办学理念的价值诉求与理性建构

办学理念的价值诉求主要包含以下几方面：

1. 导向功能

办学理念是学校文化品牌建设的内核与灵魂。办学理念的转变和创新意味着人们将以新的眼光重新审视和认识学校形象，以新的范式重新把握和建构教育体系，以新的方式重新组织和拓展教育活动。所以，办学理念具有导向功能，能积极指引学校在理想和信念指导下整体把握办学活动。

2. 感召功能

办学理念所蕴含的核心价值和精神追求一旦为人们所接受，就会对人们产生一种规范约束作用，并内化到人的心灵深处，变为一种行为准则，体现在人的行动上。因而办学理念能凝聚人心、构筑学校精神，具有感召功能。由文化浸润而“育”成的品性对学生的影响持久而深远。

3. 辐射功能

办学理念是学校历史传统和现实情况的统一，它既要考虑学校的历史传统，又要考虑教育的时代精神。随着学校开放程度逐渐加大，学校与周边社区、与整个社会之间的交流日益频繁，这使得学校肩负文化资源辐射和文化反哺的职责。所以，办学理念成为先进文化和积极价值的辐射源。

4. 识别功能

办学理念是教育共性和学校个性的统一，是学校文化品牌建设的核心要素。办学理念对外是学校文化品牌的内核与灵魂，对内则能凝聚人心、构筑学校精神，作为一种“品牌理念”，能够起到传播推广、寻求价值认同的作用，是人们认识、辨别学校文化品牌个性的“一面旗帜”。

（四）理念的践行

理念树立后，校长应把它渗透到学校每个成员的头脑中，并有效地整合、落实到具体的行为中。具体可以从以下几方面进行：

1. 内化为广大师生的共识和共同愿望

理念是理性思考的产物，理性的东西只有让人理解了才可能被接受。所以，校长要想办法让先进的办学理念被全体师生理解、达成共识，并充分调动全体师生工作学习的积极性、主动性和创造性，使全体师生共同参与办学。

2. 建设一支能够促进学校可持续发展的教师队伍

办学理念的践行离不开一支专业水平高的教师队伍，但教师专业发展的空间是无限的，成熟是相对的，而发展是绝对的，其发展内涵是多方向、多领域的，既包括知识的积累、技能的娴熟、能力的提高，也涵盖了态度的转变、情意的发展等。在共同发展的层面上，教师发展和学生发展是统一的。

所以，校长应提出并实践旨在提高教师队伍整体素质的校本培训模式，不断提高教师的专业发展水平，从而保证学生和学校的可持续发展。

3. 优化课程结构，构建促进学生发展的课程体系

办学理念的践行，归根结底是为了学生的发展。所以，校长应带头构建课程体系，优化课程结构。

优化课程结构的基本思路是构建以基础性课程为主干、研究性课程和拓展性课程为两翼的新课程体系。实践证明，合理、完整、有效的课程结构能促进学生的全面发展。

4. 实施人本化管理，为践行办学理念创设环境

在学校管理中，校长应努力做到始终贯穿以师生发展为本的思想，从权

威的指挥者转变为学校目标的设计者和指导者，使师生从被管理者转变为学校的主人。

人本化的学校管理可以使师生共同参与学校决策，共同承担责任，为办学理念的践行创设有利环境。

5. 建立践行办学理念的激励机制

发展性的激励机制应是一整套完整的具有发展性的评价体系。对教师评价时，应当注重过程，注重发展，注重双向互动，采取学生评价教师、教师自评和同行互评等措施，对教师的教育教学工作能力与教育教学工作业绩做全方位、多角度、客观公正的综合评价。

对学生的评价应努力做到评价内容不单一、评价标准不单一、评价手段不单一、过程性评价和终结性评价相结合，定性评价和定量评价相结合，自评和他评相结合。

发展性评价体系不仅要注重师生和学校工作的实际状况，更应关注师生和学校工作的未来发展，从而成为践行办学理念的激励机制。

6. 整合校内外资源，为践行办学理念提供保障

学校办学理念的践行，离不开家长、社区、兄弟学校、教育行政部门和社会各界的支持。所以，学校应通过争取地方政府和社会各界的支持，通过与兄弟学校协作交流、组织学生开展综合实践活动等，通过整合校内外资源，为践行办学理念提供保障，为学校发展奠定坚实的基础。

校长树理念是为了体现什么？先进办学理念体现的是学校的办学之道、教学之道、管理之道，是教育工作者实现人生价值、追求卓越、走向辉煌之道。有无先进的办学理念这个“魂”是一回事，这个“魂”是否体现教育的科学性、艺术性，是否“不唯上，不唯书，只唯实”，是否求真、求善、求美、尽真、尽善、尽美，则是另一回事。

夸美纽斯在极端困难的条件下，率领捷克兄弟会的成员在波兰的黎撒创办了文科中学，在颠沛流离中创办了匈牙利的“泛智”学校，提出了教育是“把一切事物教给一切人的全部艺术”的办学理念，成为“现代教育之父”。

马卡连柯于1920年秋创办“少年违法者工学团”，坚决反对当时苏联流行的各种错误教育思潮及教育领导部门的某些官僚主义作风，提出了对流浪儿童教育的“对人的高度尊重与严格要求相结合”办学理念，“使几百个经历过严重摧残和屈辱生活的人改造成‘真正的苏维埃人’”。

陶行知创办晓庄学校，条件极为艰苦，但他提出的“生活即教育”“解放学生的脑，解放学生的手”等办学理念，却使晓庄学校的“小先生们”做了普及中国教育的主力军。

可见，一所学校的办学理念就是这所学校的标志，是它的眼睛，是它的“神”。一所学校的一般性的特征人人皆知，而唯其办学理念是独有的。

办学理念是一所学校“举全校之力”的结晶，是一所学校全部文化的积淀，是教育哲学、教育社会学、教育文化学、教育管理学、教育人类学、课程论、教学论等诸多学科综合研究的对象。它体现了一所学校的一切，同时也展示了学校的一切；它满足了社会的政治、经济、军事、文化的需要，同时，也推动了社会文明进步。

二、名校长与“树理念”

（一）以生为本，树立“你行我也行”的办学理念

如今很多学校都确立了具有自己特色、体现自己文化的办学理念。广东番禺中学就提出了这一理念，目标明确，使得全校师生秉承“你行我也行”的办学理念，打造出如今享誉全国的模范学校，并成为广州市二十四所国家级示范性高中之一。

番禺中学是由已故香港爱国实业家、慈善家霍英东先生于1988年倡议并捐助兴建的。兴建之初，学校只是一所普通高中，为了提高学校的教育质量，校长陈楚玉提出了“你行我也行”这一办学理念，并将其定为校训。

“你行我也行”办学理念的具体内涵是尊重个性、激扬志气、和谐心理、敦厚品德、发掘潜能、成就人生。它要追求的教育理想是人皆有才、人人成才。

理念是行动的先导，行动是理念的体现。番禺中学就是通过六条教育途径来践行学校的这一办学理念的。

首先，对学生进行“天生我才必有用”“人皆可以为尧舜”的励志教育。王侯将相宁有种乎？教育应激发学生的志气。番禺中学通过校会、主题班

会、国旗下的讲话、名人报告会、成人宣誓、高考宣誓等教育形式，开展制订个人奋斗目标、写励志春联、为办学理念找100个理由、开展“在挫折中奋起”的主题教育与演讲比赛等活动，对学生进行励志教育，培养有志气、有骨气的学生。有了志气，学生才会与时俱进，有了骨气，学生才会百折不挠、自强不息。

其次，是对学生进行厚德载物、豁达大度、与人为善，尊重他人的传统美德教育。引导学生鄙弃嫉贤妒能的扭曲心态，走“你行，我以你为荣，向你学习；我发愤、我拼搏、我也要行”的正确成才之路。学校开展了以孝道教育为突破口的思想品德教育，通过校本教材、校本课程、“孝道星河”网站、孝道服务作业、全校性“孝道之星”评选活动，学校、家庭、社区三位一体的“孝道之星”颁奖及孝道文艺表演晚会等形式的教育活动，将孝道由亲情引向责任感的培养，引向对民族、对人民的赤子之情。

第三，“你行我也行”是一种和谐心育。番禺中学制订了“全员参与、全面渗透、全程发展”的心育工作方针，使全体教师成为心理辅导员，寓心理教育于教育教学的全程活动之中，并举行心理辅导报告会、心理教育社团活动、个别心理咨询、心理教育课题研讨等心理教育系列活动，充分发掘学生的潜能，树立学生的自信，培养学生“天生我材必有用”的底气，让学生明耻、明理、有德、有义。

第四，“你行我也行”也是一种竞争教育。在教育教学实际工作中，广东番禺中学通过学法指导、考试讲评、个别辅导、标兵表彰、经验介绍等方法和途径，来启发、教育和激励学生通过正当的途径、科学的方法、勤奋的劳动去刻苦拼搏与良性竞争。

第五，“你行我也行”又是一种成功教育。为了实现“人人成才”的教育理想，番禺中学建立了“4+1”的互助合作教育模式，学校制订了相关的活动流程，相关的检查、讲评、表彰的规章制度，在全校范围内开展了“4+1”互助合作学习活动，各班都组织了“四个正取生或优良生帮助一个择校生或后进生”的五人互助合作小组，各小组积极开展课内外的各项学习、文娱、体育、生活等活动。“4+1”教育模式使择校生、后进生受到正取生、优秀生优良学风的熏陶，让所有学生学会体谅、承担责任、合作互助、和谐共处。同时，学校还向联合国教科文组织申报了“合作学习教育模式的研究”的课题，在教育教学两线同时展开了实践研究，试图通过探索合作学习的组织形式、活动技巧、评价方法，构建合作学习的课堂教学模式，掌握异质小组合作互助学习的规律，大面积提高学校的教育教学质量。

第六，“你行我也行”还是一种“学会选择”的人生规划教育。多元化、多类型的高中课程方案为学生的个性发展提供了广阔的空间，但学生在选课的过程中会受到各方面的影响，如社会的、学校的、家庭的及自身的，需要教师进行选修指导，进而实现认识自我，正确选择。番禺中学的教师认为没有素质差的学生，但可能有抉择失误的学生。番禺中学根据国家的课程方案和学校的办学理念制订了学校课程发展规划，成立了学校课程委员会，建立了选课指导制度，合理安排了必修课和选修课程，吸引师生和家长参与学校课程建设，根据校情和学生特点，精心编写了一批反映新课程理念并具有本地和学校特色的校本教材，包括“办学理念”类、“学会生存与学会做人”类、“番禺人文”类、“学科拓展和学科创造性思维”类等四类共16本校本教材，为全体学生创设了培养兴趣、发展特长的条件和空间，促进了学生全面而又富有个性地发展。

“你行我也行”这一办学理念是面向全体学生的素质教育，它渗透于全体师生的教育观、学生观、课程观、评价观中，指引着番禺中学全体师生去开创最好的教育局面，让每一个学生都获得成功，让每一个学生都认识到自己的价值，并以此去创造社会价值。

“你行我也行”的办学理念可以激励学生树立自信心。番禺中学正是如此，全体师生在“你行我也行”办学理念的激励下，不自信的变得自信了，自信的变得更自信了，因此奏响了你追我赶、团结共进、和谐共处的乐章。正是因为有着“你行我也行”的信念，有着“你行我也行”的拼搏、竞争精神，才有了今天取得如此骄人成绩的番禺中学。

番禺中学的办学理念充分体现了激励教育的智慧。激励教育作为一种教育方法，以激发、鼓励为原则，并采取一定的措施，如激发兴趣、提示愿望、给予奖励或荣誉，提供方法或方便条件等，对于激发学生的学习兴趣、热情和愿望，进而促使学生积极主动地去掌握需要学习的知识技能和行为规则，提高学生各方面的素质等效果非常明显，这种方法已为大家普遍接受并付诸实践，具体的激励方法和措施则因人而异。

番禺中学的“你行我也行”办学理念彰显了学校独树一帜的教育理想，激发奋斗精神，鼓励个性发展，全面提高素质。番禺中学用这种颇具激励作用的办学理念演绎出了一部拼搏进取、不断赶超、从小到大、由弱到强的历史，培植了师生“你行我也行”的团队意识，锤炼出师生自强不息、志在超越的“逐日精神”。

（二）用“过去”和“现在”共铸精魂理念

办学理念作为一个标尺，在很大程度上可以激励、劝勉所有师生为了长远目标而努力奋斗。中山市华侨中学的办学理念“自强不息，敢争第一”就具有这样一种强烈的激励作用。一直以来，学生师生在“自强不息，敢争第一”的精神感召下，表现越来越出色，成绩越来越卓著。

代表华侨中学文化核心的办学理念实际上是从学校“过去的重大事件”和“现在流行的故事”中提炼而来的。什么是“过去的重大事件”和“现在流行的故事”呢？

“过去的重大事件”是指，中山市华侨中学是1954年由归国华侨陈茂垣创办。1979年初，蔡继有先生回乡到河泊附近参观华侨中学，却看到一幢斜楼，几间平房，椅残桌破，一片荒凉的景象。蔡继有先生深感痛惜，于是他立志要让华侨中学“重新站立”起来。

之后，蔡继有先生奔走海外，遍访乡亲，传达复校信息。海外乡亲知道家乡已经恢复华侨地位，反应非常强烈，纷纷解囊相助。1979年11月，华侨中学正式复校。

蔡继有先生先后为侨中捐资1060万元，极大地改善了学校的办学条件。更为重要的是，在蔡继有先生的支持下，广大华侨筹集资金捐出善款为侨中设立了奖教奖学基金、维修绿化基金、艺术教育基金等不同类型不同用途的教育基金保证了学校的可持续发展。

“现在流行的故事”是指，2002年高考，华侨中学学生李健成为全市的“总分状元”，被清华大学录取。李健在小学念书时，成绩只能算中等偏上。后来邻居家的一位大哥考上清华大学的消息对她产生了很大的震动。羡慕之余，她立下了一定要考上清华大学的志向。那时，她刚上初中。

自此，李健一步步朝目标迈进。上了高中，她的成绩实现了质的飞跃。高中三年，全市三次统考，她都名列榜首，最后终于考上了梦想中的清华大学。“李健的故事”产生了“李健效应”。一种“乐学、善思、明辨、笃行”

的学风逐步形成，越来越多的华侨中学的学子明白，非常之志成就非常之人，非常之人敢创非常之功。

后来，为了创办一个有特色、有品牌的中学，学校根据这两个事件提炼出一句话作为校训，那就是“自强不息，敢争第一”，这也成了华侨中学办学理念的精魂。

“自强不息”取自《周易·乾卦》的“天行健，君子以自强不息”；“敢争第一”则源自中山人“敢为天下先”的开拓进取精神。这八个字合在一起，既是蔡继有先生及广大爱国华侨漂泊四方、艰苦创业、兴办教育的精神写照，也是对像李健这样为了梦想、勇争第一的学生的激励，希望在他们身上能体现出一种自强不息的精神。

华侨中学与时俱进，提出了“自强不息，敢争第一”的办学理念。虽然提出的时间比较晚，但这种精神自办学初就一直激励着全校的每一个师生。

胡永跃是华侨中学的高级物理教师。2001 年暑假，汪雅子校长就信息学奥赛问题找到胡老师：“信息学奥赛是全国的五大竞赛之一，也是反映一所学校信息技术教育水平的标志，过去，我们在这一点上还抓得不够，现在，作为全国现代教育技术实验学校，一定要把这项工作抓上去！”

听了校长的话，胡老师面有难色地说：“校长，我们学校的情况您知道，第一，我们人手不够，况且，我们学校现在还没有一位老师是正规的计算机科班出身；第二，信息学奥赛课程主要是大学计算机专业的选修课程，很难啃，没有老师能够上。”

汪校长开导说：“没有条件就创造条件，没有老师上，你就亲自上，一定要把它搞出点名堂来。”

最后，汪校长还不无风趣地鼓励胡老师：“你行，我相信你一定行，要敢于去争嘛！”

就这样，在汪校长的激励下，胡老师亲自挑起了侨中信息学奥赛教练员的重担。

在这年的暑假里，胡老师没有休息过一天，没日没夜地学习 Pascal 语言，啃数据结构，钻研算法和图论，解信息学奥赛难题。同时，他着手物色学生，反复做学生的思想工作，费尽千辛万苦才成立了侨中信息学奥赛小组。

胡老师还到处收集资料，建立起侨中信息学奥赛辅导专题网站，构筑起网络教学互动平台，通过网络对学生进行辅导，与学生进行沟通交流。

在进行信息学奥赛辅导的过程中，最让胡老师感到棘手的问题是如何把学生留住，如何把学生的初步兴趣转化为内驱力。

对学生而言，参加数学、物理、化学或生物的竞赛辅导，即使在竞赛中没有获奖，平时所学的内容对高考也有一定的好处，而参加信息学奥赛辅导，由于信息学不是高考科目，若辛辛苦苦地花了很多精力最后又没有获全国一等奖，没有免试保送资格，就感到很吃亏。因此，一些素质好的学生都不太愿意参加信息学奥赛，即使参加了，也很难坚持到底。

作为教练员，胡老师一开始并没有多大把握能够辅导学生获得全国一等奖，又要顾及对学生其他科目学习的影响，因此，开展信息学奥赛辅导的时间很难有保障，只能利用学生零碎的业余时间，但无论如何，胡老师都决定咬牙上。

为了留住学生，为了培养学生的兴趣并将其转化为内驱力，胡老师注意将信息学奥赛辅导与学生的能力培养结合起来，与学生其他科目的学习特别是数学、英语学习结合起来，充分发挥网络的优势，特意开发了“作业提交系统”“侨中网络考场”等网络教学互动平台，使学生在零散的时间里也能通过网络接受辅导，互相交流，共同促进。胡老师逐步引导学生拓宽利用网络的面，引导学生进入大学信息学题库网站，进入美国信息学奥赛网，使学生通过交流，在更宽广的范围内认识更多的师友，通过做题、提交程序，获得相应的成功感受，检验自己的能力和水平。

这样，学生不仅提高了信息学成绩，而且通过网络结交了更多的师友，英语学习成绩也意想不到地进步了，自信心自然就更强了。

获过全国联赛一等奖的黄硕同学，曾在给新的信息学小组同学介绍参赛经验时说：“当时竞赛组里我属于英语十分不行的一个，还记得做美国信息学奥塞网第一题时，看了两三次题目都不知道说什么，但经过一年信息学奥的训练之后，我的英语阅读能力真可以说是突飞猛进……”

因为敢于拼搏，短短的三年，胡老师组织辅导的学生就有四人次获全国青少年信息学奥林匹克联赛高中组一等奖，两人次获二等奖，四人次获三等奖。最近，胡老师被聘为中山市信息学奥林匹克竞赛教练组副总教练、侨中信息学竞赛辅导特聘高级教师。

华侨中学的办学理念是近几年才形成的，但每个学校的办学理念都不是随意提出的，一般来说都与其传统文化及校风有关。华侨中学的办学理念“自强不息，敢争第一”表现出了高远豪迈的精神追求，它不仅植根于民族文化的土壤，而且植根于学校历史传统，尤其能够与时俱进，反映时代特色，充分传递出学校的办学理念与办学目标方面的个性化追求。

办学理念是一所学校外树形象、内聚人心的文化座右铭。它以观念形态、心理状态等形式存在于学校师生的内心深处，又以独特的校风、教风、学风、传统习惯等方式作为外显标志。

如今，华侨中学正处在由特色学校向品牌学校发展的转型阶段，处在“加速推进教育现代化，努力打造教育名城”的教育形势下，处在“前有标兵，中有伏兵，后有追兵”的竞争包围圈中。华侨中学要想突出重围、攻坚破难、创特色、铸品牌，就必须继续发扬“自强不息，敢争第一”的精神。

只有用这种既有文化底蕴又有时代特征的办学理念去熏陶、感染、同化、引导、激励、凝聚、约束和评价所有师生，学校管理及教育教学才能实现“领导管理有中心，教师教学有核心，学生学习有信心”，才能更上一层楼。

（三）追求卓越，不断创新理念

河北衡水中学创建于 1951 年，是河北省首批示范性重点高中。学校的校风为“博学、笃行、合作、进取”，教风为“爱生、严谨、善诱、创新”，学风为“厚积、有恒、深思、求异”，校训为“追求卓越”。这三种风气突出了学校的高远目标和进取精神，体现了衡水中学鲜明的办学理念。

衡水中学把“以学生发展为本”作为学校的办学理念，把“培养适应未来社会发展的素质全面的现代人”作为学校的办学宗旨，这个理念和宗旨就是学校办学目标的具体体现。

每一所学校都会有自己的追求，但追求的层次可能有很大差异。衡水中学追求的不是表面的浮华和眼前的荣誉，他们是为学生的长远发展、终身幸福考虑，是为社会的和谐进步准备人才。这样的目标无疑是远大的，也是崇高的。它具体反映在“追求卓越”的校训精神上。

早在 1996 年，衡水中学就提出了创建精神特区的构想，让校园这片净土不受不良习气的污染，让教师能够抵御腐朽思想的侵蚀，让学生在清新的文化空气中健康成长，让校园成为师生满怀深情的精神家园。为创建这样的精神特区，学校以“追求卓越”的校训为引领，构建了一套极富内涵的“衡中精神特区”的框架：

一是思想达到“四种境界”：从大局出发，以事业为重，对未来负责，为师生着想。

二是工作符合“四种要求”：办事公道，作风正派，埋头苦干，无私奉献。

三是要求教师达到“四个远”：远离庸俗，远离铜臭，远离低级趣味，永远有追求。并作出规定：严禁教师吃请受礼，严禁教师搞家教活动，严禁教师在校内吸烟。学校还制订了教师对学生的五个“一视同仁”：对不同性格的学生一视同仁；对男生女生一视同仁；对不同家庭出身的学生一视同仁；对学习成绩一视同仁；对有礼的学生和无礼的学生一视同仁。

四是对学生进行“四项教育”：社会公德教育，思想励志教育，自立自强教育，吃苦耐劳教育。

五是大力倡导“四种精神”：奉献精神，进取精神，求实精神，创新精神。

六是努力实现“四个目标”：和谐的人际关系，温馨的人文环境，奋发向上的精神，充满激情的工作学习状态。

衡水中学的这种精神特区，不追风，不媚俗，具有衡中的个性，是在其“追求卓越”办学理念基础上的一次飞跃。

2002年9月中旬，《中国教育报》连续四天以整版篇幅介绍衡水中学的办学新理念，在全国基础教育界引起了很大的震动，立即掀起了学习衡水中学的热潮，“衡中现象”被人们誉为“教育的神话”，衡水中学也因此闻名全国。

衡水中学以自己的优异成绩和巨大影响使人们把“卓越”与之联系在一起，在追求卓越的办学理念基础上不断创新已成为衡中的精神品牌，它是衡中的骄傲，也是教育理念的一面旗帜。

衡水中学在不断解读办学理念的过程中，开始了更高远的目标追求。在校长张文茂的引领下，衡中的师生不仅把追求学习成绩、高考业绩作为人生价值、生命价值的体现，在生活、品质等其他方面也是追求卓越。“追求卓越”的办学理念已经成为了支撑师生不断努力的精神支柱。

多年来，衡水中学恪守“追求卓越”校训，遵循“以师生发展为本”的办学理念，大力倡导尊重教育，努力实施以“教会学生学习”为目标的教学改革，并提出了“以终身难忘的教育培养和谐的人”的育人新理念，促使教育教学质量连年攀升，实现了和谐、快速、可持续的发展。

“追求卓越”不仅仅是衡水中学的一个口号，更深深地刻在了每个衡中人的心里，让每个人都时刻谨记这种精神，并以此激励自己向更高的目标前进。

为了把办学理念落到实处，衡水中学不仅对教师、学生给予正确的引导，还制订了明确的制度规范，尤其重视教师的培养工作，精心打造名师。

衡水中学的现有办学理念是在不断创新并符合时代要求的基础上产生的，因此更具鲜明的时代烙印，具有与时俱进的色彩，不管办学理念如何发展，它所承载的精神应该是不会变的。多年来，它一直影响着全校师生，并伴随着他们的前进步履不断发扬光大，使之名扬四海。

三、如何做“树理念”的校长

在现代社会中，多元文化的冲突、融合与价值选择已经成为每一个国家面临的重要问题，这使得基础教育的“文化战略”意义日渐凸显。学校如何在纷繁复杂、多元的文化背景下选择符合自身发展条件的文化元素，选择能够引导学校全体成员沿着符合价值主流方向发展的文化内容，在整体统筹的基础上，采取切实可行的举措，为学校植入独具特色的文化内涵，是学校文化品牌建设的首要问题，而这文化品牌的建立首先体现在办学理念的树立上。

校长要想树立独特的办学理念，一方面要对教育理论进行学习总结，另一方面要在办学实践中进行思考。办学理念是教育理论和教育实践相结合的产物。办学实践是校长办学理念产生的源泉，理性思考则是丰富和提升办学理念的途径。校长要确立具备文化内涵又具有独特性的办学理念，不妨从以下几方面加以考虑进行：

（一）以政策理论为基础

办学理念应以国家的教育方针、政策和法规为指导。校长应多学习、研究国家的教育政策法规，在领会教育方针、政策和法规的基础上树立现代教育观，然后确立办学理念。

（二）在文化传承中发展

办学理念是学校文化的核心。学校文化是经过长期积累形成的，是学校传统的重要组成部分。作为承载学校核心价值和精神追求的办学理念要关注学校的历史传统，尊重学校的文化积累，回到学校的历史文化中重新发现、解读和建构学校思想和文化资源，使之符合时代精神和教育改革与发展的要求。

每所学校在办学过程中都有不同于其他学校的历史，在发展过程中必将积淀并衍生出属于自己的、深厚的学校文化。学校自身的历史文化底蕴蕴含着学校发展的机遇，校长要直面学校文化现实，重视学校的历史传统、经典细节，寻找文化精粹，用心诠释，从文化传承中提炼出符合时代发展的办学理念，让历史走向未来。

（三）在文化评价中树理念

文化评价是对当前学校文化状况进行判断的活动，就是要根据新时代教育目标的要求，依照科学的方法程序，系统地收集有关信息，对学校的文化现象、文化活动、文化内容以及达到目标的过程或程度和社会价值进行判断，为学校决策提供依据。

文化评价是建构学校办学理念的重要环节，目的是通过客观、实事求是的评价，弄清学校文化的状况，以便做出正确的选择、批评、整合、重构与决策。校长可以借助一系列测试工具或调查访谈来了解学校文化的现状与层次，为下一步文化的建构、办学理念的树立找到切入点。

（四）借鉴外校经验，在借鉴中创新

兄弟学校特别是名校，都有各自丰富的办学经验和鲜明的办学特色。兄弟学校的经验将会拓展校长的思路，丰富校长的思想，从而使校长在提炼办学理念时更有思想高度。

任何"放之四海而皆准"的办学思想，只有结合学校的具体情况加以创造性地运用，才具有生命活力，才能令人信服。正如苏霍姆林斯基所说："创造性的借鉴经验，就是发展自己的教育思想，也是在形成自己的教育信念。"

（五）在彰显特色中升华办学理念

学校特色是学校文化的整体表现，是学校理念和精神由内而外的自然呈现与自然生成；与学校文化整体协调；是全体师生所共同认可的，并表现为师生的基本行为；是在学校氛围中能够感觉到的，而不需要刻意讲解和阐述。

特色学校在具有一般学校共性的基础上，又有与众不同的个性，即"人无我有，人有我优，人优我精"的独特风格。从某种意义上说，特色学校之所以成为特色学校，就是因为它创建了一种独特、优质、稳定的学校文化模式。

学校自身的历史文化底蕴蕴含着学校发展的机遇，校长应学会把握这种文化机遇，并加以提炼和升华，形成个性鲜明的办学理念。

（六）办学理念应体现时代精神

学校的发展不能与社会的发展相割裂。社会是学校的延伸，学校是社会的缩影。所以，办学理念要随着时代变化而不断更新。如果始终保持原来的办学模式不变，以前可能获得成功，但现在就不一定能保持成功。

所以，校长要研究如何把学校原有好的办学传统继承下来，同时要与现代教育思想相结合，有扬弃，才会有发展。

现代办学理念是校长从事学校管理的价值观体现。学校办学理念的形成取决于校长的办学价值取向和校长个人的人生追求。作为校长，只有把个人融入学校中，把教育作为一项事业，把学校当作生命奠基的场所，把学校教育作为提升生命质量的活动，并为之努力，不懈追求，才能形成符合时代要求的办学理念。换言之，校长的人生观、价值观影响并决定着校长对教育的理想与信念，也影响并决定着校长的办学理念。

先进办学理念的树立没有固定的模式，在文化传承中发展、在现实反思中超越、在经验借鉴中创新、在特色彰显中升华是其基本策略。无论采用哪一种策略都应认识到，学校的办学理念蕴含着学校文化的核心价值观和精神追求，校长应自觉担负起“文化培根”的特殊使命。

习惯2 巧管理

——抓大放小巧管理，游刃有余靠智慧

校长作为学校的管理者，其管理能力直接关系到学校的办学方向和办学质量，关系到教育的发展，关系到国家和民族的未来。管理讲究的是抓大放小、实现轻松管理，而要达到这种巧管理的境界，校长应不断借鉴业内管理专家的管理方式，结合自身的管理经验，提炼出一套适合本校的管理思想与方法。

一、"巧管理"概述

管理是社会组织为了实现预期的目标，以人为中心进行的协调活动。它包含四个含义：实现组织未来目标的活动；管理的工作本质是协调；管理工作存在于组织中；管理工作的重点是对人进行管理。

管理就是制订、执行、检查和改进。制订是制订计划（或规定、规范、标准、法规等）；执行是按照计划去做，即实施；检查就是将执行的过程或结果与计划进行对比，总结出经验，找出差距；改进首先是推广总结出的经验，将经验转变为长效机制或新的规定，其次是针对检查发现的问题进行纠正，制订纠正、预防的措施。

学校管理也与其他组织的管理类同。校长的管理能力直接关系到学校的办学方向和办学质量，关系到基础教育的发展，关系到国家和民族的未来。作为一个组织的最高领导，管理讲究的是抓大放小，实现轻松管理。而要达到这种巧管理的境界，校长应不断借鉴业内管理专家的管理方式，结合自身的管理经验，提炼出一套适合本校的管理思想与方法。

（一）巧管理的最高境界——无为而无不为

校长作为学校的管理者，要将纷繁复杂的学校管理事务分化成每一个管理者的工作任务，让不同层次的管理者"忙"起来，而让自己"闲"下来。这样，不仅可以使不同层次的管理者都感受到自己岗位的重要，而且校长还可以从纷繁的琐事中解脱出来，站在一定的高度纵观全局，统筹全局，达到无为而无不为的巧管理境界。

1. 决策讲究民主化

决策是校长的首要任务、核心工作。一些校长往往为决策费尽心思、绞尽脑汁，却收效甚微。其实只要讲究民主化，校长不仅能摆脱困境，而且会使决策更加科学和可行。

比如在每周召开的行政例会上，校长可以提出一些决策内容，对于其中的非重大工作，可以通过讨论，群策群力决定。另外可以把一些具体的事项分解给各处室，由他们提出决策意见，再集体通过。这样的决策过程可以发挥各层、各部门管理者的工作潜能，汲取全体教职员工的智慧，尊重各个层面管理者的民主权利，也加深了学校教职员工对决策的理解，为决策的顺利实施奠定基础。

而校长在决策过程中，只要起统筹、指导、点拨的作用即可，这一习惯可以使校长轻松实现高效巧管理。

2. 执行讲究规范化

决策的落实、制度的执行，最主要的是规范化。每个职能部门（各处室）都要制订出明确且操作性强的工作规范，按规范办事，使全体员工一律平等，尤其是各处室的领导者要率先垂范，做出表率。必要时，在执行过程中可以对某些内容（如考核评优、职称评定等）予以公示。领导者身体力行是无声的号角、无言的纪律。

校长只要在平时抓这些，使之形成习惯，即使不插手下属的具体工作，各项工作也会按部就班地进行。

3. 评价讲究多元化

评价的多元化包括：一是自评，每节课的反思、每学期的工作小结、每一学年的考核等，但校长在总结工作时不能把功劳往自己身上揽，而要更多地给教师好评，让教师有成功的喜悦；二是互评，各职能部门、教研组及教工之间的互评；三是学生、家长、社会评价；四是上级部门评价。

多元评价的前提是要深入检查调研。这一环节不容忽视，只有深入课堂，才能保证评价的准确性与公正性。可以说，深入调研的多元评价既避免了评价的单一性和片面性，也缓解了传统评价中易引发的各种矛盾和冲突。

（二）高效管理者应具备的“六性”

无为而“管”是管理的艺术，而要实现无为的管理技巧，作为校长，应具备以下“六性”：

1. 主动学习，具备创新性

作为校长，要善于主动学习。校长的主动学习能带出一个善于学习的教师群体，为管理打下创新基础。重要的是，校长在学习中可以掌握先进的教育教学理论，进而改变自己的教育理念；在借鉴各级各类学校的经验的过程中树立正确的管理观；在与教师一起的培训、教研、教学活动中获取鲜活的教学观。这些是创新管理理念所必须积累的知识。校长只有坚持长期学习，才能把实践的经验和理论的智慧精妙地结合起来，创造具有特色的新鲜办法、新鲜语言、新鲜思想和新鲜经验。这样管理就不会千篇一律，决策就不会陷于死板。

2. 总体论证要注重科学性

校长在梳理学校的工作思路时，应理通学校出现的难题，理透教师的思想情绪。所以，作为校长，应是一个思想进步、处事科学的学者。

每个校长的决策总是需要经过总体论证，方能使管理准确无误，具备科学性。一是要把自己的管理理念放在教育改革的大背景下去论证，看自身的管理理念是否符合科学的规律；二是把管理融入学校工作的具体情况中去论证，看管理是否符合学校的客观实际；三是把管理放到自己的工作中去验证，看这类管理理念是否符合自己的风格，是否符合本校实际，是否能让人眼前一亮、心中一震。

3. 处理问题要有针对性

校长在管理中要特别注重针对性，否则就不能解决实际问题，整天忙得晕头转向，却无一点效果。讲究针对性的基础是校长要沉到基层，深入各处室，亲自感受处室的酸甜苦辣，了解他们亟待解决的实际问题。

时代在变，办学情况也在变，依靠过去的经验体会去思考现在的工作实际，很容易使管理陷入死胡同。所以，校长要树立五“勤”意识：一是脚勤，经常转一转；二是眼勤，要勤于观察各种微妙的变化，看出其中蕴含的内容，防微杜渐，防患于未然；三是耳勤，要勤于听取各种各样的议论与意见，校长最忌不容他人议论或只听几个人的话；四是嘴勤，要勤说，这里的说当然不是声色俱厉、婆婆妈妈，而是爱心关切，激情鼓舞，启迪建议；五是手勤，要勤动手，尽量多掌握、积累相关材料，掌握一些专业技能，在过程中挖掘问题、深化思考。只有这样，校长在管理上才能有针对性地解决教师的实际困难与发展，才能达到教育均衡发展的目标。

4. 常规谈心要讲究情感性

正所谓“以理服人，以情感人”，在管理上，理与情的巧妙结合可以产生良好的效果。常规谈心是校长管理中一项基础性工作，校长要经常找各岗位、各类型的教职员工谈心，交流思想，增进感情。谈心的面要广，让每一位教职员工都感受到校长心中有自己。谈心的内容更要广，可以谈生活、谈工作、谈理想、谈业务、谈兴趣等，这样才能让教师敞开心扉。

在谈心的过程中，校长应与对方平等交流。谈心的方式要灵活，在坚持原则的前提下，变通语言表达方式，多从对方的利益出发，作深入交谈。

常规谈心是一种情感投资，得到的将是情感与智慧的双重回报，会极大地促进管理工作的开展。

5. 社会交往要注重策略性

在市场经济大背景下，校长少不了与社会各界人士交往。在交往的过程中，校长要坚持“有利于学校的发展”和“遵守法律法规”两项原则。主要涉及以下两方面：

一是正确处理好与上级领导的关系。要摆正上下级关系，校长要学会换位思考，学会善于表达意见。这样才能在自主办学过程中获得上级领导的支持与帮助。

二是正确处理好与当地镇、村干群的关系。校长要主动争取镇、村领导的支持，要亲自进镇政府、下村居、走访企业，寻找支持，创设良好的环境，使学校与镇、村形成良好关系，为了一个共同目标协同努力。

6. 总结要注重务实性

所谓总结的务实性，就是要保证总结内容的实事求是。校长的每一份总结、述职报告都要在“实”字上狠下功夫，造句遣词要恰如其分。首先总结中的材料要来自平时的督查评价积累和各职能部门的报送，校长只要成为熟练的“裁缝”，予以巧妙“剪拼”即可；其次，总结中的遣词造句要多用激励性语言，少用指责批评性词句，这样既能使下属心悦诚服，更可避免下属总结汇报的浮夸与虚假。

实现总结的务实，才能实现学校管理工作的扎实开展。

中国的教育改革波澜壮阔，但无论改革走到哪一步，校长的管理作用都不可小视。校长是学校的灵魂，是教师队伍的旗手、领头人。一名优秀的校长能成就一所好学校。办好一所学校要依靠人力资源、财物资源、信息资源等，而合理配置这些资源需要校长高效的管理能力，特别是教育理念的建立、办学思路的设计、校园文化的建设，都要靠校长的管理来筹划，并带领全校师生去努力实现。

所以，校长只有具备高效的管理能力，才能带领一所学校走向成功。

二、名校长与“巧管理”

（一）用“教育热情”管理“烂摊子”

薄弱学校是一个让学生和家长都“敬而远之”的地方，是一个校长和教师都不愿意进去的地方，即便一旦不小心“失足”进去，也会忙着想办法逃离。可是就是这样的人见人嫌的学校，有一个人接连去了3所，并且还不可思议地让这些学校都“起死回生”，摘掉了“老大难”的帽子。

这个人就是目前在江苏省南京滨江中学担任校长的邓可清。

说起邓校长，他可以称得上是治理薄弱学校的专家，从他的履历中，就可以窥见一斑：

1993—1999年，出任南京市南化四中的校长；

1999—2006年，邓可清从南化四中调到南京十二中初中部出任校长；

2006年暑期至今，邓可清出任滨江中学的校长。

短短的13年，邓校长一连出任三所学校的校长，而且这3所学校无一例外都是薄弱学校，有的甚至被称为“三类中的三类”，是家长“贴钱都不让孩子去”的学校。但是，短短十几年，邓校长就让这3所学生“起死回生”。

邓校长有一套管理薄弱学校的方法。正是因为他有这些高效的管理手段，因此他不仅相继让这3所学校起死回生，甚至还使这些学校成为当地的名校。

这个能力如此强大的邓可清校长，到底是何许人也？他又是用了什么办法让一所所薄弱的学校旧貌换新颜呢？

事例一

邓校长对教育始终怀有一份特别强烈的热情。当年高考时，他连续填了三个师范专业的志愿；毕业后，他先后当过幼儿园、小学、中学的老师，也做过大学教师；工作之余，他还对国内外教育前沿理论做过系统研究。

然而，最能表现出他教育热情的还是他对自己担任校长的三所“烂摊子”学校的“拯救”。

1993年，邓校长调到南化四中做校长。这是一所南京化工建设单位承办的学校。他到任时，正赶上企业的经济效益大滑坡，学校连教师的工资都不能按时发放。

这使得学校的教师纷纷“自谋生路”，从80多人减少到了62人。而学校的校舍也是破损不堪，实验室连最起码的实验器材都没有，就连南京市技装部门的领导查看后都忧虑地说：“还真没见过这么困难的学校。”

因为长期受企业精神、体制、氛围的影响，这里的老师的质量意识很强。一些人对邓校长这位以往主持学校德育工作的新校长的管理能力多少有点怀疑。

走马上任的邓校长却没有闲心去理会他们的怀疑，而是把劲儿用在了让学校走出困境上。为此，他决定实行课堂教学改革，学习洋思中学的“先学后教，当堂巩固”的教学模式。

这种新教学模式对于那些对传统教法驾轻就熟的教师来说自然是一种新的挑战和压力，所以他们本能地阻止邓校长实施这种革新。

面对压力，邓校长并没有放弃教学模式的改革，而是去洋思中学学习了好几次。

那时，洋思中学早上6：20上早自习，晚上9：30晚自习才结束，邓校长就在清晨学生“叮当叮当”的饭盒声中走入校园，一直随灯影下的师生离校。

回学校后，邓校长开始采用洋思的教学模式，让全校的教师观摩了一次自己上的一堂初三年级的数学“下水课”。结果，一堂课下来，不同层次的学生都掌握了他讲的内容，练习题也全部解出来了。终于，老师们信服了。

事例二

邓校长到南京十二中初中部，是下关区作为人才引进的，属于“空降兵”。所以，尽管邓校长从来不把校长当“官儿”来做，尽管当时的十二中初中部在学生和家长眼里是个贴钱都不去的地方，他还是遇到了很多很难解决的问题。

对此，邓校长并没有放在心上，而是凭借自己对教育的热爱与忠诚，继续抓自己的管理。

到任后不久，他提出了“安全、净、静、敬、进”6字常规，力求在最短时间内恢复学校正常秩序；提出“先做好孩子，再做好学生”的口号，补充家庭教育中的道德和常规教育；兴办家长学校，践行“用被教育好的学生教育学生家长”的理念……

每天邓校长都亲自坐镇德育处，亲自指导班主任和其他教师的工作。

可是谁想到，上任还不到一个学期，邓校长就被“通知”进了反贪局。

在听了邓校长的解释后，接案的检察官无奈地说：“你得罪人了！”

后来邓校长写了一首诗来形容自己改造薄弱学校的感受。他说：“流言蜚语满天飞，明枪暗箭四处射，污泥浊水当头泼，忍辱负重向前走。”

尽管遭到了不公平对待，他还是一如既往地锐意改革。

十二中初中部基础很差，困难也非常多，很多人都对这所学校绝望了。邓校长刚上任就拉出了“三年内创建‘江苏省教育现代化示范初中’”的条幅。

一个各方面都差的学校还想当教育现代化示范初中？简直是天大的笑话。不解、嘲讽、挖苦，顿时一股脑儿地找上门来了。

然而，邓校长却凭借自己对教育的一片丹心，让学校产生了令人信服的变化：学校中考连续3年取得好成绩，巩固率100%；3年后，十二中初中部通过验收，成为“江苏省教育现代化示范初中”。

事例三

2006年暑假，邓校长被“空降”到滨江中学做校长。

滨江中学位于南京长江大桥下，是一所由中考成绩在区内位居倒数三名的3所学校合并而成的学校。

鉴于生源不足等问题，学校被市、区确定为小班化教育试点学校和外来工子弟学校。这和邓校长之前任校长的那两所学校一样，都是属于人见人嫌的“烂摊子”。和以前一样，邓校长依然没有气馁，而是决心把这所学校办出成绩来。

在教工大会上，邓校长向教师们明确宣布：“想当官往上走的，学校尽量给你创造条件；想下海挣钱去的，我们欢送你离开；哪也不想去想留在学校的，我们就一起好好干！”

与此同时，他还在全校教师当中开展了一个大讨论：新学校应该是什么样的？好教师应该具备哪些素质？通过大讨论，结合教师的想法，学校确立了“人人成功，各得其所”的教育理念，确定了“让普通的学生变优秀，让优秀的学生更优秀，一个都不能少”的目标。通过加强管法、教法、学法、考法的研究，学校确定了“巧教巧学”的教学模式。

对于教师，邓校长强调教师要对学生负责，也要对自己的工作负责，要在工作中提升生命的价值。

邓校长说，教育管理的基本前提是尊重师生，信任师生，而其最终目的是实现师生共同进步。

这话说起来简单，真正做到却很难。

学校有一位数学老师善良勤恳，但是管理能力比较弱，还有一位老师已经一年多没怎么上课了。在详细了解了两位教师的情况后，邓校长就当机立断，让他们当了班主任，鼓励他们证明自己，并经常具体指导他们的工作。

两位老师也很争气、很上进，很快就成了学校的教学骨干。

对自己的这一举措，喜欢京剧的邓校长解释说：“你把人捧上了台，他不演也得演，演着演着也就出彩了。”

与重点学校的老师相比，薄弱学校的老师就和他们所在的学校一样受歧视，很少能得到他人的尊重。为了改变这个现状，邓校长想方设法地创造尊师环境。

教师遇到困难，邓校长积极帮忙解决；即使教师在工作上出现了一些失误，他也从不板着脸教训他们，而总是从解决问题的角度思考问题，帮教师分析原因，并提供方法。

尽管滨江中学的学校经费很紧张，邓校长还是想办法给教师提供免费午餐。同时还提供了一些其他福利，如冬天发围巾，夏天发T恤，还做了漂亮的校服，老师们一出去开会，就能被人一眼看出是滨江中学的。此外，邓校长还别具一格地制订、实施了滨江中学教职工《健身奖励制度》。

邓校长说，这样做使教师“辛苦心不苦，身累心不累”，从而更好地投入教育教学工作中。

一位滨江中学的语文老师说，尽管现在的工作量是过去的三倍，但是她很开心，因为以前是在混日子，没有目标，邓校长当校长后，她觉得工作有了奔头。

而一位英语教师则说，他现在心情很愉快，腰杆也挺起来了，出去开会也不“惭愧”地坐墙角了。他非常坚定地认为，滨江中学的完全崛起只是一个时间问题而已。

要想做好一件事，必须对这件事情抱有特殊的感情，也就是热情。管理也是一样，只有对教育事业充满热情，校长才能管理好学校，即使这所学校是个“烂摊子”。如果一个人总是对自己做的事情持无所谓的态度，就不会为做好这件事情花多少心思，下多大功夫。那样，这件事情成功的几率也就很渺茫。

邓校长之所以能屡次把“烂摊子”学校变成“金不换”，就是因为他对教育怀有独特的热情。如果没有这种热情，恐怕接手这些学校后，他所做的第一件事情就是赶紧托关系走人，而不是寻求适合这所学校的管理办法，让巧管理成为解救“烂摊子”的“灵丹妙药”。

能不能管理好一所薄弱学校，关键看校长对教育有没有极大的热情。校长只有对教育有不同于常人的热情，才会真正想办法去解决学校的问题，才会有不改造好学校就誓不罢休的进取精神。

（二）治乱需用“重典”

“邓校长，这个班我可真没法教了！”一天下午，教数学的周老师气呼呼地冲进了校长室，一脸沮丧地说。她已经不是第一次对所教的初二（2）班感到失望了。

2007年11月下旬，周老师从外地的一所重点中学调入了南京滨江中学，可是她怎么也想不到这里的学生会是这样：没有做作业的习惯，上课随意接老师的话茬儿，想换座位自己就换了。

现在都已经到期末复习的时候，可是学生们还是无心学习，不管怎么教育，就是有学生软硬不吃。

“这哪儿是课堂啊？简直是幼儿园！”这个只有三十多个学生的班级很快让周老师这位已经从教三十年的优秀教师到了崩溃的边缘。

更让周老师百思不得其解的是，别的老师居然对学生们的现状很满意，没有一个老师向校领导“告状”。最让周老师不解的事情还在后面呢！

她好心好意地向邓可清校长提出学生不爱学习的现状后，邓校长却告诉她：“现在和以前相比，学校已经算是发生翻天覆地的变化了。你刚来不适应，我们都习惯了。慢慢习惯就好！”

校长不仅没有给自己出主意或帮忙解决学生的问题，反而让自己去适应、习惯。周老师的头顿时就大了：“对这样根本不把老师放在眼里的学生，我还需要怎么去适应、习惯啊？”周老师怀着不满，悻悻地走出了校长室。她真不知道邓校长是什么想的。

虽然邓校长这次没有像以往那样马上给周老师出主意，但是他心里却有自己的想法。

他关注这个“问题”班已经有两个多月了，知道这帮学生并不坏，只是调皮得有些出格，经常以和老师“斗智斗嘴”为乐。

之所以出现目前这种“无政府”状态，是因为这个班在初一入学时出现了一些班级管理上的失误，使学生没有养成好的行为习惯。尽管后来学校接连配备了一些工作能力很强的班主任和科任教师，但是教师在面对这批调皮得有些“无法无天”的学生时，使用常规的教育方法显然根本就不能奏效，而学生也根本就不吃老师的那一套。

想了很久，邓校长把该班班主任及全体科任教师召集起来开会，开始面授机宜。

那天下午的第一节是历史课，历史老师却没有来教室上课。班干部只好去办公室找历史老师。谁想到，历史老师却一反常态，说：“课上完了，你们自己复习吧！”

接下来，学生又发现了一件“怪事儿”：历史老师不来上课，班主任竟然也一反常态地没有出现，而大家都喜欢的语文老师却在课堂上转悠，可是他却一句话也不说。

这下，学生更感觉不对劲儿了：出问题了！可是问题在哪里？谁都猜不透。

正在大家一阵猜想的时候，班主任出现了，神情黯然地说：“哪个班主任喜欢你们，你们就到哪个班去吧！”

话音刚落，一个学生就如梦初醒地喊起来了：“我们班要被解散了。”听他这么一喊，教室里顿时炸了锅。

班干部集合，赶到校长室，向邓校长拍胸脯保证再也不让老师伤心难过了，希望学校和老师再给他们一次机会。

邓校长欲擒故纵地说："你们的请求，学校倒是可以考虑考虑。只是你们以前的表现太让老师伤心了。怎么办啊？既然你们执意不想解散，就先回去组织同学们好好复习吧！你们表现好了，我才可以跟老师谈条件啊！"

第二节是物理课。物理老师进了教室，但是发完练习题，他就又一言不发地离开了，好像无心给同学们上课似的。可是，尽管那天他没看着，但是那天的课堂纪律却出奇得好。

第三节是地理考试。那天，班主任没有像往常那样絮絮叨叨地给大家讲一番考场规则、不许作弊之类的话，而是默默地看着大家。而学生们呢，居然也没有像往常那样秩序混乱，而是自己乖乖地找到分配的考场入座，安静地等待考试了。

地理考试结束后，其他班的学生全部放学回家了。班长却说："有良知的、想学的同学，留下复习。"那天，大部分学生都留了下来，而没有抱怨班长乱发号施令。

这一切变化很快就被邓校长知道了。他对自己说，火候到了，是时候出招了。

第二天一大早，邓校长就走进了初二（2）班的教室。

这间教室，他已经来过无数次了，可是今天教室里的气氛与以往大不一样。学生都在安静地等待邓校长作出决定。

邓校长故意清了清嗓子，大声说道："看了昨天大家的表现，我代表学校决定再给你们一次机会。老师的工作由我来做，但是希望你们好好配合。现在，请班长和各科课代表去请一下老师。记得要拿出你们的公关本领来哦！"

到现在，周老师还能很清晰地回忆起当天的情景来：课代表请她去教室上课，还主动帮她拿教具。刚进教室，只见班长一声令下"向老师敬礼"，全班三十多名学生就齐刷刷地站起来，很有礼貌地向她鞠躬。

事后，很多老师都感慨地说："这帮孩子一下子懂事了很多。"

当天下午放学时，这个班学生的家长都来到了学校。一场特殊的家长会开始了。

家长会上，每个学生都回顾了一番自己到滨江中学一年多来的表现，同时还不断地对自己以往的过失表达了悔意，希望老师们能够原谅自己。

听了学生们的忏悔，科任老师们也一个个语重心长地表示希望学生们能够珍惜时间，好好学习。

师生的这一番情感交流让双方感动得流下了泪水。

此时，邓校长也和盘托出了由他策划的这场“较量”：“孩子不愿意吃饭，怎么办？如果不是病理原因，饿他几顿就好了。我们这次实施的‘饥饿疗法’就充分证明了我们的学生是愿意学习的。同学们都知道，在我们滨江中学，每个班都有自己特殊的班名。我看以后你们这个班就叫‘感恩励志班’好了。我希望同学们以后能够用实际行动证明你们是对得起这个名字的。”

后来，邓校长说，教育者有时就需要心“狠”一点，必要时就是学生哭也不能心软。自从他2006年秋季来到滨江中学，不到两年的时间，学校就发生了很大的改变。

教育是需要智慧的，管理学校和管理班级同样需要智慧。几乎每一个学校都会有几个不好管理的班级。校长要想管理好学校，就应该先想办法把那些不好管理的班级管好。如果连最爱捣乱、最没希望的班级都变得充满生机与希望了，那么这个学校自然也会被管理好。

从初二（2）班的学生把教龄三十多年的周老师气得要“哭鼻子”这件事来看，他们已经和邓校长最初接手的滨江中学一样，几乎“无可救药”了。

哪个学校的学生会在大考前连书都不看呢？哪个学校的学生会没有做作业的习惯呢？哪个学校的学生想换座位连老师都不告诉一声就私自做主呢？初二（2）班的学生就是这样嚣张，就是这样不把老师放在眼里，不把学习放在心上。

所谓“乱世须用重典”，对于这样连班主任都管不了的“乱班”，校长应该多动动脑筋，用“重典”去警醒学生。

每个学生都不想让自己的班级被解散，尤其是因为乱、散而被解散，因为这会让他们很没面子，而他们也不知道被分散到其他班后自己的前途会怎么样，再说他们也割舍不下和其他同学的感情。邓校长就是动了这些脑筋，才联合教师上演了一出“哑剧”，让学生自己去反思、觉悟。

果然，学生认识到了自己的错误，也愿意去改正，主动找邓校长说不想被分开。很多学校管理者做到这里时，往往会见好就收，因为学生知错了，就应该给他们改正的机会。然而，邓校长却还嫌不够，他怕学生是因一时的心血来潮才改变的，就采取了欲擒故纵的方法，让学生先用行动证明。

而当学生证明之后，他又故意说自己去做教师的工作，不过最重要的还是看学生的表现。为此，他还专门召开了一次特殊的家长会，让学生回顾、反思自己的不良言行，并做出忏悔。而教师看到学生“懂事”了，自然也就愿意做他们的老师了，愿意和学生一起努力，把班级管理好，把学生的成绩搞上去。

其实绝大部分学校都不是名校、重点学校，但是每一所学校都希望成为名校、重点学校，很多校长和教师为此花费了很多心血。与之相反的是，除了个别学校变成了名校、重点学校，还有一大批学校好像并没有比以前前进多少，甚至还有退步的嫌疑。

这样的管理成果不知让多少个校长着急。可是，校长就算这样，对于学校的发展也无济于事。所以说，让一个学校发展的方法关键不在于校长是不是着急了，而在于他有没有将管理意识提升到一定的高度。

俗话说得好：“没有金刚钻，不揽瓷器活儿。”管理表现不好的学校也一样。如果校长没有两把“刷子”，就不要去改造这样的学校。如果“明知山有虎，偏向虎山行”的话，就得身先士卒，高瞻远瞩，拿出几套实实在在的管理措施来。

从南化中学到滨江中学，没有一所学校的发展与崛起靠的是邓校长的运气与投机取巧。那个让周老师几次三番找邓校长“告状”、诉苦的班级转变成一个学生都知道学习、懂得尊师的班级，靠的不是邓校长的管理智慧吗?

所以，作为校长，要想带领薄弱学校发展，就必须拿出一套让全校师生都刮目相看的管理办法来。

（三）遵循教育规律，赋予教师民主权利

苏霍姆林斯基在《和青年校长的谈话》中曾说过：“对学校的领导首先是教育思想的领导，而后才是行政的领导……如果你担任了校长职务，便认为凭着某种特殊的行政领导才能就可取得成功，那你还是打消当一名好校长的念头吧!”

苏霍姆林斯基之所以这样说，是因为他懂得学校管理不同于其他行业，教育有自己的规律，不是所有事情都能够靠行政领导来决定的。教育要靠教师，重视教育就首先要尊重教师，那么在管理上，校长对教师的聘用和处分都应该有明确的条文规定，不能由校长一个人说了算，想聘就聘，想炒就炒。

教师是学校的主人，办好学校靠教师。校长要为教师服务，要想方设法让教师安心工作并不断提高业务水平、作出更大的贡献。在教育教学实践中，很多奋战在一线的老师要远比站在教育第二线的校长更清楚学生需要什么、自己在什么样的管理下才能真正地为教育“鞠躬尽瘁”。

新疆生产建设兵团的农二师华山中学校长邱成国就深深懂得这个道理。邱校长说：“学校的事情不能校长一个人说了算，而应该尽可能地给教师参与的机会。”

在华山中学，大家都知道，跟其他学校的校长相比，邱校长的权力恐怕要小很多，因为很多事情校长说了根本就不算数。那么，连校长说了都不算，谁说了才算呢？

“当然是老师自己说了算！”邱校长的口气非常坚决，丝毫没有因为自己是“空头”校长而伤心、遗憾。要知道，作为学校行政管理的一把手，很多校长都是希望自己有最终决定权的。

华山中学实行的是教师治校模式。简单地说，就是很多事情的决定权都在教师手上。

“学校不是校长一个人的学校。要办好学校，校长一个人也没那么大本事。所以我们要靠全体教职工一起努力才行。既然学校是大家的，那么权利也就应该由大家享有才行。我们都知道，传统的学校管理模式的行政色彩太浓厚了，什么事情都是校长一个人说了算，或者以校长为核心的少数几个人说了算。毫无疑问，这对于学校的发展十分不利。”

招聘教师，按说已经算是学校的大事，因为它关系到教师队伍质量和人事管理，关系到学校的长远发展和学生的质量。可是，即便这么大的事，在华山中学，也是老师们说了算。

张文志老师如今是学校义务部德育处的副主任了。到现在，他都十分清楚地记得自己当时来应聘的每一个细节。

几年前，听说华山学校招聘教师后，他就风尘仆仆地从东北赶了过来，找到了邱校长，希望能获得一个教师的职位。

没想到邱校长跟他说了一句他当时觉得很不可思议的话："能不能被学校录用，我这个校长说了不算，要由教师组成的招聘组考核后才能确定。"

这让张文志半信半疑：招聘教师这么大的事，你一个校长会说了不算？

经过一系列的答辩、试讲，张文志通过了招聘组的考核，被录用了。

"试讲后，第二天我就得到了学校的通知，让我去上班。速度这么快，我简直都不敢相信自己的耳朵。"直到今天，谈起当年被录用的过程，张文志还显得有些兴奋，有点不相信似的："我当时怎么也没想到，华山中学会这么民主，教师的决策权这么大。"

对此，邱校长却认为，学校招聘老师，不应该由校长一个人说了算。需要什么样的老师，各个学科组最清楚，应该让学科组做决定，这样才可以保证招聘到的教师的质量。因为没有哪个学科组愿意把不合格的教师招聘进自己的队伍，拖自己的后腿。

如今，只要有人来学校应聘，邱校长都会告诉他们，这些事情完全用不着找校长，直接去找教研室安排学科组考核就可以了。只要试讲通过，考核合格你就可以留下来任教了。

说到教师的权利，在华山中学，还有一件事也非常值得一提。每年，学校都会请一些专家、学者来做讲座，对老师进行培训。

刚开始，请专家、学者的事情，都完全由学校领导负责。请哪个专家、什么时候请，都是由学校领导说了算。

后来，邱校长发现，一些教师对校领导请来的某些专家开设的讲座一点都不感兴趣，觉得他们讲的课根本就不对自己的胃口，听了一点也不起作用。

之后，学校有名教师参加一个全国性的研讨会时，发现有个专家的讲座很不错，对老师们很有帮助，就立即给邱校长打了个电话，汇报了一下。

听了这名教师的汇报，邱校长想都没想，就跟这名教师说："如果有可能，你就代表学校把这名专家请到学校来吧。"

当这名教师邀请专家时，那位专家还有点不相信：你一个普通教师，能代表得了学校吗?

但是看到那名教师十分笃定的样子，专家还是来了。

来到华山中学后，这位专家的讲座和示范课果然深受老师们的欢迎。看到学校和老师们对自己的热情，这位专家也相信了：原来在这所学校，教师还真有不小的权力。

而从那以后，邱校长就把邀请专家来学校讲学的权力下放给了教师。

“老师们经常出去参加各种研讨会，能够亲耳听到、亲眼看到专家的讲座，自然就会知道哪个专家的讲课效果好，哪个专家的讲课效果不好。”教研室的刘丽华主任说：“学校让老师自己邀请需要的专家，针对性就会更强一些，效果也更好一些。这是有利于建设教师队伍的大好事，为什么不让老师们去做呢？”

学校的阎建明老师有一次在外地参加培训，发现同住一宿舍的老师教学经验丰富、很有思想，尽管不是知名专家，但是他还是自作主张把这位老师请到了学校，让他开了讲座。结果也深受老师们的好评。

作为一名普通教师，阎老师完全可以不管学校请谁来开讲座这种事，但是他心里有一种责任感。“既然学校赋予了我们每个老师请专家来讲学的权力，我们就应该有这种责任意识：只要遇到一名优秀的老师，他的讲座对我们学校的老师会有帮助，我们就有责任把他请来开讲座，让全学校的老师都能受益。”

这些年来，像阎建明老师这样的教师在华山中学越来越多。邱校长看在眼里，美在心头。他说，教师有没有责任感，要看学校给没给他们应有的权利，是否真正激发了他们的责任感。只有当教师把学校真正当成自己的学校，真正做到以校为家，才能有这样的责任感——为学校发展着想的责任感，为学生的教育质量操心的责任感。

邱校长把招聘教师的权利下放给教研室、学科组，而不是抓在自己手里，就是因为他明白：对于具体缺那方面的教师，自己并不是最清楚的。那些天天和教师、学生打交道的教研室和学科组比自己清楚多了。

一方面，以校长为核心的校领导直接掌握教师的招聘权，在外人看来，难免会有“暗箱操作”之嫌，如果把权力交给学科组的话，他们就会严格考核，以避免有人说他们不负责任。

另一方面，招聘教师的权力下放，使招聘来的教师的质量得到了保证，也使其他教师感受到了学校的公平与公正。

事实证明，正是因为学校推行的这一遵循教育规律的民主招聘管理机制，才使得华山中学的教师队伍建设一年上一个台阶。

学校需要请什么样的人来开办讲座，校长对此清楚多少呢？最起码，他知道找个有名的专家、学者给教师们开讲座可以在一定程度上提升教师的业务素质。可问题是，是否所有请来的专家、学者所讲的东西都是教师希望听到的，都是能够帮助教师们解决教育教学问题的呢？这就只有教师们自己清楚了。

每个学校都有自己的特色，如学校传统、教育特点甚至还会有地域特色。这样一来，尽管学校请来的专家、学者很有名气，也写出了一些颇有见地的论文，但是却不一定适合本校的教师和学生。如此一来，学校就是“好心办了坏事”，还不如让教师自己结合教育教学实践去探索。

教师缺什么，需要补什么，他们自己清楚，由什么样的人来给自己补，他们也有一定的看法，如果学校校长不是根据教师的需要而是根据名气或者自己的想当然来选择或者邀请专家、学者的话，就是不遵循教育规律的管理行为，就有可能取得适得其反的效果。

而邱校长把邀请专家、学者甚至是外校教师开讲座的权力下放给教师，就是在管理上对这条教育规律的遵循。

有这样一个故事。

有一个人非常喜欢刺猬，就专门从野外捉了十几只刺猬养在家里。到了冬天，天气越来越冷。可是，这个人却没有钱给刺猬提供一个温暖舒适的环境。左思右想，他终于想到了一个好方法：我们人冷了，在一起挤挤就会感觉很暖和；刺猬冷了，也让它们在一起挤挤。于是，他就给刺猬们换了一个小的房子，使劲把它们往一起赶。可是，这些刺猬根本就不往一起凑。这个人很生气，就更使劲地赶。可是那些“不领情”的刺猬，居然互相咬了起来，甚至咬伤、咬死了好几只。他的邻居弄清楚事情的原委后说：“我们人一块挤挤是可以的，因为我们身上没刺，不会伤着对方；可是刺猬就不行了，它们浑身是刺，彼此的距离越近，被扎的次数就越多。那样，它们自然宁愿挨冻也不愿意挤在一起取暖。”

刺猬们之所以宁肯打架也要违背主人的意思，不服从主人的管理，就是因为主人的管理违背了“刺猬的规律”——与同类靠得越近，受的伤害就越大。

经常听到一些学校领导这么说：现在是市场经济时代，教育也要走向市场。于是，就把企业管理模式引入了学校，什么“优化组合”，什么“末位淘汰”，什么“量化机制”，等等，同时把企业的经营模式也引进了学校，搞教育产业化、自负盈亏、差额拨款、鼓励创收……于是，学校“各显神通”，还说是按照市场规律办学。

可是，当教育完全与市场挂钩，而不再遵循自身固有的规律时，教育就变成了市场，教师就会人心惶惶：今天你是名师，提高了学生的成绩，你就是教育界的红人；明天你没准儿就会因为一不留神降低了学生的成绩而被“挂”起来，当作负面典型示众了。学校成了企业，教师喊校长为董事长，校长就是学校，学校就是校长，一切校长说了算，谁都没有权利说个“不”字，否则立马走人。

校长和教师的关系不再是教育上的领导与被领导的关系，而变成了主顾关系，公仆成了主人，主人变成了雇佣，逢年过节或者寒假暑假，教师就不得不想办法给校长送点什么去巴结校长，否则就有可能因为校长的一个不满意而遭到解聘。

在这种教育下，学生的教育能不成为牺牲品吗？

大家都知道，自然界是有自身的规律的，一旦违背了规律，一切都是徒劳。其实教育、学校管理也一样，它也有自身必须遵循的规律，这就是教育规律。

教育规律是教育所固有的、客观存在的。在任何状况下，教育都会受到自身规律的制约，其中的一般规律会永远存在于一切教育现象之中，并始终贯穿于教育发展的整个过程。

不管时代怎么发展，市场经济的规律都不能完全取代教育规律，完全控制教育。如果校长偏要违背教育规律，强行推行一些与教育规律背道而驰的规章制度，不管这种规章制度的出发点与归宿点有多好，多能带来教育效益，它都不会得到真正的落实。

当然，教育规律也不是一成不变的，而是会随着社会进步和发展与时俱进的。所以，校长应通过不断实践，探究并认识教育规律，从而使管理工作建立在科学的基础上，但与时俱进也不是随心所欲或违背最基本的学校管理规律。

学校如何管理才能符合教育规律，才能真正实现管理为学生服务、为学校发展服务呢？邱校长说，之所以会萌生民主管理的想法，就是因为传统的学校管理陷入了一种误区，行政化色彩太过浓厚，民主管理程度低，在某种程度上对学校的发展产生了不利影响。邱校长和他的管理团队实施的民主管理实验很值得借鉴。

（四）制度是管理之本

在学校，设备采购是大家比较关注的：谁说了算？到底怎么办理？是不是公平、公正？有没有人假公济私、贪污？买的东西是不是货真价实？

为了避免出现贪污和不必要的猜疑，在华山中学，他们采取的方法是“谁需要谁采购”，即哪个部门或者组需要，就由谁组织采购。

为了让各个部门或者组的采购透明化，学校建立了设备招标采购规章制度，学校在招标采购过程中派出纪检人员全程监督。这样透明的采购过程确保了设备采购的公平、公开与公正。这样一来，采购环节就完全透明了，采购者就可以完全按照规定办事了。

几年来，华山中学基本建设和各种教学设备采购有大大小小上百个项目，数额高达几千万元，都严格按照这个规定办事。大小项目一律招标，阳光性操作，为学校节约了大量的资金，更建立了一个廉洁勤政的班子。

同时，人际关系简单化目标的实现，也为学校发展增加了强大的动力，减小了内耗，增强了凝聚力，让大家都一心扑在教育事业上，心无旁骛地工作。

邱校长说：“教师的凝聚力增强，使得教师把原本作为谋生手段的教师职业当成了自己的事业，使大家心往一处想，劲儿往一处使。这是深层次的提升，也为学校的快速发展奠定了坚实基础。”

在教育事业上，教师的任务是教书育人，必须加强自身的学习建设，为教书育人服务。这也是教育的一条规律。如果教师在学校总是为一些公平不公平、有没有人算计我、有没有人占学校的便宜等教育以外的事情分心，那就违背了教育规律。

所以说，学校在管理上应想办法消除教师们的这些担心，让教师的心重新回到教育的轨道上去，为教育多作贡献。

当采购制度透明化和人际关系简单化的制度推行后，华山中学的教师看不到学校的“猫腻”，就不会再想其他，而是一心想着怎样提高自己的教育教学质量了。

在华山中学，不是校长管人，也不是书记管人，而是制度管人。因为邱校长心里很明白，复杂的人际关系是导致效率低下、管理混乱的一个重要因素。

他提出，在管理实践中，要让学校的人际关系简单化，就得把教师们从复杂的人际关系中解放出来，让每个教师都能专心于自己的教育事业。

如果校长的权力过于集中，学校的一切事情都是由几个人说了算，而广大教师没有知情权、发言权和决定权的话，人际关系自然就会变得错综复杂。要想在学校里实现人际关系的简单化，就要推行制度管理，增强学校管理的透明度，包括校领导都必须照章办事。

为实现人际关系简单化的目标，华山中学制订了一系列制度，对中层管理部门的设置、用人制度和职称评审管理办法等都进行了大胆改革。按照“按需设岗、公开招聘、平等竞争、择优聘任、严格考核、聘约管理”的原则，学校逐步建立了“职务能上能下，待遇能高能低”的用人机制，制订了“按劳分配、优劳优酬”的岗位津贴发放办法。

在华山中学，校长和中层干部之间、和教师之间已经不再是传统意义上的上下级关系了。在制度面前，大家一律平等。

有了这些科学和完善的制度作保障，人际关系简单化就有了坚实的基础。

说到华山中学制度的刚性，义务部德育处主任孙慧老师的感触非常深：“在华山中学有一条规定，教师上课时手机必须关机，不准接听电话。一旦违反，将受到罚款处理。”

这个制度刚公布的第二天，正在上课的孙老师的手机响了。一看号码，是邱校长打来的。

第一次，想到了那条规定，她就没接；可是过了一会儿，电话又响起来了，一看还是校长的。孙老师想：邱校长知道我在上课，怎么还打电话给我啊？但是她还是挂断了电话。

可是，过了一会儿，电话第三次响起了。

可能校长真的有什么事情吧？孙老师就接了。可是，电话那头邱校长说的话却是：“你上课怎么能接电话呢？接受处罚吧！”

原来，邱校长是在“查岗”，看看谁没有按规定办事。

孙老师参与了这个制度的制订，自然知道这个制度的严厉与效力，就二话没说，自己给自己开出了罚单，接受罚款处罚。同时她也在心里对自己说：以后不管谁打来的，不管发生什么事情，我都不接了。

对此，邱校长认为，制度既然制订了，就必须严格执行，不能找任何理由。即便是校长打来的电话，在不能接的时候，也不能接。否则，就必须接受处罚。

果然，自从孙老师这件事之后，“教师上课时手机必须关机，不准接听电话”的规定得到了很好的执行。几乎没有教师再犯类似的错误了。

尽管受到了处罚，孙老师却是心服口服，没有怨言。因为按制度办事，违反了就得接受制度规定的处罚，而不能埋怨任何人。如果在过去，她肯定会想：是不是有人在故意找自己茬儿，跟自己过不去？可是现在，她却绝对不会这样想了。因为学校的规定明明白白、清清楚楚地写着呢，谁违反了，都必须受到惩罚。

其实，在很多学校也有类似的规章制度，可是为什么一些教师仍然“违章操作”呢？就是因为在执行过程中，一些领导没有把这些规定当回事儿，对一些教师违反了规定没有及时给予处罚，而是通融一番了事。

而邱校长却不这样认为，他强调，制度制订了，所有人就得执行；违反了，就得接受相关处罚。为了表明这一点，他选择了制订制度的孙老师作为查岗对象，而且还“故意”连续拨打，以查看孙老师是否真的能够严格执行制度。结果参与制订制度的孙老师没有支撑住，接听了电话。好！你自己制定的制度，自己都不遵守，怎么办？自己给自己开罚单吧。

俗话说：“擒贼先擒王。”制度的执行也要先拿学校领导“开刀”。领导违反制度，二话没说就接受了处罚，普通教师自然也就心悦诚服地执行了。

（五）让部门作用落到实处

几乎没有人相信华山中学没有专门的后勤处，一个有着7000名学生的学校，竟然没有专门的后勤部门。可是，华山中学就是这样做的，他们的做法着实让人感到惊讶。

邱校长认为，后勤涉及的方方面面都与培养学生的行为习惯相关。

2003年，学校首先在高中部试着撤销了总务后勤处，把功能划到了德育处。换句话说，像食堂、宿舍、警卫、保洁、校产管理等事情，都由德育处管理，管理人员和工作人员都由德育处培训，他们的身份是生活教师，承担着对学生的服务和教育工作。

邱校长说："建立大德育平台的理念也是基于民主管理，通过大平台的建立，我们应该让学生更多地实现自我管理、自我成长、自我教育。"

一个是后勤部门，一个是德育部门，在外行人看来，他们俩的功能实在是差得太远了。华山中学把这样两个看似没有联系的部门合并在一起，岂不要乱套了？

可是邱校长和华山中学的其他校领导却不这样看。在他们眼中，后勤工作所涉及的一切资源都是宝贵的德育资源。德育处虽然负责的是学校的德育工作，但是在很大程度上，他们开展的工作却局限于课堂上，而后勤所涉及的方方面面都是实际的生活，对一所拥有7000名学生的学校来说，后勤部门就是一个小社会。

如果学校把这两个部门的功能融合在一起，就可以使学生的教育与行为紧密结合，做到言行并重。这就是华山中学的"大德育观"。

邱校长认为，学校管理不是管理人员越多管理就越好，关键在于被管理者，也就是学生能否实现自我管理。"大德育观"正好可以培养学生的自我管理能力。

每年，华山中学都要举办"四大节"——"体育节""社团节""科技节""艺术节"，这些都被学生看作是学习生活的重要组成部分。

四大节的主角是学生，学校领导和教师不过是作为嘉宾被邀请来参加活动的，如果再像以前一样，一切都由学校和老师说了算，学生只是照办，学生就缺少了很多发言权。

"每个人都应当有机会发展他的潜在天赋，只有这样，个人才会得到他所应得到的满足。"学校把爱因斯坦这段话当作诠释华山中学开展"四大节"活动的注脚。

邱校长认为，学校应该"在对学生实行各种规章制度管理的同时，把属于他们的那部分民主权利都交给他们，最大程度地激发他们的创造性和参与热情。在这样的活动中培养出来的人才会十分优秀。所以，我们不要动不动就轻视学生的能力和水平，而应该相信他们，给他们创造机会、搭建平台，使他们在实践中得到锻炼"。

走在华山中学的塑胶操场上，如果没有人说，很多人一定想不到，这个操场已经有好长时间没有打扫了。可是尽管这么长时间没人打扫，这个由几千名学生使用了好长时间的场地却依然干干净净，几乎看不到纸屑和杂物。

很显然，这是学生养成爱护环境的良好行为习惯的结果。

在华山中学，教师对学生进行行为习惯教育时，不是在课堂上说教，而是直接把课堂搬到操场上，让学生自己带着纸屑撒在那里，然后再根据这个现象进行讨论，看看应该如何面对和处理这个问题。

这样的教育是生动有效的，自然也能够很快进入学生的心里。

不仅如此，自我管理还大大地加强了学生们的责任感。比如，走廊上的灯坏了，如果在以前，学生们不会管。一方面，这不是自己弄坏的，另一方面，学校自然会有后勤人员来做。可是现在大家都不这样想了。坏了的灯总会由第一个看到的学生在第一时间向老师汇报情况，而学校则会在最短的时间内把问题解决好。

邱校长说："培养学生的这种责任感，对他们的个人成长来说，十分重要，而这也是我们学校的责任。"

五年来，伴随着民主管理实验的开展，华山中学已经获得很多荣誉称号，还被评为新疆生产建设兵团的首批示范性高中。

但邱校长却没有把这些功劳揽到自己怀里，而是说这是学校民主管理改革实验的结果。"为了学校的发展，我们全校上上下下都付出了十分艰苦的努力。没有大家一心为了学校发展的无私奉献和奋斗，华山中学是不可能取得这么大的成功的。"

一只小猫要想长成一只会捉老鼠的成年猫，确实需要猫妈妈的帮助，比如在小猫不会自己觅食的时候，给它叼来点吃的；在狗追来的时候，帮着叫几声，把狗吓跑。但如果猫妈妈管得过宽、不让小猫自己的事情自己做的话，小猫可能永远捉不到活的老鼠，永远都是见了狗就吓得逃跑。那样的话，当猫妈妈不管它时，它可能很快就会饿死。因为在它的成长过程中，它接受了与成长规律相违背的教育。这让它失去了学习生存的机会。

在学习过程中，如果学生自己能做事情，学校或者教师不让他们做，不给他们创设做的机会，就是一种违背教育规律的行为，其结果就会使培养出来的学生与培养目标大相径庭。

在学校，学生一方面是被管理者，另一方面他们又是主体。如何处理好学生与学校管理者之间的关系是一个重大课题，也是衡量管理者管理水平和能力的一种标志。因为学生是立校之本，是学校一切工作的出发点和落脚点。如果这个观念不建立起来，“一切为了学生”这样的口号就只能是大空话，永远都不会变为现实。

所以，邱校长才会整合部门，让每个部门的功能都落到实处，让每个部门都能真正为学生的成长服务。

学校是基层的管理单位，但“麻雀虽小，五脏俱全”。作为这个“小而全”的基层单位的管理者——校长，要管理的事务很多，以至于被戏称为“上管大政方针，下管电灯不亮，中间管教研和质量”。面对如此繁杂的事情，校长可以无论巨细都事必躬亲吗？校长不是千手观音，所以也做不到事必躬亲，更何况即便是千手观音，也最多只能同时做和她的手一样多的事情，而每天发生在学校的事情是数也数不过来的。

校长要怎样做才能管理好学校，这既考验校长的智慧，也考验校长的胸襟，更考验校长的管理境界。

在自然界处处存在规律。如果顺着规律做事，事情就会很顺利；相反，如果逆着规律做事，就注定要失败。如冬小麦的生长需要经历寒冷的冬天，假如把它种在炎热的夏季，它就不会发芽、结果；仙人掌在沙漠里长得又高又大，如果把它泡在水里，它很快就会被“淹死”。

学校管理也一样，也存在着各种各样的规律。如果校长在管理学校时遵循其中的教育规律，就能使自己的管理更有执行力，就能让自己提出的一切设想更快地得以实现。

三、如何做“巧管理”的校长

陶行知先生曾说：“校长是一个学校的灵魂。”校长是一个学校的核心人物，更是重要的决策人与管理人。学校管理是一门艺术，校长应在肩负起学校责任的同时，更应该考虑如何运用这门艺术，因为校长的管理理念、管理方式方法会直接影响到一所学校的发展，影响到学校教师队伍的成长。

（一）遵循教育规律

校长在学校管理中最需要遵循的就是教育规律。

教育规律是只无形的大手，每时每刻都控制着教育的发展方向。可是却总有一些人不知道教育规律到底是什么，怎么才能抓住。其实，找到教育规律很简单，一切对学生的发展有利的、一切方便教师教育教学的、一切不干扰学校教育的举措就都是符合教育规律的。

比如，学校是为国家培养人才的地方，而不是应付考试、为学校特别是校长赢得声誉的场所；教育特别是基础教育是公益事业，而不是乱提高进校费用的营利事业；十年树木，百年树人，教育不可能急功近利，培养人不可能一蹴而就，在教育学生时，就必须用循序渐进的方式；教师是具体教育学生的人，所以校长应该尊重他们，给予他们应有的权利，而不能处处限制、为难他们。

校长在管理上只有遵循教育规律，才能实现巧管理，使学校实现高效运作。

（二）拥有打破"常规"的勇气

在传统教育中，有一些管理制度或者方法是不符合教育规律的。对此，校长要找到适合的方法去纠正它。在此过程中，校长难免会遇到一些阻碍与非议，但作为校长，应坚持自己的想法，坚定"只要符合教育规律的事情，我们就应该做"的信念，全力打破不符合教育规律的常规管理模式，大胆走管理的创新之路。

打破常规需要魄力和勇气，需要远见卓识，需要承担风险和忍受痛苦。校长可以以下几方面为抓手：

1. 树立先进理念，解放思想

首先，校长应树立中小学阶段教育适度超前发展的观念。校长要在整个教育管理体系中做到理念超前发展，不断更新观念，走在学校教师的前列。

其次，校长在发展上要树立"解""放"的观念。"解"，就是解脱禁忌，解除障碍，解决问题；"放"，就是放心实干，放手真干，放眼好干。

2. 保障条件，实施有力

比如在学校筹措经费过程中，校长除了依靠政府投入政策支持以外，应大力吸纳社会资金，适当借助银行贷款和政府贴息，盘活校内后勤服务设施，有条件的可以搞有偿服务。并建立贫困学生救助办法，保证弱势群体的受教育权利。

再如师资建设问题，一要加快培养现有教师的步伐。二要开展教师培训，实施“名师带动工程”，搞好在职教师培训，不断推动教师专业成长。三要招贤，广泛吸收优秀人士从事教育教学工作。四要防止人才流失，以提高待遇为主要手段，以增强教师的职业幸福感为心理调控措施，防止优秀教师的流失。

3. 落实到位，方式方法科学

校长要把普及教育纳入学校发展的总体规划，实施目标管理，责任到人，严格考核，奖优罚劣，以科学发展观为指导，处理好学校教育规模、速度和结构之间的关系，实现又好又快发展。

校长应组织学校各级教育行政部门成立协调领导机构，加强领导，理顺关系，整合资源，齐心协力做好工作。校长要更新课程理念，改革课程结构，完善教育方式，积极实施素质教育，把培养学生的创新精神和实践能力放到突出位置。

（三）人本管理与制度管理相结合

在管理中，最重要的是人。近年来，“以人为本”的管理思想已经逐渐渗透到学校的管理工作中。就学校管理而言，人本管理涉及的“人”主要包括校长、教职工、学生等，这些人对学校管理的实施都有重要的影响。

明智的校长都懂得，没有钱固然难以办好学校，但是如果仅仅有钱而没有得力的人，好学校肯定也办不出来。至于其他教育资源，无一不需要各方人士来“盘活”。所以，学校管理实施人本管理也是理所当然的。

在管理中，校长把属于教师和学生的权利还给他们，对他们能做的事情都让他们去做，就是在向民主靠拢。对于教师管理，校长应做到以下几点：

1. 用“人格”力量去凝聚教师

常言道：“人格的力量是无穷的。”周恩来之所以为世人所敬仰，离不开他人格的魅力。对校长来说，“人格”的优劣是决定教师人心向背的关键因素。

作为校长要对教师实施有效的管理，就必须修炼良好的“人格”，只有做到法纪观念强烈、道德情操高尚、言行举止文明、生活作风正派等，才能影响和凝聚教师。要彰显校长的人格魅力，一定要牢牢把握住两点：

一是在工作中要学会换位思考。换位思考体现在校长一定要理解教师的难处，设身处地为教师着想，多站在教师的角度考虑问题，这是校长获得人心的条件。当问题出现的时候，就需要进行换位思考。如果是教师自身的原因，要找到问题症结所在，只要不是原则性的问题，就都在可解决的范围内。如果是学校制度的原因，校长更要多重考虑，慎之又慎。在处理这些问题的时候，校长一定要注意场合，不要激化矛盾。

二是要不断地学习，提高自身的业务素质和专业水平，这也是校长“人格”魅力不可缺少的。校长应该既具有教育科学的系统知识，又对相关学科有深入了解，做一个知识型、学者型的校长。校长一定要深入教学一线，或兼课，或参与备课、听课和评课，并对教师予以指导。教学本身是教与学的双边活动过程。只有懂得教之艰辛、学之规律的校长才能正确地指导教师搞好教学工作。

另外，随着时代的发展，校长要使自己能够站在“巨人”的肩上，更加深入地了解计算机、网络、多媒体技术等现代教育技术在教育教学中的作用，引导教师进行信息技术与课堂教学的有机整合。

2. 用公正的态度对待教师

现实中，没有哪一位校长说自己办事不公正、待人不公正，但事实上要真正做到办事公正、待人公平并不容易。此处所说的“公正”包括以下几个方面：

一是待遇上的公正。待遇包括政治待遇和经济待遇。对待教师，政治上要平等，无论是入党提干、评职评先、进修学习，都要无私地对待每一位教师。经济待遇是否公正是教师评价校长的直接依据。但公正的分配不等于平均摊分，要体现教师劳动的优劣，要有利于充分调动教师的积极性。秉着实事求是、按劳分配、公开公正的原则，分配好学校可用于教工福利的财力，这是校长管理教师的重要方略。在利益分配上，校长只有不以“老大”自居，宁可负己，不可负人，方能赢得民心。

二是教师任用上的公正。科学、恰当、公正地任用教师是一门学问，也直接显示校长的管理水平。首先，校长要花气力去全面地了解每一位教师，从教师的家庭状况到个人生活，从组织能力到教学水平，都应了如指掌。其次，要知人善用，不要因偏信和陈见而用错人。“士为知己者死”，诸葛亮因得到刘玄德的高度赏识而一生鞠躬尽瘁，死而后已，便是最好的证明。在学校管理上，赏识、激发教师的热情是十分重要的。公正、合理地任用教师是保证学校工作顺利开展、提高教育教学质量的关键。

3. 以人文管理激发教师热情

学校的管理离不开相关的管理制度，但是制度的制订是为了规范教师而不是约束教师。作为校长，要以人为本，要在制度允许的范围之内，留有让教师自由发展的空间。具体而言，如何在管理过程中体现以人为本呢?

首先，校长要认真而全面地分析学校教师的现状，在学校各种制度制订和落实的过程中体现一定的人本思想。如在学校教师考核制度中可以有几条事急从权的处理办法，这会让教师觉得有了一定的空间，这是关怀。

其次，以人为本要和原则性相结合，掌握一定的“度”。既要让教师感激校长的宽容和关怀，也要让教师明白工作中不能为自己的过失开脱。只有如此，校长和教师之间才会在心灵的碰撞中不断将“友谊之花”转化为源源不竭的工作动力，这样学校才会有可持续发展的不竭动力。

管理好教师是一项常规工作，但实质上又是校长能否管理好一所学校的关键。作为校长，应信奉“经师易得，人师难求”。爱因斯坦说：“学生尊敬教师的唯一源泉是教师的德和才。”这里不妨改一下，教师尊敬校长的唯一源泉是校长的德和才。校长要在管理实践中不断地积聚自己的德和才，对教师实施有序、有效的管理，应坚信“能力出自公心，人格能凝聚无穷的力量”。只要校长用心参与，对教师的管理就一定能成功。

学校管理是一门应用学科，它运用管理理论的原理方法来研究学校管理方法，来研究学校教育中的管理问题，从而在管理理论与教育理论二者的结合上形成一套独特的概念范畴和理论体系。作为一校之长，只有懂得管理学校的根本，才能让自己的管理变得灵巧轻松，才能真正在抓大放小中运筹帷幄，统领全局，最终使学校运作走向高效。

习惯3

会用人

——知人善任有慧眼，用其长取其“短”

校长用人主要指校长在实施学校管理的过程中，凭借自身的法定职权和个人魅力，按照用人原则和干部管理权限，对学校教职工进行选拔、任用、培养、监督等一系列组织行为的过程。校长用人中的“人”指学校的全体教职工，是有知识、有修养的教师群体，包括除校长外的领导班子成员和普通教职工。校长要在选、用、养三方面下功夫，选任干部要慧眼识人，任用那些能力强、有基础的人，但也要妥善任用那些有独特个性的人才。

一、"会用人"概述

"一流之人，能识一流之善；二流之人，能善二流之美；尽有皆流，则亦能兼达众才。"可见，能否识别人才，与识人者的素质密切相关。校长作为学校领导者的职责之一就是科学选用和培养教职工干部，概括来讲就是善于选用人才。

校长用人主要是指校长在实施学校管理的过程中，凭借自身的法定职权和个人魅力，按照用人原则和干部管理权限，对学校教职工进行选拔、任用、培养、监督等一系列组织行为的过程。"校长用人"中的"人"是指学校中的全体教职工，这些教职工是有知识、有修养的教师群体，包含除校长外的领导班子成员和普通教职工。可以说，每个教职工都是人才。

良好的干部队伍是学校的支柱和中枢，只有建设好干部队伍，学校工作才能全盘皆活。校长要在选、用、养三方面苦心经营，选任干部要准确，要慧眼识人，任用那些能力强、有基础的人，但也要妥善使用那些有独特个性的人才。

（一）规避误区，校长用人有"四忌"

"得人才者得天下，失人才者失天下。"如今，人才的重要性几乎尽人皆知。然而有的校长却反其道而行，信奉另类的用人哲学和处事逻辑，导致在用人上出现问题，阻碍学校的发展。具体表现在以下四个方面。

1. 拿人才当摆设

个别校长在用人上存在口是心非的问题，表面上求贤若渴，八方招揽名师，实质上沽名钓誉，备而不用，权当摆设，充当门面。究其原因，一方面是由于"人才是最宝贵的资源"的观念还没有深入其心，不被校长接受；另一方面是个别校长"以自我为中心"的观念作祟，他们实质上并不欢迎人才，而是害怕人才，尤其是对于一些发展潜力很大甚至可能赶超自己的能人，更是将其晾在一边，不冷不热，弃之不用。个别校长口口声声说重视人才，爱才如金，实质上却并不重视人才，充其量只是喊喊口号、做做表面文章。一旦有真正的人才出现或涌入，这些校长就会惊慌失措，忧心忡忡。

2. 容不得强者，嫉贤妒能

许多时候，个别校长耿耿于怀的不是人才的短处，而是担心人才的长处。这种校长心胸狭窄，嫉贤妒能，一旦看到别人有比自己强的项目就觉得酸溜溜的，于是百般阻挠、万般挑剔甚至极力扼杀，唯恐他人的长处罩住自己，影响自己的“光辉前程”，威胁到自己的“统治地位”。

“山外有山，人外有人。”校长对手下的人才应顺水推舟、成人之美，积极主动地为其创设条件，扶他一程，鼓励和帮助其不断超越和突破，以此引领其他教师的发展。这样做也会无形中提升校长在下属心目中的地位和形象。校长高尚的人格会让教师肃然起敬、望而生“威”，从而更加努力地工作以回报校长，这既减少了人才的浪费，也有利于融洽干群关系和培养更多的人才。

3. 信奉“远来的和尚会念经”

一般学校都不缺少人才，缺乏的是校长一双善于发现人才的慧眼，缺乏的是校长敢于重用人才的勇气和胆识。个别校长总是抱怨自己下属的无能和不才，斤斤计较于下属的缺点和不足，却没能充分发现和挖掘下属的特有本领，并用足用好其才能。

在个别校长眼里，自己的下属都是“老弱病残”，这个不行，那个也不是，没有一个人是自己称心如意的，没有一个可以挑起学校发展的“大梁”。于是，丧失了对他们培养的信心，从不给他们创设发展的机遇和条件，对于明摆着的人才熟视无睹，不能充分发挥其先锋模范作用，使其失去应有的引领和表率价值。

这样的校长从不找主观原因，而是埋怨客观因素，羡慕兄弟学校运气好、人才多。他只见别人营垒中人才济济，却不见自己麾下也是兵强马壮，信奉“远来的和尚会念经”，有的甚至不惜花费巨大的人力、财力和物力向外聘请人才来校“传经送宝”。这样的校长舍近求远，劳民伤财，花费了不少冤枉钱，却达不到应有的效果。

4. 顺我者昌，逆我者亡，独断专行

个别校长总是凭自己的好恶感情用事，以情用人。他用人不看真才实绩，不以德取人、量才用人、任人唯贤；而是对亲者予以重用，对疏者则加以排斥，任人唯亲。这样的校长刚愎自用，专横跋扈，口口声声奉行民主，实际上却听不得半点反对意见。他总是以自我为中心，发号施令，呼风唤雨，凡事自己说了算，“顺我者昌，逆我者亡”。

这样的校长对于斗胆冒犯自己，与自己有过矛盾、意见的教师，就毫不含糊地给其“穿小鞋”，将其“一棍子打死”。即使明知对方是人才，也没有商量的余地，将之视为异端，排除在门外，一概不用。

相反，对于那些善于溜须拍马、极力讨好和迎合自己的庸才，尤其是所谓自己“圈子”里的人宠爱有加，一个个提拔重用，从而使一些真正有才能的教师受到冷落，得不到重用，而一些无能无德的教师却聚集在自己的周围，颠倒了黑白，混淆了是非。

这样致使一些教师深感怀才不遇，一气之下走人，造成人才流失；或者让有的教师丧失进取心和意志力，不进反退，人才就这样被埋没了。

对于那些有主见、斗胆说真话、敢冒犯自己的教师，校长应姿态高一点，气量大一点，不记前仇，不计较个人恩怨得失，允许下属有对自己的不理解和暂时的埋怨情绪，通过慢慢沟通逐渐消除误会，化解矛盾。为了学校的发展，为了工作的需要，校长有时还要“委曲求全”，甘做“矮人”，要一如既往地关心呵护他们并给以重用，使其在合适的岗位上发挥更大的作用。

贤者，德才兼备也。校长要有大胆识骏马、无畏护良才的高风亮节，要任人唯贤，善于举荐、提拔、容纳有才能的人，这样才会凝聚人才，为学校的高效发展储备足够的力量。如果在识人任人上走入上面的几个误区，那就几乎注定了人才管理的失败。纵使“任人唯亲”“任人唯派”得益于一时，最终也必然会事与愿违，使事业或工作遭受损失。

(二) 校长懂人、识人和提升人之道

作为学校管理者，校长的重要职责就是相信人、依靠人、发展人，想尽一切方法充分调动人的积极性。校长要想会用人、有效启动育人工程，最重要的就要做到：懂人、识人和提升人。其中懂人是基础，识人是关键，提升

人是目的。

1. 校长要懂得尊重人、相信人和理解人

校长要对教师的自我身份、价值和尊严加以认同与尊重。如今的教师都是接受过高等教育、有知识、有文化的人，教师的职业特点也决定他们应该比其他行业从业人员有更高的自尊、自信和威望。所以，作为校长应从内心深处尊重他们、相信他们、了解他们，唯有如此，才能从内在的角度激发教师自觉发展和自愿成才的动机。

校长要了解教师的需要，了解教师的渴求，了解教师的困惑，了解教师的内心，甚至了解教师的家庭生活。要主动去了解，而不是被动地知晓；是快乐地了解，而不是痛苦地发现；要帮助性地了解，而不是旁观式地了解。

2. 校长要在平时通过各种渠道了解教师

校长应了解教师的工作学习情况，从中发现教师工作的一般情况和工作亮点，进一步知晓教师的性格特点、兴趣特长、教学风格，力所能及地为教师提供教学发展的方向，并对教师加以引领和指导。

“千里马常有而伯乐不常有。”校长应在了解教师的基础上帮助教师扬长避短，帮助他们确立职业目标、确定风格方向，督促教师不断奋斗。当他们取得成绩时，积极鼓励他们百尺竿头，更进一步；当他们失误、失败时，校长要主动拉一把，帮助他们找到差距和问题，让他们重新燃起希望。

3. 为教师尤其是青年教师的专业化发展搭建平台

校长应积极帮助、支持、引领教师的专业成长，促进教师快乐发展，使之向有思想、有理想、有风格的教师的方向发展，让教师享受成功、体验幸福，进一步提高教师从教的幸福指数，有效克服教师的职业倦怠。

校长管理学校不能唱“独角戏”，必须调动领导班子和教职员工的积极性，即“用人”，通过用人去完成学校教书育人的任务，即“治事”。校长对学校的管理就是用好教职工，调动教职工的积极性以完成教书育人工作的一种活动。所以，校长应重视以上几点，让自己具备懂人、识人和提升人的能力，用好人才，发挥人才的积极性和创造性，有效实现学校的工作目标，完成学校教书育人的目标。

（三）校长应追求的用人境界

国家要振兴，教育要先行。教育的大力发展离不开学校的灵魂人物——校长。校长对学校的管理涉及很多方面，但其中的核心就是对人才的管理。中小学教育是培养人才的基地和摇篮，而一所学校能不能为社会主义建设培养合格人才，培养全面发展、有社会觉悟、有文化的劳动者，关键在教师。

所以，校长只有具备任用教师的现代理念、方法、艺术，才能够充分调动教师的工作积极性和主观能动性，使教师创造性地投入工作中，为国家、为社会输送更多德才兼备的“四有”新人，继而形成良性循环，使学校发展成为名校、特色学校。由此可见，对校长用人策略的研究有非常重要的现实意义。

1. 识人，具备对人性的基本认识

人是社会的人，人不是机械的、被动的动物，对人的工作积极性的影响也绝不只是“工资”“奖金”等物化的经济报酬。所以，校长应时刻本着人文管理的原则，用爱师之情感召教师，让学校的每一位成员的尊严和权利都得到尊重。只有满足人的社会性需求，才能更好地调动人的工作积极性。

在一所学校内部，对每个成员的了解，即传统意义上的“识人”，是学校内部使用人的关键。当下，有些校长过分看重文凭、职称和成果，不能不说是一个误区。高尔基连初中文凭都没有，终成一代文豪；姜太公八十遇文王，并没有因年迈而受到冷落。所以，作为校长，在选拔人才时要关注综合素质，在看学历和实际教学能力的同时，还要看教师掌握知识的深广度和实际运用能力、承担业务工作的态度和完成的质和量，看一般状况和特殊专长，看目前现状以及潜在能力和发展方向。

2. 信任——人与人和谐相处的基石

信任能使人相互尊重，团结友爱，相互促进，共同进步。信任会产生力量，产生希望。所谓“士为知己者死”，一个真正能够信赖别人的人，一定会受到别人诚心诚意的信赖。

作为校长，信任人就是用人不疑、疑人不用。要任用某个人承担某一方面的工作，就要对他树立信心，相信他有能力做好此项工作。只有大胆、放心地让他去做，才能发挥这个人的主观能动性，使他富有创造性地完成任务。

况且，校长面对的都是知识分子，更有理由信任他们。“不放心、不放手、不放权”，自“碍人”始，必至“碍己”终。管理人需要讲究艺术，学校管理就是对人、财、物的管理，而对人的管理是学校管理的核心，作为管理核心的“人”，是最为活跃的。校长想要向管理要效能，就要讲求用人的艺术——用其长避其短、励其志开其潜、知其思促其成、促群体共发展、创和谐减压力。

值得强调的是，校长在识才、信才、用才等各个环节上都不能忽视对人才“德”的要求，应做到有才有德之人重用、有才无德之人慎用、无才有德之人训练后用、无才无德之人不用。可以说，校长用人的本质是充分调动全体教职工的积极性，加强学校管理，完成教书育人的任务。从领导心理学来看，校长发挥领导作用很大程度体现在正确用人上，体现在如何在学校人际交往范围内合理使用教职工，对教职工施加心理影响，调动教职工的积极性，发挥教职工的能力并为其指引方向。

校长个人的力量、能力毕竟有限，必须集合教职工的力量、能力才能实现学校的整体目标。校长在用人时如果不能充分调动教职工的工作积极性，是难以集合教职工的力量、能力的，这将严重影响校长领导效能的发挥，不利实现学校教书育人的组织目标，校长用人的心理效应也就会大打折扣。

二、名校长与“会用人”

（一）科学决策，统筹考虑，合理用人

杨一青，杭州学军小学的前任校长，他所在的学军小学是一所百年老校，原本较为普通，但他用二十多年时间将其打造成为一所“理想化城市小学”，并且使学校走出浙江，誉满全国。

而帮助他实现这个目标的，是他一手培养的集众多省功勋教师、特级教师、全国优秀教师、中学高级教师、省市区教坛新秀、各学科带头人等，这

归功于他高超的用人之道。

1. 关注人才的“最近发展区”

“咚咚咚”，杨校长的办公室门被敲响。他抬头一看，是刚参加工作才29天的青年教师倪宗红。倪老师忸怩了半天才支支吾吾地说出自己的来意。原来，中央教科所率专家团到学军小学考察教改情况，杨校长拍板选择了这个初出茅庐的教师担任公开课任务。决定一出，全校哗然，连倪老师自己都没有想到。思前想后倪老师觉得自己不可能胜任这么重要的工作，于是就找杨校长来了。

听完倪老师的顾虑，杨校长却哈哈一笑：“小倪，我做这样的决定不是一时冲动。虽然你只有短短29天的教龄，可就是在这短短29天，我看出了你的教学态度和教学能力。我相信你一定能完成好这个任务，而且学校还组织了这么多有经验的老教师给你分析教案、设计教具，帮你纠正语言、动作，所以小倪啊，你不要有顾虑，放下包袱大胆去上课吧。”

倪老师半信半疑地走了。果然，她在几天后的公开课上取得了成功。不仅让从前怀有疑虑的人打消了疑虑，也让自己增强了信心，在教学上快速成长，很快成为学校最年轻的语文特级教师。

像倪老师这样的例子，在学军小学还有很多。教学、管理才能突出的吴幼春老师被培养成省府路小学校长，学识丰富、思想敏锐的袁劲梅老师被培养成全国优秀班主任，“金嗓子”任一波老师站上了全国声乐大赛的领奖台……

这就是杨校长在用人上为学校青年教师设计的“人才最近发展区”理念：学校在用人上不论资排辈，大胆给年轻人压担子，将他们尽快推向教改的最前台，鼓励他们大胆地“在深水池中学习游泳”，在实践中增长才干，为他们崭露头角创造机会。在杨校长的“人才最近发展区”用人理念里，只要你有才能、有特长，学校就给你一个无障碍的“快速通道”，推着你快速发展。这是杨校长培养人才最基本的秘诀。

2. 错位发展

“不能让这两个老师‘打架’。”杨校长边自言自语边提起笔将下学期的教师任课名单上的两个名字交换了位置。这两个被交换的老师都是教学高手，在原来的名单上被排在了同一个年级。这么一交换，一个老师被安排在了中段，一个老师被安排在了高段。

在每次安排任课教师名单时，杨校长都会仔细考虑每个教师的位置。在他看来，如果将两个实力相当的教师放在同一位置，就难免会发生不愉快的竞争，在评优、竞选中会有矛盾，两个人的工作态度与热情都会受到影响。这样的“内耗”不仅不会给学校工作带来好处，还会无形中影响两位老师的发展。如果错开位置，这两位老师就会分别成为各年级段的“领军人物”，带领各自的年级良性发展。

这是杨校长另一个用人秘诀——“错位发展”。诀窍就是不让同学科的教师在同一发展轨道上“相撞”，避免了直面的竞争，利于相互间的交流合作，减少了“内耗”，彼此间可以资源共享，信息互通，不再互相顾忌，十分有利于团队精神的建设，同时也能让教师积极主动地发挥各自的优势，使教师资源得到更加充分的利用。

“错位发展”还可用于学校的各种人员安排中。如在选择课题时，同一课题组的教师分别参加既有联系又有区别的课题研究，这样就避免了同一目标之争，让教师不再担心自己的努力会因“内部斗争”而没有结果，也有力地促进了学校课题研究的开展。

“错位发展”还表现在让教师充分张扬自己的个性、培养自己的强项智能上。教计算机的冯岳老师对现代教育技术有钻研劲，杨校长就把学校的“机器人”兴趣课程交给了他。他果然带着学生在杭州市的几次“机器人”大赛中获得第一名，自己还参与了省“机器人”教材的编写。虞碧云老师工作踏实认真，关心学生，富有同情心，她到处拜师学习，对思想品德课教学颇有研究，杨校长就让她担任学校思品教研组组长，让她更好地发挥自己的强势智慧。

这样的用人安排是学校和人才“双赢”的聪明之举，如果说“人才最近发展区”是杨校长培养人才的最基本的秘诀，那“错位发展”就是最重要的用人秘诀了。

3. 使“纠错”增值

教师不是完人，在他们漫长的教育生涯中可能会出现各种各样的错误。错误是教师的一种教育经验，也是学校管理可以利用的教育资源。敏于捕捉教师教育过程中出现的错误，善于发现错误背后隐含的教育价值，引导教师由错误走向成功，这不仅需要校长在用人时有敏锐的洞察力，更需要他巧妙的点拨、睿智的启发和风趣的讲解。

2002年中国足球队第一次参加世界杯赛时，学校为了充分利用这次千载难逢的德育教育机会，全校下午停课关注这场体育盛事。当全校的学生写标语，做横幅，兴奋又郑重地忙得不亦乐乎时，数学老师小章却正在六（2）班给学生演算习题。看到杨校长来巡视，她跟杨校长解释道："我们班的同学数学基础薄弱，快毕业考了，我正好利用这个时间给他们补补课。"

面对这个情形，杨校长首先意识到这是教师理性的"职责感"让她犯了错误，如果只是简单的批评，就会失去一次让错误"增值"的机会，便说："小章老师，一次看足球的时间被你这样利用了，可能会提高你的教学质量，可能会让学生在短时间内完成作业，但你却放弃了让每个孩子接受一次爱国情操洗礼的机会，这将会留给自己和孩子一个永远的遗憾。"

看到小章老师还不是很理解，杨校长又继续说道："我们不能让教育只染上实用主义的色彩，你别忘了，教育也需要情怀。读书的目的一旦铆定在'应试'的功利价值上，学习会成为无奈的负荷。学生的风采就可能因此消逝，灵性就可能因此泯灭。"一席话说得小章老师心服口服。

在杨校长看来，错误并不全然是一件坏事，它能促人思考，使人坚韧、刚强。就学校管理而言，错误本身就具有弥足珍贵的价值。教师往往是在不断地发生错误、纠正错误的过程中获得丰富的知识，找到科学的方法，提高教育教学能力的。对教师成长而言，有时经历错误比品味成功更富有积极的意义。

4. 用"偏才"组成全才的学校

用人选才，首先要了解他的特点，让他做适合自己的事。校长就是要知人善任，让人才在各自的工作岗位上发挥最大潜能。只有达到这样的境界，才能真正谈得上用人之长，才能让有管理能力的教师脱颖而出。

钱金林老师就是从体育教师成长为副校长的。在他的发展过程中，周围的人对他的能力一直存在怀疑。因为体育老师"四肢发达，头脑简单"的思维定式在人们的脑海中根深蒂固。但是当学校需要一个管理人才时，杨校长经过慎重考虑起用了他。虽然他在教育理论、文字功底方面有缺陷，但杨校长看中的是他努力肯干的工作作风。在杨校长的指点下，钱老师迅速成长为学校管理者。

与人类现有的博大的知识相比，即使是最伟大的天才也是偏才。作为学校管理者，在用人上就要在真实了解教师不同特点、不同爱好、不同需求的基础上，创造性地把各有特长的教师塑造成各类优秀人才。杨校长就要求学军小学的每个教师都要有其独一无二的专长。比如，王水军老师的专业知识特别丰富；黄建明老师的组织能力十分出色；欲云江老师的 Flash 运用技术炉火纯青；陈跃老师的语言表达极具优势，普通话标准得像个播音员……

一所学校是一个整体，犹如一台机器，只有所有的零件都优秀，这台机器才算优秀。要做好全校的工作，光靠校长、领导班子、中层干部的努力是不够的，必须尽可能多地培养管理人才，让这些管理理念、思想意识落实到更多人的行动上，这是校长用人的另一个高招。

在这样组合起来的人才“金字塔”中，队伍架构合理，每个人都能找到自己不可或缺的位置，每个人都是这个集体中的重要一员。通过最佳的优化组合使偏才的个体组成全才的团队，达到人尽其才，才尽其用，知人善任。在各个部门的组合和各项工作的安排中合理搭配，力求结构优化，使群体成员之间能相互学习，相互激励，取长补短，这就是杨校长用人的核心秘诀。

校长是学校的旗帜，是学校的行政领导。学校工作的好与坏、成与败，不在于校长是否事必亲躬、率先垂范，而在于校长的科学决策，统筹考虑，合理用人。作为校长，只有像案例中的杨一青校长那样，合理用好人才，才能盘活一盘棋，调动全体教师的积极性，释放所有人的潜能和智慧。

学校是个大家庭，校长干不了所有的事，也不可能干所有的事，只有全校工作人员齐心协力才能做好学校工作。校长用人，只有根据需要，根据工作任务的轻重缓急，把精力用在对关键层次、关键时刻的人事安排上，使每个岗位的人事安排恰到好处，使每个学科配备好学科带头人，整个学校工作才能畅通无阻，校长工作起来才能得心应手。反之，如果校长用人失当，就会给工作带来损失，校长的设想再美，计划再好，也有可能落空。

（二）用人之“短”

某教师原是某校五年级数学教师兼班主任，因痴迷于网络，经常误了备课、上课或批改作业。一学年下来，班级管理一塌糊涂，教学质量一落千丈，学生、领导、同事对其怨言颇多。

迫于各方压力，他只能申请调动。因“美名远扬”，他到处吃“闭门羹”。正当他“走投无路”之际，杨一青校长却不顾校内教师的强烈反对，力排众议，将他收至麾下。

新学年开学，杨校长让他任信息技术课专职教师兼电教设备管理员。杨校长明确提出，只要他将全校每周的12节信息技术课上足上好，一节不落，此外的空闲时间任其自主支配。教师纷纷反对校长的这一决定，有的说：“学校仅有25台电脑，有故障的就占了17台，信息技术课早就停上一学年多了，这不明摆着安排他‘提前退二线’，与网络继续‘亲密接触’吗？”有的说：“校长一贯作风民主，这回怎么变得如此专断？难道是他的亲戚不成？”……对于大家的种种揣测和议论，杨校长笑着说：“先试一个学期，下学期再由大家民主决定他的分工甚至去留。”

接下来的事让全校教师更加匪夷所思。开学仅仅两周，这位教师竟将校内17台有故障的电脑修好了13台（余下4台属硬件故障，需更换零配件），学生又能回到计算机教室中上信息技术课了。10月份，他向校长建议，投资500元建设校园网站，称这些资金全部用于租用网站空间，网站建设和维护的其他技术问题由他负责解决，不要任何补贴。得到许可后，不到一个月，一个集论坛、博客、电子办公系统于一体的校园网站雏形诞生了。

此后，他又陆续建议在校内推行无纸化办公、电子备课、建立教学资源库等，这些建议均得到杨校长的采纳。渐渐地，大家改变了对他的看法，不少人主动向他学习课件、网页制作及电脑维护知识，还有两位教师根据他转发在学校网站上的“媒体征稿”信息，在CN级刊物上各发表了3篇教学论文，实现了该校教师在正式刊物上发表文章“零”的突破。

转眼间一学期过去了，当杨校长要求全校教师讨论他的去留时，大家不约而同地要求他留下来。

“天生我材必有用。”倘若仅从常人的角度看，案例中的教师确实是幸运的——他尽管有“短处”，却遇上了识才、爱才、惜才、护才、用才的“伯乐”。于是，他有机会被“点石成金”，命运因此发生了改变，个体价值得到充分发掘、提升和体现。然而，如果站在学校管理者，尤其是一校之长的角度来思考，或许就会发现，长期以来，很多校长由于尚未真正树立“不让一位教师落后”的管理理念，囿于“用人用长”“扬长避短”的思维定式，不具“伯乐相马”的识才慧眼，于不经意间，将多少有望一日千里的“骏马”误作“劣马”，把多少本该熠熠生辉的“珍珠”视同“鱼目”？这难道不足以令人痛心疾首吗？而这都取决于校长的用人之道。

用人的真谛在于，将每个人放在最合适的位置上。校长只有“不拘一格”，才能真正“降人才”。一校之长要想让每位教职员工快快乐乐、兢兢业业、卓有成效地工作，仅靠用人之“长”是远远不够的，显然，用人之“短”也应当成为每位校长的“必修课”。只有将两者结合起来，才能相得益彰，大大激发教职工的工作积极性和创造性，提高学校管理的实效。

人们常喜欢说“没有教不好的学生”，倘若将其推而广之，不难得出：“没有带不好的教师。”这样的话或许说得过于绝对，但要是每位校长都能真心实意地为教师服务，将“不让每一位教师落后”的用人理念落到实处的话，教师的职业幸福指数必将大大提高，“没有带不好的教师”的目标也就有了无限趋近的可能。

（三）任人唯贤，给年轻教师成长的空间

贵州省黎平县九潮初级中学校长蒙祥重视对年轻教师的培养，任人唯贤，使得九潮中学蒸蒸日上。

校长希望多锻炼新分配来的年轻教师，教务主任在排课时费尽心思，因为学生喜欢新上岗的年轻老师，家长在背地里却放心不下。在九潮中学，蒙校长从 1997 年秋季任校长起就与年轻的同事结下了不解之缘，他一直践行“任人唯贤”的原则。

1. 把年轻教师当朋友，真诚相待

蒙校长说，新上岗的教师怀着喜悦和梦想到学校工作，稍熟悉校园环境后，签到、考核、聘任制等一系列似懂非懂的东西迎面扑来，当经历这些事情后，部分年轻人才知道“太阳底下最光辉的职业”不好胜任。琐碎的教育工作、繁重的教学任务使许多年轻人由喜悦变成迷茫，把梦想变成梦幻，看着老教师轻松驾驭课堂，他们焦急，内心特别渴望有人帮他们一把。蒙校长要求各教研组长密切关注年轻教师的思想动向，与年轻教师接触时不低估他们的能力。同时，校长和年轻人多交谈，家事、国事、新闻、旧闻都可以谈，让他们感到校长不高高在上，而且关心他们。

2. 当年轻教师走弯路或踉跄时，扶他们一把

蒙校长认为，绝大多数教师都能完成教育教学任务，其中不乏精英骄

子，同时也有一辈子都教不好书的人。年轻教师到校工作，在如此激烈的内部竞争面前，有的可能很长时间都上不了教育的正路，因为同行为了保住自己的地位，不传经验给年轻人。蒙校长在九潮中学时，除了个别老师年龄比他大以外，大多数是刚从学校毕业充实到九潮的，初始阶段的帮扶工作的难度可想而知。

蒙校长当时是从教学质量低下的茅贡中学调去的，没有受过特殊正规的工作培训，对“如何引领教师走上教学的成功之路”的问题只能边工作边学。到1999年底，蒙校长有近十篇论文发表或获奖，从此他也有了指导同事的“底气”和“经验”，同事当时也把他看成了“名人”，在他的努力下，大批的年轻教师学写论文，搞教研，有20多人发表了论文。

3. 走进年轻教师的课堂，认真听课，不吝鼓励

蒙校长说，校长不只是安排布置学校工作、开会、出差的人，更多的时候要做好学校的中心工作——教学。任人唯贤是校长用人的根本之道，这个根本是建立在熟知教师的教学技能之上的。他认为，学校教师教学技能的优劣在很大程度上取决于校长的教学水平。

为了提高教师的教学技能，蒙校长有针对性地经常下班听课。有的年轻教师课上得较好，有的不把上课当回事，听前者的课，主要是就其上课的情态为其指引一条快速成长的道路；对后者，则要找出讲课的闪光点，不急于在其不足之处大做文章，尽量说“都像某个地方讲得那么精彩就好了”之类的话。蒙校长说，年轻教师渴望得到校长的表扬，校长要不吝啬使用表扬，但表扬一定要能帮助年轻人。

4. 创造机会让年轻教师学习、培训，促其成长

蒙校长从事教研工作已有近20个年头，九潮中学的陈列室挂着的“教研教改先进学校”的奖状曾经花了他不少心血，也有不少同事在这个舞台上施展才华而成为县内名师。在当年办公经费拮据的情况下，县内外的二三十所兄弟学校到九潮中学开展教研活动，校内的年轻教师交流学习机会多，年纪轻轻就上示范课。蒙校长是这样培养年轻教师的：

蒙校长任校长期间，不管在哪个学校，他的年轻同事出去学习、培训的机会是最多的。不管自己掏钱还是局里出资的培训，他都派人参加，有时甚至借钱培养年轻教师。他始终认为机会难得，机会错失了不会再来。

1999年，教育局从外地请得英语名师到九潮县讲学，蒙校长让当时的7

名英语教师全部参加，以至造成有半桌人没饭吃而遭到领导“批评”。

蒙校长兼任县教育局教研员多年，到兄弟校开展教研活动时从不忘带上重点培养的年轻教师。如当时的袁仕渊老师是一位好学、追求上进的同志，蒙校长曾带他到过不少学校，袁老师的教学能力大大提升。

蒙校长经常给年轻教师上课，教他们写论文，写教育教学随笔，写反思日记，做教学设计等，当他们把文章交上来后，他把质量上乘的文章推荐到相关刊物。如今还有不少年轻教师请蒙校长帮忙修改教学心得，他都乐在其中。

5. 关注年轻教师的闪光点，重点培养有潜质的人

蒙校长认为，教师个体是有个性差异的，有的充满活力，有的沉默寡言，有的急躁，有的沉稳……在培训年轻教师的过程中，既要注意整体，也要有重点地培养各科领头人或中层干部。

蒙校长说，一个民族是否优秀，一个国家是否发达，就要看这个民族、这个国家有没有具有优秀个性的领头人，美国如果没有华盛顿，就不可能成为今天的超级大国，中国如果没有邓小平，改革开放不知到何时才能进行。学校也如此，没有个性张扬的年轻教师，就会是死水一潭。在培养年轻教师的问题上，蒙校长的做法是：只能培养成某学科带头人的就不提拔成中层干部，对有学校领导人潜质的教师除了加强其教学业务素质培训外，还要辅之以管理知识及方法。

蒙校长说，自己能当上校长是因为得到他人的帮助和关爱。他 23 岁时在茅贡中学当教导处副主任，他不记得自己当时做了哪些份内的事，只记得自己当时很幼稚，容易冲动。现在他常想，当时校长敢用自己，自己现在为什么就不敢用年轻人呢？不培训年轻人成名师，学校的教学质量上不去，不培养年轻人做中层干部，以后谁当校长？基于此，蒙校长就努力培养年轻人，扶持年轻人。

从 2000 年起，有不少教师从九潮中学调走，特别在 2001 年调走一名校长，2003 年调走办公室、教务处、政教处三位主任，他们都是校内的顶梁柱。蒙校长心中明白，少了这些人，半壁江山没了。但 2004 年中考，九潮中学的中考人数仍是全县各校人数之首，这主要得益于培训、提拔年轻教师的工作。

蒙校长认为，把年轻的教师培养成名师或校长是做校长的一项重要工

作。有人把校长比喻成艄公，蒙校长认为这个比喻很不恰当，艄公把人渡到对岸，收了钱，他就把别人忘了，而校长不同，同船的是共同打拼的兄弟姐妹，是有感情的，当船到达对岸后，大家走了，校长又要物色新的船员，下一船到岸又要等好几年。

蒙校长说，与年轻教师在一起，自己一直拥有年轻的心。年轻时，自己努力过，学校有时因自己的努力而出彩，现在自己已步入中年，学校时时需要出彩，自己会一如既往、毫无保留地培训、提拔年轻教师，让他们天天进步，时时前行，因为只有年轻教师的工作精彩，学校才会更精彩。

时代和教育形势的发展对学校提出了更高的要求。教师队伍建设是建设品牌名校的保证。因为“名师培育名生，名生铸造名校，名校成就名师”，所以，名师是学校品牌化发展的中流砥柱。而师资结构的日趋年轻化表明，对年轻教师的培养事关整个学校的长远发展。每位校长都应像蒙校长一样，在用人上重视年轻人，提拔年轻人，在理念上引领、实践上指导、管理上服务、生活上关心，以打造出一支年轻、有为、灵动、富有激情的团队。

三、如何做“会用人”的校长

教育改革的深化对校长自身的素质提出了更高的要求。校长用人的观念和行为就是其各方面素养的集中体现，也是其组建一个强有力的领导班子、充分利用学校教职工人才资源、全心全意地依靠全体教职工提高教育质量的关键。尊重人才，依靠人才求发展，是创造型校长的工作准则。所以，作为校长，在治校用人的科学人才观方面应包含以下内容：

（一）树立正确的人才观，用爱心留住人才

世界进入知识经济时代，作为校长，应具备“人才即财富”的意识。谁拥有人才，谁就有可能创造一个新“世界”。治校如治国，人才是兴校之本。

学校是以人为要素的一个大系统，其良好运行需要一支以校长为核心、德才兼备的教职工队伍，只有各种人才各尽所能，密切配合，才能实现学校

的高速发展。所以，校长应树立正确的人才观，重才识才，大胆选用一批精通业务、会管理、责任心强的骨干力量来负责学校各层次的管理工作。

特别是要选拔一批学博见广、品行高洁、精于领导管理、有创造能力的人来担任学校的主要领导职务，在校长领导下，让他们积极参与决策、分工负责、履行义务。

校长要明白人才的重要性，要从心底里确立必须依靠人才求质量求发展的观念。在此基础上，校长要用真诚的爱心留住人才。爱才之心要体现在校长合理对待人才的言行之中，言行一致说明了爱才之心的真诚。

真诚爱才，就要以工作为重，不以校长个人的好恶定取舍。不能“叶公好龙”式讲爱才，更不能以血缘、地缘、人缘、家庭条件、可否谋私、帮派观念为标准。爱才就要接受人才的缺点及由他而来的一切其他附带内容，诸如其生活、工作、家庭、身体等。要在认识人才重要性的基础上，产生一种健康的对人才的爱惜之情。

校长爱才要爱到“思贤若渴”的程度。事实上，校长的爱才之心就是其事业心及政治品质、思想素质、道德品质、工作作风等素养的一个缩影。

（二）具备识才之能，选拔人才以德为先

世有伯乐而后有千里马，校长只有具备识才慧眼，运用科学的人才标准去认识、发展人才，才能对人才加以利用。为此就有一个对人才的界定问题，什么样的人算是人才呢？

看文凭是一个方面，但文凭不是主要的，关键是要看学识、看能力、看发展前途，更主要的还是以德为首，德才兼备最佳。有德而才疏可按需选用，有才无德需慎用。

这里所说的“德”包括政治品质（政治立场、观点、态度和行为）、思想品质（一个人在行为和作风中表现出来的最基本的思想、认识、品性等本质）、道德品质（在一定伦理思想和道德规范下形成的道德观念、意识和行为习惯）、个性心理品质（气质、能力、兴趣、性格等）、法纪品质（遵守法律和纪律的本质）。

“才”就是才能、真本事，包括知识水平、实践经验、实际操作能力、智力水平和发展能力等。

德才兼备是对人才的基本要求。德与才是可以相互促进、相互转化的。如知识水平的提高可以提高人的觉悟，即“才”化成了“德”；兴趣和价值观可以激发、支配人来忘我工作，刻苦钻研，即“德”提高“才”。

校长应明白不同的人才会各有特色。人才有类型和层次之分。从类型上讲，人才分为领导人才、管理人才、技术人才、公关人才、通才等；从层次上讲，人才有普通人才、专业人才、骨干人才、高级人才，拔尖人才等。

品行端正，有一技之长的人就是人才；知识面较广，工作适应能力强，经验丰富全面，能承担较多方面工作任务的人才就是通才；学博见广，悟性强，成绩显著，敬业自强，智圆行方，品行皆优，长于创新者是难得的将帅之才。由此可见，人才并不神秘难求，学校中教师一般都有所长，从最基本的观点出发，他们都是人才或可培养的人才。

校长只要具备识才能力，就会发现其实在身边就藏着难得的人才。有的教师超越他人成为教学骨干、学科带头人，这是骨干人才；有的勤于研讨，成绩显著，成名成家，这是高级人才。老年教师业务熟练，经验丰富；青年教师责任心强，事业心重，功底扎实，方法新，观点新，接受能力强，发展潜力大。老中青各有特点，各有所长。

当然，人无完人，人才也会有其缺点，有的甚至缺点还会较多，校长用人不能因噎废食，因某人有缺点而一票否决，就将其划于人才之外。“若录长补短，则天下无不用之人。”校长只有明确了这些关于人才的标准之后，才能练就识才之慧眼，做到正确选拔、任用人才。

（三）要有容才之量，举才不存私

嫉贤妒能，尤其怕用潜力大、总体才能超过自己的人来担任要职，或只给职而不给权，不给具体的工作任务，极力压制和排挤人才，甚至不择手段地削弱其威信，是个别校长易患之恶疾。

其实，作为校长应认识到，在多数情况下，真正的威胁不是来自外界，而是来自自己的内心。如三国时的周瑜容不得盟友诸葛亮，反弄得名裂；相反，曹操厚待自己的大敌——“身在曹营，心在汉”的关云长，不但赢得了声誉与信誉，而且还在华容道上保住了自己的性命。所以，作为校长，要不断加强自己的修养，树立“领导就是服务”的思想，为工作负责，为自己负责，确立正确的容才观。

首先，要容人之长。当发现教职工有专长时，校长要及时安排加以利用。容人之长的关键是要容得下在某些方面超过自己的人，接受其高见，互相学习，促进工作，发展自己。

其次，要容人之短，不求全责备。是人才的，即使有某些缺点，也要放手用，要用其长避其短，可能时尽量引导其学习治其短，使其得以发展。千万不可放纵“人之短”，甚至利用“人之短”来打压。

第三，要容人之异，特别在决策中要提倡“争议决策”。有争议才能提高认识，才能妥善处理各种分歧；统一认识，才能发扬民主，才能科学准确地进行决策。校长应多听不同的意见和方法，敢于创新、标新立异、勇为人先往往是创造型人才的重要特征；求同存异、殊途同归也更有益于工作。

第四，要容人之忧。即容纳人才所附带的诸如身体、家庭、生活及工作等各方面的问题，充分解决其后顾之忧。

宽宏的容才之量，是领导者最高贵的品质之一。校长要将自己的容才之量体现于工作的始终，最大限度地减少内耗，全心全意地依靠教职工办好学校。

（四）才尽其用，不拘一格降人才

校长要以实际行动，大胆、广泛地不拘一格任用人才，合理安排工作岗位，让人尽其才，形成一个团结、协作、进取的“人和”局面，使人才都能努力工作，共创佳绩。校长在使用人才的方法、策略和技巧方面，应做到以下几点：

1. 就地取“才”，合理使用

身边就有人才，校长首先要从本校职工中选用各类合适的人才上岗，不可舍近求远。只有在本校确实缺少某类人才时，才可从外选聘。

2. 善于利用骨干的力量

校长作为领导者，应善于团结少数积极分子作为领导骨干，并凭借这批骨干去提高中间分子，争取落后分子。具体应做到以下几点：

首先要组建一个强有力的领导班子；其次要选拔、配备好中下层各管理岗位的人才；再次要充分发挥学科带头人、教学骨干及其他先进教职工的骨干作用，来带动全校工作，实行全面的质量管理。

骨干是搞好学校工作的精英，让其与广大教职工密切结合，能激发、带动全员投入工作，是校长决策准确性和使计划执行快速、彻底的根本保障。

3. 实行科学的人才管理

科学人才管理的关键就是要采取一系列管理措施，使人才建立自我约束机制，进行自我管理，朝着工作目标全身心地投入工作，取得佳绩。

校长在人才管理中要充分采用权宜应变、无为而治、以人为本等人本管理的思想，以岗位责任制为基础，采用行政管理与民主管理相结合的方式，系统运用制度管理、目标管理、考评管理等优秀管理方法，并注重情感管理、权威管理、激励管理的技巧，使学校工作系统良好运行，如自动化生产系统一般，一经启动，各部门便自主合作，默契配合，效益尽出。

4. 用人贴近生活，具备人情味

人人都在社会中充当着多种角色，教职工除了工作以外还有许许多多个人、家庭、邻里亲友等方面的生活杂事与大事。正是因为人在社会上如此“活跃”，人类社会才显得五彩缤纷，才具有了存在的价值。

所以，校长要在人才管理思想上树立教职工生活第一、工作为主的原则，使领导管理具有浓厚的生活味和人性味，这样才会在教职工中产生工作第一、个人第二的效应。

5. 严格要求，灵活对待

权变管理的思想要求管理者在管理中不墨守成规，而是权衡利弊、随机应变，以求达到最佳的管理效益。所以，校长在人才管理中要注意将严格性与处理事务的灵活性融为一体，做到严而不死，活而不乱，讲求实效，提高质量。

（五）会选才更要会育才

校长识才任人还要不断提高人才的素质，这是立校发展之本。校长要结合人才的工作和潜能，给机会、委重任、压担子、寻导师，为其创造良好的环境，积极引导，给予全力支持和培养，使其不断提高。校长要通过各种类型的教学与教研活动及校际交流活动不断提高人才的业务素质。还要有计划地对全体教师进行在职与离职进修，支持教师参加各类自学考试，参加电大、函授等学习；要组织教师研讨学习方法，让教师在书本中学、在实践中学、在同事中学、在生活中学、在研讨中学。

学校对人才素质要求的标准随着时代发展和学校发展在不断提高，对教师进行各类型的提高培训将是校长的一个重要课题。

（六）聚贤才，防外流

作为校长，应采取必要措施使本校人才不外流，并积极吸引、招收、求取校外的优秀人才到本校来工作，以稳定教职工队伍，使学校人才素质达到整体优化。对个别拔尖人才，校长要以“三顾茅庐”的求贤精神和“筑台拜将”的重才之举来聚才。

求贤若渴的校长不仅要关心人才政治上的进步、业务上的提高、生活上的疾苦和工作上的成绩，更要重视人才的正当追求，尊重他们的劳动成果，靠政策、靠改革、靠精神鼓励、靠感情投入、靠物质投入来鼓舞人才的干劲，以稳定人心，增强凝聚力。

管理人的前提是认识人，管理人的基础是信任人，管理人的落脚点是使用人。校长只有树立全面、科学的人才观，并使之发展成为自己的尊才之德，才能管理好以人为基础的学校。“赢得教师，才能赢得21世纪的教育”，作为校长，在教学管理中把人放到最佳位置，让其才能发挥到最佳程度，就是作为管理者的最大的成功。

习惯4 生为本

——一切为了学生，一切为了学生的终身发展

校长的“生为本”的习惯，就是把学生作为学校教育和管理的根本，就是时时处处把学生的切身利益放在学校改革和发展的首位，就是从学生的立场和角度出发去开展工作。教育是以关心、关怀、关爱学生的健康成长为目的的，这就决定了它不仅仅是讲解和传授知识的过程，更多的是文化传承、思想交流和情感沟通的过程。校长要始终把学生看成是教育的本体，要把将学生培养成什么样的人作为学校的重点，把以生为本作为自己的办学价值追求。

一、“生为本”概述

“生为本”，简而言之，就是在“以人为本”的核心理念下，强调教育要心系学生，把学生的事情、利益，尤其是学生的成长发展时刻放在心上，努力引导、培养学生，竭力关爱、服务学生。

校长的“生为本”习惯，就是把学生作为学校教育和管理的根本，就是时时处处把学生的切身利益放在学校改革和发展的首位，就是从学生的立场和角度出发去开展工作。一般来说，教育是以关心、关怀、关爱学生的健康成长为目的的，这就决定了它不仅仅是知识的讲解传授过程，更多的是文化传承、思想交流和情感沟通的过程。

校长“生为本”的习惯主要体现在日常的教育运作过程中。教育的每个日常细节从发端到终端都要以学生为主，始终把学生看成是过程的终端，是教育的本体，要把将学生培养成什么样的人作为学校的重点。“以生为本”也应是校长办学的价值追求。

（一）强化“生为本”理念，发挥学生的主体性

校长应始终坚持“生为本”的工作理念，并将这一理念贯穿在学生教育管理的各个环节之中，使所有工作服务于学生的成长成才。校长应坚持将“人才培养”放在学校工作的中心地位，充分尊重学生的主体地位，倾听学生的利益诉求，把握学生的思想脉搏，使学校的一切工作都立足于、服务于、指向于学生的成长成才。

在学生教育管理过程中，少数校长习惯于从教育者的角度出发，强调教育者有什么教什么而忽视了被教育者的实际需要，强调教育者的管理作用而忽略了被教育者的潜能挖掘，因而往往造成教育者与被教育者之间“我讲你听”“我说你做”的被动局面，学生没有太多的发言权和自由度，服从教育

管理被看作是理所应当的事情。这样做的结果是学生的创新本性被抹杀，学习热情被压抑，个性发展被限制。

校长坚持“生为本”的工作理念，就是把学生置于学校管理的中心地位，就是要从学生的实际出发，尊重学生的人格价值，建立平等的师生关系，相信学生，理解学生，尊重学生，关心学生，帮助学生，最大限度地激发学生的潜能，充分调动学生的积极性、主动性和创造性，引导其在推动学校发展的过程中实现个体的全面自由发展。

（二）创新办学模式，创造育人环境，为学生成长服务

学生工作的最终目标是促进学生的素质提高和成长成才，所以，校长要不断改变和消除那些影响和束缚学生活力的条条框框，大力营造有利于学生创新的校园机制和环境，使学生的创造愿望得到尊重，创造活动得到支持，创造才能得到发挥，创造成果得到肯定，使每一位学生的潜能都得到充分发挥，特长得到充分展现，个性得到全面协调发展。

校长要在“生为本”理念的指导下，不断创新办学方法和方式，不断选择和运用好校园内外各种有效的载体，以满足学生的需要为出发点开展工作。具体可以从以下几点进行：

1. 学生教育管理的人性化

校长“生为本”的习惯要始终坚持“一切为了学生，为了学生一切，为了一切学生”的工作原则，把学生当作学校的管理之本，尊重学生的权利，理解学生的愿望，关心学生的问题，满足学生的需要，真正体现对每一位学生全面发展和自我实现的关注与关怀。

2. 学生教育管理的主体性

校长在学校管理工作中要注意维护和体现学生的主体地位，为学生的成长成才创造各种可能条件，最大限度地激发学生内在的成才动力，不再单纯靠行政命令、规章制度和各种强制措施来管理，而是通过营造民主、自由、平等和有效的育人环境激励广大学生的自觉参与，使管理者和被管理者形成良性互动，达到“无为而治”“不治自律”的“没有管理的管理”效果。

3. 学生教育管理的实效性

校长在工作中要特别针对学生的道德修养、学习、心理、生活困难、人

际交往、生活习惯和人格塑造等人生道路上的各种实际问题，联合教师进行因势利导、因人施教，特别是要让教师给予学生中的弱势群体更有效的扶助与支持，为学生成才服务，促进学生全面发展。

（三）坚持“生为本”，做学生的良师益友

学校管理者只有不断适应形势的需要，牢固树立“生为本”的工作理念，明确自身在学生德育中的主导作用和示范作用，提升素质，恪尽职守，率先垂范，身体力行，以高尚的人格感染教师和学生，以文明的仪表影响教师和学生，以和蔼的态度对待教师和学生，以丰富的学识引导教师和学生，以博大的胸怀爱护教师和学生，才能使整个管理工作发挥应有的作用。也只有这样，校长的话才会有说服力，校长的教育管理才会更富实效。

校长在“生为本”的工作中要明确“把握学生的成长规律”，有针对性地引导，明确学生是“管”与“教”的对象。学生工作应实现由“防御型”向“发展型”转变，坚持以人为本，与时俱进，认真研究学生发展的规律性和科学性，适时为学生的成长、发展提供先进的教育、管理和服务，始终让学生在先进的教育中发展。

“生为本”的管理理念就是要尊重学生、关爱学生。教育是心与心的交流，是情与情的呼应，唯有以心换心，以心育人，知识、能力、品德才能在师生间实现主体转换。所以，作为校长，不仅自己要始终把学生看作朋友、亲人，更要让全体教师认识到这一点的重要性，让全校教职工以平等、信任、友爱、宽容的态度与学生对话，沟通心灵，用“学生”的心和眼去体验和看待所发生的一切，努力发现学生身上的闪光点，以满腔的热情关爱每一位学生，不断满足学生的发展需求，让他们在开放、发展的环境中健康成长。

（四）增强服务育人意识，为学生的成长构建软环境

“生为本”就是要建立服务意识，校长应积极为这种服务构建软环境。这种软环境体现在以下几个方面：

1. 构建情感教育环境

情感教育是坚持以学生为本的一个非常重要的环节，它要求学生管理工作者切实做到关爱学生，信任学生，与学生交朋友，急学生所急，想学生所想，积极帮助他们解决生活上、情感上、学业上的困难。要充分相信学生，相信他们的能力、相信他们的人品，在工作中做到晓之以理、动之以情，使管理与教育寓于其中，真正起到“润物细无声”的作用。

2. 构建素质教育环境

“少年智则国智，少年强则国强。”学生是未来生产力的主力军，学校注重素质教育，就是加强学生的诚信教育、社交礼仪教育、心理品质教育和动手能力培养。围绕这一点，校长应组织各年级、各学科经常性地开展一些丰富多彩、喜闻乐见的活动，将素质教育融入活动之中，如科技创新活动、文体活动、安全教育、心理健康教育活动等，并利用假期开展社会实践活动，尽早尽快让学生理解社会、适应社会、融入社会。

“以生为本”管理是一项系统工程。作为校长，如果想仅凭学校来规范学生的思想和行为，不仅会因为缺乏大气候而形不成“气候”，甚至还会因与社会有距离而遭到排斥。所以，校长的“以生为本”理念还应协调好与家庭、社会教育间的关系，使三方教育“目标一致、功能互补、配合密切”，形成以学校为龙头、家庭为基础、社会为平台的“三位一体”的多层次、多侧面、全方位、立体化育人网络，创造更加有利于学生健康成长和全面发展的良好环境。

（五）“生为本”思想的必要性

社会发展的最终目的是人的全面发展。当人们的温饱问题得到基本解决后，全面小康社会被提出来，人的全面发展就凸显出来，“以人为本”顺理成章地成为科学发展观的核心与本质。作为未来人才的培养基地，学校管理工作的对象是学生，这种管理是对人的管理，对一群生理和思想尚未完全成熟的人的管理，同时也是对一群还未自立、仍处于学习阶段的学生的管理，所以树立“以生为本”的思想显得更为重要和必要。

作为校长，只有坚持以人为本，坚持以学生为本的教育和管理理念，才能促进学生的全面发展，以最终实现学校的全面发展。

1. “生为本”可以实现学校的培养目标

教育的本质是培养学生的活动，是培养生动、个性化的全面发展的学生。学校是培养社会主义现代化建设的劳动者和接班人的摇篮，把学生培养成高素质的人才是学校的主要任务。而要实现这一培养目标，关键是要抓好学风建设，因为学风的好坏直接关系到“产品”质量的高低、学生能否成长等切身利益。为此，校长应强调加强对学生的思想和素质方面的教育，使全体教职工都形成“以生为本”的理念，进而协力引导学生树立正确的学习观、成才观，培养学生刻苦钻研、积极进取、敢于探索的科学精神。

2. “生为本”可以建立和谐、平等的人际关系

校长应牢牢把握“师生之间的关系不应是等级森严的上下级关系”的思想，应在广大教职工中强调平等、互尊互敬关系的重要性。因为只有这样，广大教师工才能摆正位置，与学生平等相处，从而发挥学生的主体性作用。

3. “生为本”可以实现对传统学生管理工作的变革

传统的学生管理模式的不合理之处在于它主张服从、整齐划一的管理价值取向，这与教育的本质相矛盾。而在学生管理工作中强调以学生为本，就是要强调学生的主体地位，强调学生的自我管理，强调学生的全面发展，改变过去那种把学生置于从属地位，对学生实施“严加管教”的“家长”式的管理模式，充分调动学生自我发展、自我完善的积极性和主动性。

“生为本”就是要把管理作为一种完全服务于人的手段，对学生进行道德和心理关怀。所谓道德关怀，就是道德教育者从关怀出发，使道德教育真正实现促进道德接受者的和谐发展。它要求学生管理工作者必须从偏重于空洞说教向道德关怀转变，从功利驱使向培养学生的自觉转变等。

近年来，随着学校的扩招，学生群体不断壮大，在校学生在生活、学习上屡屡出现问题。如因期望过高、理想追求受阻、学习成绩不尽如人意、人际关系不协调等产生心理挫折，从而影响身心发展。所以，校长应加强对学生心理健康方面的教育。如可以通过开展心理咨询等活动，让学生表达自己压抑的情感，再经过心理专家的教育和帮助，让学生能够拥有健康的心理。

21 世纪是知识经济的时代，是竞争的时代，所有的竞争都归结于人才的竞争，人及其知识能力真正成为社会运作的主体和核心，成为全社会的第一资本和创造生产力的第一资源。所以，校长应具备“生为本”的办学理念，

并使之成为一种习惯，让培养和造就具有创新能力、竞争能力等各种素质综合发展的人才的理念在校园扎根，并最终成为现代学校的教育目标和责任。

二、名校长与“生为本”

（一）没有教不好的孩子

北京第二实验小学原副校长霍懋征一直以生为本，为第二实验小学的发展作出了卓越的贡献。“没有教育不好的孩子”是霍老师一生的教育理念，也是她发展学校的主要思想。

谈起近60年从教的体会，霍老师说她是小学老师中最幸福的一个。每个学生都来自不同的家庭，有着不同的成长环境、不同的生活习惯、不同的爱好，要把每个学生都培养成才，这种艰辛的滋味只有教师自己知道；看到学生的进步和成长，个中幸福也只有教师最清楚。

曾有人问霍老师：“60年来，你怎么能把所有的学生都教育好呢？你有什么秘诀吗？”她的体会是，热爱党的事业，再用热爱事业之情去热爱学生，细心观察每一个学生，对学生做到细心、耐心、爱心、信心，取得他们的认可，这就是成功的秘诀。

霍老师一生的教育理念可以总结为八个字：激励、赏识、参与、期待。已是《东方少年》杂志编辑的一个学生回忆，他上小学三年级时并不喜爱作文。有一次，霍老师以饱含激情、充满希望的语调讲评了他的一篇作文。这位学生说：“在随后的几天里，我都沉浸在节日的喜悦之中，我也能写作文了！”他认为：“一粒种子，哪怕是一粒极平常的种子，溪水也要用自己的心去滋润它，抚爱它。学生的身上孕育着的爱好和才智极易在他童年时期僵化和枯竭，而我却是一粒幸运的种子，从小就受到园丁精心的培育。老师的言传身教不仅使我逐步认识了生活，也使我爱上了文学，文学已成为我奋斗终身的事业。”

对“怎样才能成为一个好老师”这个问题，霍老师认为，首先就是要爱教育这个事业，爱学生，要相信每一个学生都是可以教好的。“很多教师只是把教师当作职业，觉得把课教好就行了，这是不够的。教师必须要想得多一点，要想到不管多调皮的孩子都会长大成才，会为祖国的明天贡献自己的力量。60年来我没丢下一个学生，全部成才了。我相信没有教不好的学生。”

有个叫小永的学生，他的母亲是街道工厂的工人，家里没人照顾他，孩子从小顽皮。他根本无心学习，留了两次级，哪个老师都不愿意要他，外宾来校参观时老师把他藏起来，怕他胡闹。在这种情况下，校长决定把他送到工读学校。霍老师听说了，立即去找校长，说：“把这孩子交给我吧！”校长说：“不行，你那是优秀班集体，他去了，会影响全班荣誉。”霍老师见一次不成两次又来，动情地说：“这孩子虽然现在表现不好，但他今后还有很长的路要走。请您相信我，把他交给我吧！”她硬是从校长那里把小永要来了。

把小永领进班里之前，霍老师先统一了全班的认识，并“约法三章”：不轻视小永，不提他过去的事，不揭他的短。她自己则冥思苦想该从哪儿突破对小永的教育。她先观察小永有什么优点。这个男孩比别的学生大两岁，很有力气。于是她说：“小永，我想请你帮我做件事。从学校校门到东楼这一段是咱们班的责任地段。我想成立个清扫小组，你带着我，再找三个同学来负责咱们班责任地段的卫生，你来当组长好吗？”小永一听高兴得跳起来，他从没想过自己还能当个“官”呢！于是他每天早早地来学校和老师一块儿扫地，扫得很认真。师生关系就这样拉近了。“他看我腰不好，有一天，悄悄给我找来个长把扫帚，轻轻走到我跟前说：‘老师，我发现您腰有毛病，拿这个扫吧，可以不弯腰。’我心里不禁感叹：这个看上去挺粗心的孩子，不仅能细心地发现老师的腰病，还能热心地关心人、帮助人呢！多少年后我才知道，那把扫帚是他自己攒钱给我买来的。”

一天，小永没来上学，霍老师午饭后立即到他家去，发现他正感冒发烧，还没吃饭。霍老师赶快回学校给他买了饭，又带着校医给他打针、吃药。安排他吃完饭，霍老师就到工厂跟他妈妈商量中午能不能让小永跟别的学生一样在食堂吃饭。他妈妈说：“霍老师，不瞒您说，我们家没有这个条件。”霍老师说：“钱的事你不用管了。”第二天她就掏钱给小永在学校包了饭，还让他当“饭长”，负责给大家领饭、分饭。霍老师又找食堂炊事员说：“跟你商量点事。我们班里来了个男孩子饭量大，你们每天多给我们班一点。”通过为大家服务，小永和同学的关系不那么僵了，他也不再胡闹了，大家慢慢接受了他。

2004年春节后的一天，霍老师突然接到一个电话："娘啊，娘，我的亲娘啊，您答应我一声！我找了您十几年了。"霍老师吓了一跳，说："请问你贵姓啊？""我姓何。""噢，是小永吧？""是啊，我可找到您了！"原来小永的工厂早年迁到外地，他回北京后因为霍老师搬了家，找了很久都没有找到她。他说："您是我的亲娘，没有您就没有我的今天。"50多岁的小永已是个即将退休的技术员。第二天他就带着爱人和孩子来看望霍老师。"所以说，别以为学生才一年级你就不在意，转眼间他们就会长大成人。"霍老师说。

有一年，霍老师接手了一个"差班"。上课铃声响过后，只见教室的门半开半掩，学生们一个个侧身而入。霍老师走到门口，抬起头，伸手从门上取下了一把笤帚。她走上讲台，微笑着说："这是谁的主意？这个同学很聪明。如果他以后能把这种聪明用在学习上，一定是个好学生。"然后她告诉学生们："你们知道老师是怎么发现门上有'鬼'的吗？我是从大家进门的姿势里发现的，这就叫'善于观察'。"在学生的"啧啧"叹服声中，霍老师又说："其实，现在我已经观察出来是谁干的了，他现在正后悔呢。"当天下午，那个学生就找到霍老师承认了错误。

霍老师说："小学老师是孩子的蒙师。要让蒙童不犯错误是不可能的，老师的任务就是教他们逐渐学会不犯错误。"

还有个学生爱下象棋，经常旷课去找人下棋，一争高下。一天，霍老师对他说："听说你爱下象棋，放学后咱俩下一盘好吗？"他惊讶地说："您行吗，老师？"霍老师说："不如你的话，就向你学呀。"第一盘她故意输给他，孩子挺高兴。第二盘这个学生输了，但是不服气。等到第三盘、第四盘、第五盘都输了，他服气了："老师，您可真棒啊！"霍老师趁机教育他："我虽然下得比你好，但你看到我到处找人下棋了吗？我不能因为爱下棋就不上课呀。以后我们在课下交流，互相提高怎么样？"从此，这个学生开始好好学习，再也不逃课了。

霍老师是一个勇于实践和探索的人，只要她认为自己做得正确，她就会坚持到底。有了霍老师的执着精神支撑，学校以生为本的教育理念得以顺利推行，她的"没有教不好的孩子"这一以生为本的教育理念得以在全校顺利实施。

霍老师"没有教不好的孩子"这一教育理念使得到学校的学生无论以前

的成绩或品德多么差都变成了德才兼备的好学生。

因为以生为本，所以霍老师从来不选择、挑剔学生，不管多调皮、成绩多差的学生，霍老师都会收下。在霍老师眼里，好学生是“宝”，“差生”也是“宝”。在霍老师看来，“差生”就像一块璞玉，和好学生一样，存在着成“器”的可能。对于教育者来说，不是看“差生”目前的状态（璞），而是要着力研究如何去“打磨”。让学生由“璞”成“玉”最有说服力，这是对以生为本思想的最朴素的诠释。

不选择、不挑剔学生，对于教育者来说，就意味着更多的付出，同时还承担着相应的风险。为什么这么多的“差生”到了霍老师手里全都变成优秀学生了呢？这都归功于霍老师以生为本思想的指导。

（二）以生为本就是服务学生

江苏省溧阳市实验小学校长芮火才在以生为本的基础上提出了“教育就是服务”的观念。作为一校之长，芮火才认为，校长是全校师生的“领头羊”，是天生的“服务员”。对于校长来说，以生为本就是要为学生的正常发展和顺利成长服务，为教师的教育教学和发展服务。校长的主要任务不是要求师生围着自己转，不是按个人的意志去管理学校，而是自己围着师生转，根据师生的需求创设优良环境，提供优质服务。

“教育就是服务”，说起来很简单容易，但真正操作起来却很复杂、艰难。下面就去看一看芮校长在教育实践中是如何实践“教育就是服务”这一理念的。

芮校长认为，以生为本就要真正怀着一颗“服务”之心去教育学生，首先要做的就是“眼中有学生”。为了真正做到“眼中有学生”，芮校长在日常工作中时时刻刻视学生的需求为出发点和归宿，为学生做事不怕麻烦，为学生做事不怕“牺牲”学校利益。

在溧阳实验小学，有心人会发现，这里教室内外的字画张贴得和别的学校不一样：别的学校的字画都贴在学生抬头才能看到的地方，而他们学校的那些字画却都贴在窗户以下的高度，以至于每个来看的学生不用抬头，就能毫不费力地看到所有内容。

以前，溧阳实验小学的字画也是“高高在上”的，直到 2000 年学校开展了“让每一堵墙壁都说话”的活动之后才改变。

溧阳实验小学和其他学校一样，在学校的教室和走廊里挂了很多字画，可是那些挂得“高高在上”的字画好像并不能起到预期的教育作用。因为学生很少抬头去看字画，即便有看的，也因为字画太高而看不全。这样一来，主动去看字画的学生就越来越少了，而字画就慢慢地变成了装饰教室和走廊的摆设了。

刚开始，芮校长搞不明白为什么会这样。当他做完一个实验后才明白其中的问题所在。

芮校长用摄像机按照小学生们的视线对校园的“美景”进行了一番扫视，结果让他大跌眼镜。他看到的画面支离破碎，毫无美感可言。这样的字画在成年人看来都没有美感，更何况那些以美来领悟教育的小学生呢？

芮校长也明白，字画挂那么高，一是因为那是老师挂的，自然是按照成人的视线决定字画的高度，二来小学生比较淘气，挂低了，很容易被毁坏。

然而，芮校长更清楚，与这两种情况相比，学生的感受、所受到的教育才更应该引起重视。于是，他就想想个办法改变一下。从那时起，芮校长就让教师降低了所有橱窗和墙上张贴字画的高度，使字画的中心位置与大多数学生的视线平行，从而让他们在最佳的视觉范围内，稍微一低头或者微微一抬头就能很舒服地看到自己想关注的内容。

教室和走廊里张贴字画，目的是什么？当然是一切为了学生，为了给学生营造一种文化氛围，让学生受到教育，而绝对不是给教室或者走廊添加一个摆设或装潢。可是，如果学生视而不见或者看不到它们的话，他们还能受到教育吗？学校张贴字画还有意义吗？当了解到这一点后，芮校长果断地把它们张贴在了学生看得见的地方。

这样，学生对学校的“精心设计”就能心领神会而不是视而不见了。从此以后，越来越多的学生就会把看橱窗和墙上的字画当作一种享受。

“众口难调”这个词语，在学生对课间餐的挑剔上可谓得到了充分体现。以溧阳实验小学三（5）班的学生来说，他们对课间餐的爱好可谓是各式各样：学生小钟最喜欢吃粘粘甜甜的香瓜饼，学生小颜喜欢吃热乎乎的茶叶蛋，而小佳同学则对香喷喷、松软软的肉松蛋糕情有独钟。

为了把课间餐调成每个学生都爱的“香饽饽”，芮校长带领各班的班主任对学生们进行了一次极为全面细致的饮食调查，然后进行统计总结，终于掌握了学生一致喜欢的口味和特别喜欢吃的食品，并在此基础上制订了丰富多样、选择空间较大的课间餐菜单。

结果，花尽心思做出来的菜谱没有辜负芮校长的一片苦心。学生非常欢迎这份菜单，称赞课间餐比饭店里的大餐还要可口。

在一些学校，学生课间餐的标准通常是只要满足学生的营养需求就可以了，很少花心思按照学生的口味去做。可是，芮校长却把它当作大事，在细致调查之后，才给学生订出可口的菜单，结果让学校的餐饮服务很受学生欢迎。

这天下午刚上第一节课，天气就淅淅沥沥地下起雨来。直到最后一节课的铃声响起时，雨依然还在自顾自地下着，丝毫不理会学生的心情。

等了一会儿，看雨没有丝毫要停的意思，学生们只好尽快往家赶了。那些带伞的学生撑着雨伞急匆匆地出了教室。

可是，光六（2）班就有包括小冰在内的四五个学生没有带伞。怎么办呢？可小冰他们看上去好像一点也不着急，也没有继续等各自的家长前来送伞，而是在做完值日之后和几个没带伞的同学一起来到了学校的传达室，向门卫师傅借伞。

等他们一一登记后，门卫师傅二话没说就借给他们一人一把伞。就这样，本来应该担心挨淋的学生，一人撑着一把花伞，高高兴兴地回家了。

不知内情的人肯定会奇怪地问："门卫师傅又不是卖伞的，哪来那么多雨伞？"是啊，可是传达室里确实放了很多雨伞，也确实借给了那些没带伞的学生。

原来，这些雨伞是芮校长特意让学校工作人员放在传达室里的。一到下雨天，那些没带伞的教师和学生就可以去传达室借了。这样他们就不会被雨淋得湿漉漉的，也不会因此而发烧感冒了。

下雨了，学生可能会因为忘记带伞而被雨淋湿。这本不是学校的责任，但是芮校长却把它纳入了学校的服务范围：因为学生生病了，他们就会耽误功课，影响学习成绩，而保护好学生是学校的责任。所以，学校就有了借伞这种贴心的服务。

(三) 以生为本要用"尊重"奠基

见到老师要问好是对学生文明礼仪的基本要求之一。芮火才校长早在担任学校政教处副主任时，为了加强对学生行为习惯的养成教育，就要求值周教师每天早晨站在校门口，检查学生进校时是否主动和值周教师打招呼。如果达不到学校提出的要求，不但要扣除班级常规管理的得分，而且要求学生退出校门，主动向值周教师问好后才能进入学校。

为了使这项工作落到实处，芮校长多次站在校门口亲自督查，并严肃地训斥过一些达不到要求的学生，也批评过一些工作不得力的班主任。尽管如此，效果仍然不理想，一些学生见到值周教师或者自己的老师，仍然不主动问好。对此，芮校长百思不得其解。

后来，有学生悄悄地对芮校长说："为什么我们向老师问好后，有的老师却不理睬我们?"

芮校长终于明白了。原来学生的问好并没有得到老师同等的回应。所以他们心灰意冷了，不愿意再主动向那些不回应自己的老师问好了。相信这也是某些学生即便挨批评也不想向老师问好的原因。

在一次学生座谈会上，有学生问芮校长："为什么一定要让我们学生先向老师问好？能不能老师先向我们学生问好呢?"

学生的话看似很不礼貌，其实却有深意。芮校长恍然大悟，他终于找到了问题的症结。这个学生说得多好啊！作为道德的传授者，教师尚且不能先向学生问好，又怎么能要求正在成长中的学生先向教师问好呢？这真是教育的失误啊。

想到这里，芮校长就在学校里开展了"老师，请先向学生问好"的教育活动。他认为，教师教育学生要懂礼貌，应该从自己先懂礼貌开始。

从那以后，在溧阳实验小学的校园里，人们经常听到老师们"某某同学，早上好""同学，下午好""小同学，你好"之类的问候。这样一来，芮校长先前的担忧也消失不见了：因为每当老师先向学生问好时，学生都会更为热情、更为礼貌地回应老师。

渐渐地，校园变得越来越文明了，学生们也变得越来越礼貌。

几乎所有的学校都要求学生与教师见面时主动打招呼，而几乎没有一所学校会要求教师见到学生要先向学生打招呼。这样做的原因就是提倡尊师。可是他们却忘记了教师教书育人的职责中就有主动和学生打招呼这一项。这样一来，学校要求学生先向教师问好的规定就与教师的职责相违背了。

同时，在现实中，也曾经不止一次出现过教师不热情回应学生的问候的情况。这种现状的存在，怎么能够要求学生见到教师就打招呼呢？正人必先正己，这也是以生为本思想的根本之一。所以，要想教好学生必须先尊重学生。教师要想让自己的教育见到实实在在的效果，就必须先注意自身的言行。

有一次，溧阳实验小学请全国著名特级教师窦桂梅老师来学校上公开课。上完课后，听课的老师和专家都对窦老师的课进行热烈点评，却没有芮校长。原来，刚下课，他就私下找到了一些参加公开课的学生，对他们做了一项问卷调查和个别访谈，询问学生对窦老师讲课的意见和看法。

“窦老师的课就像那开封了的米酒，闻起来很香，再一品尝，更叫人难以忘怀，回味无穷。”

“她那美妙的歌声，不禁让人浮想联翩，她的与众不同更是她走向成功的钥匙。”

“窦老师性子真直爽，反应快的人思维活跃，越学越有劲，而反应稍微慢一点的同学就跟不上。窦老师讲课像急促的河流，其实，在一些地方适当停一停脚步，可能会有意想不到的惊喜与发现。”

对于窦老师的课，溧阳实验小学的学生有以上这样的评价。这些评价并非完全是溢美之词，其中还有需要窦老师改进的建议。

为什么芮校长没有先去问教师和专家对窦老师的课的建议与想法，而先找学生，询问他们的感受呢？因为芮校长明白，教学的主体是学生，以生为本，不管是请名师来学校讲课，还是让教师听课，最终目标都是为了更好地上好课，更好地让学生听好课，更好地为学生服务。所以，要想学习窦老师的讲课技巧，就应该先去问问学生，他们认为窦老师哪里讲得好、为什么好；问问学生老师要怎么讲才能让他们感到和窦老师讲得一样好。

芮校长认为，教学对象是学生，服务对象也是学生。学校的服务质量好不好应该由学生说了算，应该以学生的感受好不好为标准。只有学生认可的服务，才有可能成为最好的服务。芮校长正是通过对学生的问卷调查和个别访谈来了解了学生的意见和看法，寻找给学生提供最好服务的方法的，这是以生为本思想的鲜活再现。

为了让学生享受到更优质的服务，为了让学生真正成为学习的主体，芮火才校长在溧阳实验小学实施了“教育投诉制”和“选师制”。

在这两项制度实施之前，为了搞清楚学生需要什么样的老师，芮校长还专门举办了一场题为“学生和家长能不能评价教师工作好坏”的辩论会，并邀请学生代表参加。

因立场和出发点不同，师生自然会在某些方面存在不同意见，学生代表很自然地与教师代表产生了争执。从某种意义上讲，学生提出的论点比做了充分准备的教师的辩论还要精彩、有价值得多。

在辩论中，老师刚一提出：“小学生年龄小，没有水平知道老师工作的好坏。”马上就有学生站起来反驳道：“老师，您说得不对！连我们家的小狗都知道谁待它好，谁待它差，难道我们就不知道老师工作的好坏吗?”

又一位老师说：“老师批评了学生，学生就会记仇，这样在评价教师工作时，他们就故意打不合格。”学生一听，就很是“气愤”地表示反对：“如果老师批评了学生，学生就记仇，那只能说明教师批评学生的方式、方法不对，否则学生应该只会感激老师才对，怎么可能记恨老师呢？难道工作不负责任、从来不批评学生的老师就能获得大家的好评吗?”

老师提出家长不能评价教师工作的好坏，因为有相当一部分家长根本就不认识老师，不了解老师，这样他们就没有根据去评判老师。学生则反驳说：“家长评价教师工作的好坏，主要是通过我们学生身上发生的变化来决定的。学生变好了，家长就可以以此认为教师工作负责，水平高；学生变差了，家长就可以认为教师工作不负责任，水平差。”

对于那场辩论会，芮校长直到现在还记忆犹新。他说：“辩论会已经过去五年多了，回头总结它的价值，我们发现它实际发生的作用已经远远超过我们的预期目标。它不但使教师对学生和家长能否评价教师的问题有了更深刻的认识，更为重要的是，教师从现场辩论中已经找到学生和家长能否评价教师工作的答案。”

换句话说，教师们已经从那场辩论会上知道了怎样在教育教学过程中更好地为学生及家长服务了。

教育的本质是对生命的开拓，培养学生能够真正做到自尊、自爱、自信、自强与自律。为此，校长要时刻关注学生的心灵成长，与学生建立平等、民主的关系。而要建立这种关系，它的前提就是尊重学生，只有尊重学生，才能真正实现民主、平等，才能使学校更好地践行“以人为本”的教育理念。

校长如何以“尊重”为基，做到以生为本？

首先，校长应放下架子。校长尊重学生不能只表现在口头上，要真正做出来，首先就是要融入学生中，千万不要为了“镇住”学生而摆出一副“师道尊严”的面孔，让学生敬而远之。学生只有从心里接纳了校长，他们才能听、信，进而服校长。校长的教育教学管理才有效。

其次，校长应敢于向学生承认自己的错误。在平时，学生有了错误要向老师、同学认错，那校长有了错误为什么不能向学生承认呢？不能因为自己是校长，怕丢面子就不向学生认错，这会伤了学生的心。这也是以生为本的一大体现。

第三，与学生建立平等的师生关系。优秀校长大都极力倡导平等，并在管理中努力实现平等。他们在很多时候会俯下身子甚至蹲下来同学生交流，倾听他们的心声，这样才有利于了解学生，拉近和学生的距离，更好地开展工作。

第四，站在学生的角度看学生。学生的世界是多彩的，但又是单纯的、幼稚的。有时候，校长要想真正了解学生就应该站在与学生同样的高度，从学生的角度出发，用学生的眼光看世界，看问题。

校长要实现以生为本，尊重学生是工作的前提。校长只有真正发自内心地尊重学生，关爱学生，才能实现学校以生为本的教育理念，才能让学生真正得到充分发展。

（四）摒弃“功利”才能真正做到以生为本

学生是有自尊心的。在一些学校，这个常识常被教师所忽略，可是芮火才校长却敏感地发现了。在很多学生眼里，贫困生往往成为被歧视的对象，尤其是接受他人捐赠的时候，因此他们很不希望成为“万众瞩目”的对象。

为了照顾个别学生的自尊心，体现以生为本的思想，在每年为贫困生减免学杂费的工作中，溧阳实验小学都会对贫困生的有关信息进行保密，使其他学生不知道哪位学生因为什么原因而获得了减免。具体的减免工作由班主任和学生家长联系，说明减免学杂费的标准和做法。学校对困难学生的帮扶既不举行仪式，也不对外公开。这样一来，即便那些接受捐赠的学生都不知道任何细节，甚至他们都不知道自己接受了帮助。

这年，新学期开始了，学生三三两两地走进校园。与平时不同的是，在校门口公告栏前，围着一大群人，其中有学生，有教师，还有不少送学生上学的家长。

原来，在公告栏里贴着一张大红的感谢信。这封信是一个学生的姑姑写的。和一般的感谢信一样，这封信里充满了最真挚的感谢。

这位“姑姑”感谢学校六年来为学生减免所有学杂费，感谢学生所在的班级六年来为学生提供的所有学习用品，并且还赠送学生最喜欢的书籍。

不过，和一般的感谢信不同的是，信中只要涉及学生姓名和班级的地方，都被学校用黑笔轻轻地抹去了。这使得谁也不知道接受帮助的学生是谁，而只知道在学校曾经有一个学生接受了无私的帮助。

此外，在溧阳实验小学，接受无私捐赠的不只是家庭有经济困难的学生，还包括一些需要帮助的“富家子弟”。

芮校长说：“翻开报纸，打开电视，我们常常能够看到学校为贫困和失学儿童而举行的各种各样的捐赠仪式。当我们仔细观察孩子接受捐助的特写照片时，不知道大家有没有注意，孩子们的目光是那样呆滞、自卑和无助。”

芮校长说这些话的时候，很严肃，眼神里透出一种哀伤。所以，每当学校中有家境贫困的学生拒绝参加捐赠单位来学校召开的捐赠座谈会时，他的心灵都会受到震撼。

每个人遇到困难时，都希望能够得到别人的帮助，但是他们并不需要别人给予施舍与怜悯。因为得到的钱物是无法与失去的人格尊严相提并论的。成年人如此，那些心灵脆弱的小学生更是如此。所以，芮校长决定，凡是学校对具体学生的帮助，都不举行仪式，也不会对外公开。

在溧阳实验小学，每到“六一”儿童节，家庭经济困难和特殊家庭的学生都会收到一份礼物，其中包括学习用品、图书和玩具等。教师赠礼物送给学生通常都会选择私下单独进行，并会找一个恰当的不伤害学生的理由，比如学生最近学习进步比较大，参加体育活动为班级争了光，乐于帮助同学等。

为了避免学生自己总结出教师赠送礼物的“规律”，即便班上那几个公认的“富家子弟”也会“沾光”享受同样的待遇，得到类似的礼物。

学生和教师是学校服务的对象，为学生的身心发展提供条件、为教师开展教育工作提供方便，是校长应尽的责任和义务。为学生服务是以生为本，为教师服务最终的结果也是以生为本，因为只有教师教得舒心才能更好地服务学生。既然学生和教师是校长重要的服务对象，校长就应以学生和教师的视角去看问题，想他们之所想，急他们之所急，真正把学生和教师放到服务主体的位置上。

视角的转换、思维的换位，使芮校长能够以全新的方位来审视、思考自己的管理行为。戴的“眼镜”变了，自然就能发现很多平时难以发现的细节问题，就能够有“让人耳目一新，却又在情理之中”的管理措施出台。

以生为本，重中之重就是学生。因为学生才是需要教育的人，对教师服务则在其次。但是如果对教师服务不好，那就谈不上对学生的服务了。因为在很大程度上，学生是校长给予教师高品质服务的直接受益者。

在对学生服务的过程中，要想提高服务的实效性，校长千万不能怕麻烦。因为在服务的过程中，有些事情是可以做的，但是管理者却因为怕麻烦而不去做；有些事情尽管轻易就能做到最好，但是管理者却因为意识不到而不去做；有些管理者知道服务指向，却因为思维贫乏缺少实践策略而不去做。

在餐厅吃饭时，顾客认为餐厅的服务好不好的首要标准就是有没有得到餐厅工作人员的尊重。换句话说，如果吃饭时，服务员正眼都不看顾客一眼，或者动不动就用“喂”“你应该……”这样命令式的语气与顾客说话，顾客很可能会因此拂袖而去，即便店里的饭菜是真正的美味大餐。这一切都因为他没有得到尊重。

学生也是如此。如果不被尊重，学生就很有可能不听话，即便学校的所作所为都是“为了学生好”。所以，在教育教学过程中体现以生为本，首先应学会尊重学生。

教育工作者只有认真研究学生，真正弯下腰来，走入学生中间，才能很好地理解学生，才能使教育与学生有效衔接。与学生交流，以学生为师，是走进学生、了解学生的最佳手段，因为被教师尊重的感觉会使他们对教师产生最大限度的认同感。

比如，案例中芮校长在听完窦老师的公开课后，首先想到的不是问教师窦老师的课上得怎么样，而是把提问的话筒递给了学生。听完窦老师的课，溧阳实验小学教师的教学水平也许会迈上一个新台阶。但是他们从窦老师身上学到的东西就完全是学生需要的吗？这就不一定了。原因就在于人与人之间总会存在某种不同，否则就不会有学生提出建议了。当芮校长接受了学生的异议再为学生设计教学时，就知道什么样的课更适合学生了。而从某种意义上讲，这也是校长以生为本理念的积极再现。

只有真正以生为本导向的教育管理才能更好地为满足学生的需求服务，为学生的发展服务。如果不是芮校长举办的那场辩论会，溧阳实验小学的教师也许到现在还不明白学生评价教师好坏的标准是什么，也许到现在他们都搞不清楚自己明明是为了学生好，学生怎么还会记恨自己。

还好，一心想着“教育就是为学生、家长和教师服务”的芮校长想到了辩论会这样一个沟通学生和教师心灵的好办法。如果芮校长不是以生为本，不是一心为学生服务，不是一心想帮助教师避免教育过程中的失误，他大可以让教师按照自己的想法去评判学生及其家长，去判断自己的教育工作。可是那样一来，溧阳实验小学还会取得像今天这样令人赞叹的成绩吗？

要想真正成为一位教育家，要想让学生真正受到教育，要想让教师更好地享受到教育的乐趣，作为校长是否应该学学芮校长身上所具有的以生为本的教育服务精神呢？

很多学校都有为贫困学生减免学杂费或者联系一些企业为贫困学生提供无偿捐赠的举措。这在某种意义上确实是学校给贫困学生提供的特殊服务。按说，这样周到的服务应该受到学生的欢迎和感谢，也是“以生为本”的体现，而不应该让学生产生不舒服甚至厌恶的感觉。可事实上，一些学生却因为接受学校的减免和企业的捐赠而产生了厌恶和抵触的情绪，甚至有学生拒绝接受。原因无他，是因为学校的减免和企业的捐赠虽然给了他们一个求学的机会，但与此同时，也伤害了他们的自尊心。

因为一些学校和企业在捐助学生时，往往希望借此给公众留下一个支持教育事业的光辉形象，为此他们就会四处宣扬自己对学生的帮助。而学校和企业这样给自己做“形象广告”的行为则等于有意无意地向公众宣布：这个学生是贫穷的，这个学生的家长是无能的。

如此的宣扬与宣传，哪个自尊心强的学生都难以接受，即便这项举措在客观上帮助了他们。可以说，这是一种假“以生为本”。如果学生产生这种抗拒心理的话，他们还能安心读书吗？学校给贫困学生提供的特殊服务如果被频频曝光的话，尤其是以伤害学生自尊的形式曝光的话，学生自然就不会认为这是一项为他们着想的举措了。

所以，学校即便是开展一些为学生着想的举措，作为校长也应考虑一下学生的内心感受，照顾一下他们的自尊。换句话说，以生为本、为学生提供特殊服务不应该有太多的功利心，而应该像芮校长那样，只是以学生的需要为出发点和归宿，给予学生温暖贴心的服务，实现真正意义上的以生为本。

三、如何做“生为本”的校长

学校是培养社会主义事业接班人的主阵地，而学生工作是学校工作的重要组成部分。学生是学校的主体，是学校生存、发展之本。学生既是教育的对象，又是自我教育的主体。作为校长，只有牢固树立以学生为本的管理思想，才能抓住学生教育管理服务工作的根本。校长一切工作的出发点和归宿都要集中在学生身上，自觉地代表学生的利益，维护学生的利益，为学生服务，也只有这样，学校才能实现高效发展和运作。

（一）树立服务观念，落实服务育人

校长树立正确的“服务育人”观念，是贯彻“以生为本”的关键。作为校长，应进行不断地探索与实践，确立“以学生的发展需求作为工作的第一信号，以满足学生的发展需要作为工作的第一标准，以维护学生的权益作为工作的第一职责，以学生的全面发展作为工作的第一目标”。在学校建立围绕学生的优质服务体系，努力解决学生在学习、生活、升学等方方面面的实际困难，使学校在服务学生的过程中实现育人目标。

校长应将贴近实际、贴近学生、贴近生活，全心全意地服务学生作为工作的出发点和落脚点，努力在工作中发现学生的需要，满足学生的需要，并最大限度地发展学生。校长应通过建立服务机制、完善服务体系、拓展服务内容，努力营造使学生健康成长的环境，促进学生的全面发展。校长可以根

据学校实际，整合管理服务资源，建立直接面向学生的服务机构，如学生会，并以此为载体，落实服务育人。

（二）公开落实责任制

为了使学校更好地落实“以生为本”理念，服务教育教学，校长可以将涉及学生的各项事务划分为若干类别，使每个类别对应于相关责任部门和责任人，并将各类事务的责任人、主管、处室分管主任的联系方式公布，使师生在遇到问题时，能够明确该到何处、找何部门何人来寻求帮助，解决问题。各项事务责任人的职责可以分为如下几部分：

1. 事务责任人职责

负责相关事务工作的接待，对于师生反映的问题最多在二个工作日内解决或答复。责任人无法处理的事务应向上级主管领导报告。

2. 事务主管职责

负责相关事务工作的管理，规范接待人员的语言与态度；对于事务责任人上报或师生反映的问题在三个工作日内（从本部门接到师生反映算起）解决或答复。主管无法处理的事务应向分管主任报告。

3. 事务分管主任职责

分管主任是各项事务的最终负责人。对于本部门分管的问题，通过内部协调、跨部门合作、向校级领导请示、召开专题会议等途径在五个工作日内（从本部门接到师生反映算起）解决或答复。如果接到对分管部门的问题投诉，应在二个工作日内答复。

4. 校长职责

校长应督促各个部门、各个岗位在规定的时间内解决或答复师生反映的问题。对于分管主任未能在规定时间内解决和答复的问题，投诉人可向校长投诉，校长要责成相关部门解决问题或给予答复，并追究主管主任工作失当的责任。

公开落实责任制是“以生为本”的重要体现，是学校实实在在为学生服务的表现，作为校长应结合本校实际，切实加强这方面的建设。

（三）建立“以生为本”工作机制

1. 构建信息收集系统，把握学生的发展需求

了解学生内在需求是实践“以生为本”的前提，校长应按照“全员、全程、全方位、全天候”的要求，建立学生发展需求信息接收系统，及时、准确、全面地把握学生的需求信息。

学校应利用多种渠道广泛收集信息。如在学校团委、学生会、文学社等部门建立学生信息员队伍，通过召开座谈会、设置意见箱等途径及时了解和掌握学生的需求信息，校团委、学生会值班，随时处理学生遇到的困难，听取学生对学校事务的建议，受理学生提出的申诉。

校长还应依靠多种力量，把握学生需求。学校可以充分依靠教师、携手家长，全方位了解学生的发展需求。校长可以要求教师通过课堂教学了解学生的学习需求；要求学生工作人员深入学生宿舍，了解学生的生活需求、思想状况；要求召开家长座谈会，深入了解学生的成长环境，广泛征求家长的意见，听取社会各界对学生的反馈，准确把握信息，使学校更好更全面地服务学生。

2. 成立维权中心，维护学生的合法权益

为维护学生正当合法的权益，学校成立学生会。对于学校措施中有违法或有损学生正当权益的，允许学生申辩、申诉和保留意见。学校可以通过接受投诉、申诉、咨询等方式解决学生的疑难问题，纠正工作偏差，维护公正公平。

学生维权范围包括奖励、处分、收费、学籍管理、退学等事关学生学习、生活方方面面的问题。校长应责成相关人员帮助学生会明确办事程序和处理规则，应建立在“对所有学生一视同仁”的基础上，从而得到广大学生的信任和依赖。

（四）完善“以生为本”服务体系

为了更好地服务学生，体现“以生为本”管理理念，校长可以整合学校资源，建立起引导学生成长、解决学生困难、方便学生办事、维护学生权益的服务体系。

1. 整合资源，建立服务机构

校长可以责成建立健全学生会，学生会可以把学生服务相关环节的工作囊括其中，具有校园文化活动指导等功能，使原本分散在不同地点的学生服务环节汇聚成有着规范办事流程、明确岗位职责、公开公平公正的学生事务办理办法，真正成为一个以学生为本的协调、统一、高效的服务机构。学生会更可以成为广大学生快乐成长、健康成才、走向成功的助力器。实践证明，学生会能够使学生迅速及时地知道自己想知道的、说出自己想说的、办好自己想办的、得到自己所需要的，不仅可以成为校园和谐的基础，也可成为学生成长的基地。

2. 建立心理干预体系，提高学生的心理素质

“以生为本”少不了建立为学生心理健康服务的机构，为学生的发展奠基。校长可以责成相关部门构建班级、年级、学校三级心理危机干预体系。通过在班级设立心理委员、在年级指定心理健康联络员、在学校建设心理健康中心，共同关注学生的心理健康动态，随时发现潜在危机，及时化解、处理危机，最大限度地减小危机后果。

校长应让相关部门每年都对新生进行心理健康状况普查，在准确把握学生心理特点的基础上，通过开设心理健康辅导，全方位保障学生的心理健康。学校还应以学生心理健康协会为依托，每年开展诸如“健康之心”等系列活动，通过举办活动强化学生的自我教育意识，使追求心理健康成为学生的自觉行为。

3. 以爱心互助为纽带，推进助学帮困工作

校长应关注学校的爱心互助活动，可以推动建立相应的爱心互助中心，使其成为学校的爱心之源，解决经济困难学生的燃眉之急。校长应督促相关部门及时掌握贫困学生的情况，建立滚动档案，通过“奖、补、助”等多形式的资助体系有效缓解家庭经济困难学生的学习和生活压力，帮助他们完成学业。

4. 以素质拓展为支点，培养创新人才

校长应积极实施“素质拓展计划”，为学生的发展搭建广阔的平台。应将素质拓展作为学校人才培养中的一个重要环节，在全校上下深入开展以思想政治与道德素养、社会实践与志愿服务、文化艺术与身心发展为主要内容的素质拓展活动。

为培养学生的创新意识、创造能力，校长应责成学校积极开展各项活动，帮助学生发展创新意识和能力。学校要体现“以生为本”，就应让“创新”成为最能吸引、发动广大学生的主题。

（五）切实树立正确的学生观和人才观

从某种意义上说，不同的教育观念可以决定一所学校不同的价值追求和办学行为。办好人民满意的教育，保证让每一个学生都能更好地发展，关键在于学校的全体教职工，尤其是校长的教育观念和教育思想的转变。

在当今学生中，独生子女比例增大，加之受社会多元经济、多元文化、多元价值取向等因素的影响，学生的情况越来越复杂，教育工作难度很大。在这种情况下，教师对学生的看法，对学生成才、成功的看法对于师生相处、对于学生的健康成长尤为重要。“师生关系是教育过程中最基本、最重要的人际关系。师生关系的好坏直接影响着教育工作的效果，甚至成为教育成败的关键。”所以，作为校长，不能不在广大教职工中确立“生为本”的教育理念，并使其根深蒂固。

要适应现代社会发展与教育发展的要求，学校就应确立学生是有个性差异及学习能力差异的学习主体、是处在发展中的、应全面发展的学生观；应确立每个学生都有才、每个学生都能成才的人才观。

“以生为本”就是在正确的学生观和人才观的基础上，切实转变办学行为，把学校的一切工作转为面向一切学生，为了学生的一切，一切为了学生。作为校长，有责任让学校教育对每一个学生负责，不能浪费学生一生中最佳的成长机会，要追求学生成才的“零浪费”。校长应使广大教职工在任何情况下都对学生一视同仁，让每一个学生都平等地享受学校的教育资源，努力引领学生发展，绝不放弃一个学生，要防止使少数学生成为“贵族”而多数学生成了受冷落的“被弃者”的现象发生。

（六）构建多元化的教育教学体系，让每个学生都有合适的发展途径

新课改的核心理念是为了每个学生的发展。学校、校长要对国家和民族

负责，对每个学生负责，应把工作的注意力转到促进学生的发展上来。

学校“最重要的是给予每个学生以充分的选择机会和发展空间，让金子都闪闪发光”。学生是否成长了，关键是看其潜能是否得到充分开发和发挥，是否获得了较强的创新能力和才干。所以，校长应让教职工明确，每一个学生都是独特的，都具有自己的强项，每个学生在学校生活中都应有发挥自己才能的机会。

所以，实施素质教育、构建多元化教育教学体系是非常必要的。学校只有坚持为学生搭建各种平台，充分发现、发展学生的特长爱好，培养学生的特长，使学生通过特长发展获得成才的基础和机会，才能使每个学生都有适合自己的发展途径。

（七）带领干部、教师“走近”学生，促进学生发展

校长应带领学校全体员工共同“走近”学生，做学生的朋友、知音和引导者。学生的呼唤要用真心才能听到，学生的信任要用真爱才能换来，为此，校长应带头把学生当成自己的孩子对待，走进学生的生活、学习实际。

只有人全面发展，才能促进社会的全面进步。作为未来人才的培养基地，学校应树立“以生为本”的教育管理思想，只有坚持以生为本，坚持以学生为本的教育和管理，才能促进学生的全面发展，最终实现人的全面发展的目标。

校长要养成“生为本”的习惯不是一件容易的事情，但只要坚持科学发展观，扎实地做下去，最终是可以把学校办成为学生发展的基地与乐园的，是可以办成一所真正以学生为本、不断发展的学校的。

习惯5 抓科研

——以校本科研为抓手，促进教学上台阶

教育科研可以为教育改革和发展提供理论指导、舆论引导、智力支持，对促进教育决策的民主化、科学化，对提高广大教育工作者的思想水平，向学生家长和全社会普及育人知识，使教育改革和发展沿着科学的轨道健康地发展，有着重大意义，是校长应大力加强的一个领域。校长应通过抓科研来“兴师”“兴教”“兴校”，从而使学校培养出高素质的具有创新精神和实践能力的人才。

一、“抓科研”概述

教育研究是科学研究的一个特定领域。教育科研为学校发展提供理论支撑，是提高办学效益、办学质量、促进学校可待续发展的新动力。在当今社会，学校教育面临诸多挑战，面临许多新情况和新问题，如果没有教育科研支撑，一所学校将很难在新形势下立足。

校长应通过抓科研来“兴师”“兴教”“兴校”，从而使学校培养出高素质的具有创新精神和实践能力的新一代。

教育研究担负着探索中国特色教育的本质和发展规律的任务，可以为教育改革和发展提供理论指导、舆论引导、智力支持，对促进教育决策的民主化、科学化，提高广大教育工作者的思想水平，向学生家长和全社会普及育人知识，使教育改革和发展沿着科学的轨道健康地发展，都有着重大的意义，是校长应大力加强管理的一个领域。

（一）学校科研的常见问题

学校在抓科研上一般容易出现以下问题，值得校长思考。

1. 校长对课题研究的学术价值认识不到位

少数校长与教师对于教育科研的认识有误区。校长认识没有到位，认为教育科研是为了验收等级学校或是示范性学校的需要，只是为了提高学校“档次”或“知名度”。所以，对教育科研不是真抓实干，而是讲形式，走过场，做表面文章，立项时积极，研究时消极，结题时东拼西凑，只为应付完成任务。

还有一些校长对学术价值认识不够，把科研交给教师去做，自己不闻不问，没有起到带头作用，更没有意识到“抓科研”的重要性，导致课题研究无成果。

2. 校长忽视增强师资力量

在现代社会中，学校已经不仅仅是简单的传授知识的地方，也是教师积累知识的地方。时代变迁，思想更新，都要求校长作为带头人带领全体教师投入科研学习的热潮中，适应时代的要求。

3. 校长对选题不重视，科研人员组成混乱

少数学校虽然每年都在努力搞科研，但重复性课题研究多，独创性课题研究少；表现性课题研究多，潜心深层次问题研究少；课题组成员中“搭车”的多，真正参与研究的少；实验报告中内容多，实际操作与跟踪材料少；课题研究数量多，而“新”“精”型成果少，以致科研跟风，毫无质量，只做表面文章，甚至有的教师为了评职称而“半路搭车”。

4. 校长对抓科研、求发展认识不到位

少数校长没有认识到把教育科研应用到课堂上的重要性，不能用科研促使广大教职工转变教育教学观念，走出传统的“填鸭式”的教育思路，让他们认识到学生成为学习主体的重要性。

（二）校长抓科研的基本要求

1. 校长应了解教育科研，了解抓科研的重要性

教育科研是以教育科学理论为武器，研究教育现象，探索新的未知的教育规律以解决新问题、新情况的创造性的认识活动，教育科研的范围非常广泛，它包括所有有关教育方面的宏观和微观的问题。

教育科研是有目的、有计划、连续和系统的探索活动，其常用研究方法有观察法、调查法、实验法、总结法（追因法）、文献法等。用什么样的方法，就会形成什么样的成果。常见的教育科研成果有教育观察报告、教育调查报告、教育实验报告、教育经验总结报告、教育论文或论著。一般的教育科研步骤为确定研究课题、制订研究计划、实施研究工作、撰写研究报告。

2. 教育科研的类型

教育科研按照研究的目的不同，一般可以分为应用研究、基础研究与发展研究三种类型。

①应用研究，即为一定应用目的进行的研究，亦称验证性研究。具体来说，它是指如何把基础理论科研成果应用于实际的科学原理研究。它虽然不

解决某个具体的问题，但是这些科学原理是将理论与实际联系起来的桥梁和中间环节，解决具体实际问题必须应用这些原理，如教育方针政策研究、规划研究、管理体制研究、课程与教学法研究、教育立法研究等。

应用研究着重研究如何把教育科学的基础理论知识转化为教育技能、方法和手段，使教育科学理论知识同实际教育、教学衔接起来，达到某种具体和预定的实际目标。

②基础研究，即揭示教育规律和发展理论的研究，亦称揭示性研究。基础研究要求研究者具有较强的创造性和较高的知识密集度，在这类研究中发现和探索新的教育规律并提出新的教育理论。

基础研究又可分为两种：一种是纯粹研究，是指没有特定应用目的的纯理论研究；一种是应用基础研究，也要称为定向研究，是指按照一个既定目标对某一范围的现象或某一领域的理论进行研究，诸如教育社会学、教育经济学、教育心理学、发展心理学、差异心理学、比较教育学的研究。

③发展研究，即应用已知理论和原理解决实际问题的研究，亦称解难性研究。它要求的创造性和知识密集性比较低，但这种研究是科研的真正基础。这是因为任何理论和原理的研究都是从实际中来的，而且还要应用于实际，通过实际来检验。

3. 校长应提高个人素养，成为复合型人才

要抓好学校的科研，校长应不断学习，不断进取，成为复合型人才，从而带动全校师生的学习热，培养出研究型教师团队，提升教师的专业素养。具体来说，可以从以下几方面进行：

首先，要构建学习平台。学校要尽可能多地订阅各种报刊，有计划地添置教育教学理论书籍，图书馆、阅览室、校园网要对教师全天开放，便于教师开展自主学习。

其次，要开展有组织的学习活动。学校要列出教师的必读书目，定期或不定期地召开读书心得交流会；有计划、有步骤地组织不同类型、不同层次的校本培训活动，邀请专家学者讲学、请名师作专题讲座；开展小型多样的教师论坛、学习沙龙等活动；鼓励教师与“大师对话”。

第三，要建立良好的、长效的学习机制。学校要定时评比表彰读书积极分子，为教师学习、进修提供时间上的保证和经费上的保障等。

校长不仅要自己积极参与，更要积极、有组织、有计划地引导、督促、

激励教师学习，使教师队伍不断注入“源头活水”，出现鲜明的思想，产生创造的灵感，从而使学校整个教育科研充满活力与生机。

（三）校长抓科研的意义

1. 抓科研是推动教育改革与发展的需要

教育改革牵涉的问题和方面十分广泛，诸如教育思想、教育体制、教育结构、教育内容和方法等。这些都需校长从理论与实践结合的层面给予正确的回答并提出有效的解决措施。

如今，世界各国都把教育的发展和改革纳入教育科研的轨道，形成不间断的改革与创新的局面。所以，教育科研活动为建设中国特色的教育体系提出科学依据，是引导教育改革与实践深化的动力，作为校长，有责任将其认真抓好。

2. 抓科研是深化素质教育的需要

促进教育转轨，实施素质教育，关键是转变中小学教师的教育思想和教育观念。思想是行动的先导，校长作为学校的负责人，首先要在这方面端正教育思想。

教育是面向少数学生，还是面向全体学生？是仅仅为少数升学有望的学生服务，还是为全体学生服务？是办成选择教育、淘汰教育，还是办成普及教育？教育是让学生片面发展，还是全面发展？是使学生被动机械地发展，还是生动活泼地发展？

这一系列问题都需要教育者作出明确的回答，在教育实践中作出正确的选择。而要明确这些教育思想、教育观念，学校就必须开展教育科研，更好地认识和把握教育的规律和特点，纠正违背教育规律和教育方针的做法，探索素质教育的办学模式和教学方法，从而增强自觉性、预见性，避免盲目性、随意性。

3. 抓科研是全面提高教育教学质量的需要

教育科学研究涉及学校的所有学科。教育科研在学校中占有统帅的、导向的、最高的地位。教育科研能直接地、大面积地提高教育教学质量。教育科研成果一旦被广大教育工作者所掌握，就可以变成提高教育教学质量的巨大力量。

所以，国内外一些办得比较有名的学校都十分重视学校科研组织及群众学术团体组织的建设，十分重视教育科研活动，并成功地总结出“抓科普、促科研、以科研带教研”全面提高教育教学质量的路子。

4. 抓科研是教育决策科学化的需要

决策科学化要求校长运用科学的方法和手段，遵循科学的程序进行决策。现代社会，经济、政治、教育信息日益社会化，各种关系相互交织在一起，而且变化十分迅速，使得校长所面临的问题往往牵涉很多因素，而且各因素间的关系又十分复杂。如果校长只靠单一的学科知识，凭老经验，按“老皇历”办，是难以奏效的。

而教育科研以其综合的知识体系和科学的研究方法帮助校长观察分析复杂多变的教育现象，并对其作出符合教育规律的鉴别、判断和预测，具有促进校长职能的转变和教育决策科学化、民主化的功能。所以，校长决策要达到科学化须臾离不开教育科研。

5. 抓科研是提高校长、教师素质的需要

校长和教师要想适应深化教育改革、全面推进素质教育的要求，就必须提高专业水平。素质教育不仅要求校长和教师具有比较精深的学科专业知识和比较广博的基础知识，而且要具有专业化的教育素养，要具有现代教育理论素养和创造性地实施素质教育的能力，而要熟谙教育规律、开展教育科研是唯一出路。

如果校长能将抓科研与学校教育教学实际紧密结合，就能使学校“科研先导，质量提高”成为一种趋势。校长只有“向教育科研要质量”，结合本职工作，学习教育理论，总结教育经验，改进教学方法，进行专题研究，才能建立起一支有丰富经验、既搞教育实践又搞教育科研的学者型教师队伍。

6. 抓科研是适应科学技术发展新形势的需要

现代科学技术的发展日新月异，突飞猛进，科学文化成果积累得越来越多，并越来越向高精尖发展，这也对学校提出了新的挑战，要求教育作出新对策。如何使学生在最短的学习时期内就把长期积累起来的知识结晶和最新成果掌握起来，这是时代所提出的人才培养的新课题。这一重大课题迫使教育必须适应新的要求，不断作出重大改革。作为一校之长，只有不断主动接触新事物，研究新课题，在全校认真开展教育科学研究活动，才能使学校教育工作不断开创新的局面。

7. 抓科研是办特色文化学校的需要

学校要发展，要具备特色，就必须重视学术文化的建设。只有让学校形成浓郁的文化氛围，才能以此对学生、教师、职工产生潜移默化、深刻久远的影响。

富有特色的学术文化是一所学校办学品位的标志和象征。教育科研对学术文化的形成和发展具有不可替代的作用。通过教育科研，不仅可以出科研成果，更重要的是能增强师生的科研意识，提高他们的科研精神，使学校不断提升学术文化的水平。

所以，校长不仅应较为系统地掌握基本的教育规律和从事教育教学的基本技能技巧，还应掌握开展教育科研的基本理论和方法，积极投身于教育科研实践，并善于通过教育科学活动，不断取得教育科学新知识，探索教育科学新领域，从而带动全校教职工投身教育科研的浪潮中，形成自身独特的学术文化。

校长要有强烈的教育科研意识，以教育科研为依托，充分发挥教育科研在学校改革和发展中的理性导向作用，通过科研促进学生发展，促进学校发展。可以说，没有教育科研，就没有学校的成功发展。

二、名校长与“抓科研”

（一）让校本教研成为学校文化可持续发展的动力

浙江省遂昌县第三中学党总支书记、校长应建华在多年的从教生涯中忘我工作，无私奉献，在平凡的教育岗位上创造了不平凡的业绩，为遂昌教育事业的发展做出了卓越的贡献。他的先进事迹被《时代先锋》专刊收录，这不仅是他个人的荣誉和骄傲，同时也将遂昌三中在改革开放中与时俱进、不断发展壮大的办学历程载入了教育史册。而这一切都得益于应建华校长以科研带动学校文化建设和学习型教师队伍建设的举措。

应校长在管理中以校本教研为主要抓手之一，使科研成为遂昌三中教师的共同追求。他的主要做法有以下几点：

一是加强制度建设，形成教师自主发展的文化氛围。为了提升学校文化，应校长在教师中组织开展“我读书、我实践、我反思、我成长”等一系列读书活动，建立发展的共同愿景，形成广大教职员工认同的学校价值观。

同时，建立符合教师成长、学生发展的管理评价机制，做到“以情育人，以理服人；全员育人，全程育人”，运用激励评价、过程评价机制，建立教师成长档案，每学年评价一次。以目标为中心，加强有效课堂的教学研究，打造民主高效的精品课堂。

在日常工作中，应校长注意营造浓厚的学术氛围，倡导“大兵团作战”，倡导建立领导与教师、教师与教师之间的同伴合作关系，形成利益共同体，共同分享经验与成功。实行教师星级制、导师职级制的评价改革，教师职务星级评定制分一至五星级教师，建立“导师”这一集荣誉、权威与责任于一体的优秀骨干教师新型评价机制。对应学校相应的管理层次，将导师分为德育导师和教学导师，将导师分为助理导师、学科导师、副主任导师、主任导师和特级导师五个级别，形成教师发展的多元体系，为优秀教师发挥核心作用以及继续成长提供平台。

应校长还在学校实行了教学常规免检制，给优秀教师更多自由空间。应校长大胆推出优秀教师常规免检制度，即让那些课上得好、学生喜欢、家长认可、教育教学效果好的优秀教师享受免检特权，每学期他们只需向学校递交一份“教学成果报告”。学校实行的免检制为教师张扬教学个性、展示创新成果提供了宽阔的平台。

二是选择最佳培训内容和方式，为教师成长提供营养大餐。在内容选择上，以教师发展为出发点，充分考虑他们的专业需求和心理需求，努力使培训成为教师专业技能、个人素质、生存本领、受学生喜爱程度提高的途径。

培训内容突出了基础教育课程改革的核心地位，重点培养教师实施新课程的能力与水平，帮助教师解决教育理念的更新、文化知识的拓宽、专业知识的加深、教育行为的转变等问题，重点培养教育教学能力、自我发展能力、教育科研与创新能力，促进教师专业成长。

在培训中，应校长要求始终坚持“四个结合”，即分散培训与集中培训结合，理论培训与实践培训结合，主题培训与教育科研结合，自学反思与交流研讨相结合。

应校长还坚持在学校每月组织开展一次专家名师专题讲座活动，组织教师听取魏书生、冯恩洪、刘京海、郑杰等专家的精彩报告，邀请市、县专家柳小平、赵东权、金之兆等来校开设《走进新课程》《校本教研理论与实践》《以课例为载体的校本教研》讲座等，还安排本校骨干教师开展专题讲座、经验介绍。

应校长要求以教研组为单位每周开展案例分析或问题会诊活动，培养教师的分析问题和解决问题能力。学校每学期组织开展一次以“新理念、新思维、新资源、新技术”为主要内容的教师论坛，促使教师学习思考，把书本知识内化为自己的知识，把经验上升为理论，提高能力水平。

另外，学校还实施了实战培训，定期开展教学展示活动和互动式评课活动，让教师亲身经历体验，相互交流，从而提高教学技能和教科研能力，促进教师与新课程同步成长。学校每周还开展一次以课例为载体的培训。这种全员参与式的教学研讨活动，有效地引导全体教师互相交流，促进教师的知识重构。学校每年的四月和十月均开展大规模的教学“比武”活动，重点比新理念的贯彻、教学行为的改变、学生学习方式的变革、新技术的运用。以赛促训既能营造竞争的氛围，促进教师学习与实践，又能把教、研、训有机地结合起来，通过科研解决日常教育教学中遇到的实际问题，达到培训的目的。

三是加强教育科研，促进教师专业发展。应校长将科研与教研紧密结合，降低教育科研起点，做到课题研究与教师的常态教研和教学实践相结合，使课题研究、课型研讨、校本教研成为教师专业成长的加速器，使教研与科研携手共进。

从1999年建校至今，遂昌三中承担国家级课题2个，已结题；承担省级课题3个，已结题，新立项省级课题2个；承担市级课题44个，其中20个已结题，新立项市级课题4个。学校教科研论文77篇获国家级奖，48篇获省级奖，375篇获市级奖。

教育科研培养了教师的教育科研能力，提升了学校的教育科研水平，一些学科组开发了校本课程，如“遂昌旅游资源开发”“汤公文化研究”“感恩教育”和“学会学习，学会做人”等。

通过校本教研，应校长让遂昌三中实现了教师的教育理念和教学行为大变化、教师实施新课程的水平的大提高和学校文化品质的大提升，不少教师尤其是一批青年教师通过培训脱颖而出，成为教育教学的骨干力量。学校先后被评为丽水市校本教研示范学校和浙江省校本教研特色学校。

应校长以校为本的教学研究推广，使遂昌三中成为真正意义上的学习型组织。教师张扬了个性，展现了才华，焕发出了蓬勃的生命活力。

校本教研的发展不仅需要校长用全新的理论视野做支撑，更需要校长以广阔的文化视野来引领。从上面的案例可知，校长要实施校本教研，就需要亲身参与并体验，但如果要推进和创新校本教研，还需要回归并提升。实现校本教研成为学校文化可持续发展的动力，既是对教师成长的一种关怀和支持，也是对学校文化的一种传承和创新，可以有效引领学校的发展。

校长的校本教研“文化战略”的基本内涵应包括：以“聚焦课堂”“携手行动”“研修一体”为核心，以“探寻文化基因——植入文化芯片、培育文化土壤——实现文化共享、积淀文化现象——打造文化品牌”为主线，能够突出区域联动，强化区域特色，推进区域发展，构建起具有浓厚地方韵味的课堂文化、合作文化、研修文化，让教育充满智慧，让教师充满思想。

（二）重视基础理论，加强应用科研

一堂语文课上，老师请学生用“爱”“小白兔”“萝卜”“白菜”“吃”“和”这些词语组成一句话。

一位学生举手回答：“小白兔爱吃白菜和萝卜。”老师遗憾地望着学生说：“再想想，还差一点点。”直至一个学生答出：“小白兔爱吃萝卜和白菜。”老师才眉开眼笑，夸道：“答对了！”如果问这位教师为什么第一个学生的回答不对，她说：“因为教学参考上的正确答案是爱吃萝卜和白菜，而不是白菜和萝卜。”这样的教学使教师和学生都沦为教参的奴隶。

这样的课堂怎么会不让学生丧失学习的兴趣？传统教学观念指导下的语文教学使得许多学生成了学习的失败者。单向说教的灌输教育使学生缺少了实践体验的过程，剥夺了学生思维、选择和尝试的权利，阻碍了学生的个性发展和创造力的发展。

在这里，知识成为最重要的追求目标甚至唯一目标。教师关注的只是学习的结果，而并不关注学生学习知识的过程，使活的语文教学变成死的，没有充分认识到语言的魅力。

面对如此死板的教学形式，北京小学校长李明新陷入了沉思，他经过反复思考悟出了一个道理，他说："我力求使自己的语文教学实现两点基本的思想：一个是'实'，一个是'活'。'实'就是要让自己的语文教学朴朴实实，让学生学得扎扎实实，使学生学有所得，真正能在听说读写的语文能力上有所提高，培养良好的语文素养。'活'就是要讲求教学的艺术性，生动地教学，教师目中有'人'，课上师生互动，让语文教学深入人心，润物无声：教师在课堂上因学而导，神采飞扬，欲罢不能；学生在课上学语文如坐春风，在课外学语文其乐融融。"从此，李明新注重理论与实践相结合，在经验学习的基础上，借助理论进行反思，然后再结合自己的实践进行科研探索。

在这一过程中，李明新经历了三次清醒前的"困惑"。第一次困惑，来自"语文教学误尽天下苍生"的指责；第二次困惑，来自新课程改革"革命派"与"改革派"的论争；第三次困惑，则来自于他在课改中的研究课被学校领导批为"不是新课改要求的课"。

但李明新身上所表现出来的鲜明研究特征，即独立思考、批判反思、自主探索的精神，使他一直坚持着语文教学改革的正确方向，并一路走了下来。

2000 年，李明新的"实"与"活"的语文教学思想开始萌芽。

2004 年，李明新出版了第一部比较系统地阐述他的语文教育教学思想的专著——《追求"实"与"活"的语文教学》，标志着李明新的"实"与"活"语文教学思想体系的初步形成。

做一个怎样的语文教师？如何才能完成由教书匠向教育家的转变？这是每一个有责任感的教师必须思考和回答的问题。李明新以自己的行动交上了一份满意的答卷。

他曾经这样诠释"实"与"活"的教育思想："实"的标志包括三个方面，即实在年段、实在课堂、实在学生主体；而"活"也体现在三个方面，第一是"活"在资源开发上，第二是"活"在方式方法上，第三是"活"在增值性评价上。

在李明新看来，所谓"实"，指语文教学应体现务实的态度、扎实的教风，使在不同的发展阶段的学生学有所得、学有所长，从而使课程目标落到实处。所谓"活"，指教学要目中有"人"，不断发展教学理念，不断创新教学方式，教学方法灵活多样，以学定教，顺学而导，使教学充满生命的活力。要“做实学段”“务实课堂”“落实主体”，让学生获得实质性发展。

李明新的研究视野起步于语文教学，逐步上升到语文教育，由对语文教学的认识发展为“实”与“活”的语文教育思想，直至发展为“实”与“活”的管理思想。目前，李明新“实”与“活”的教育思想更加系统、完善，其所阐释的范围更加宽泛，并与新课程改革结合起来，表现出强大的生命力。其“实在基础，活在生成”的核心观点，日渐为教师所接受，促进了教师的专业化发展。

1997 年，李明新做了科研室主任，科研让他对教育规律有了更深刻的研究，对教育教学的本质问题有了深入的思考。1999 年，他担任见习教学副校长，开始涉足教学管理工作。2000 年，他担任教学副校长。7 年之后，任常务副校长，积累了丰富的实践管理经验。2009 年至今，任北京小学校长。

李明新认为，基础教育存在着学科教学“错位”与“越位”的现象，特别是一些教师用优秀学生的学习标准要求所有学生，追求“超标”的教学，使学段应有的任务难以落实。针对这样的问题，北京小学一方面在制订学科培养目标的基础上进一步细化了学科针对不同年级的要求；另一方面，创新工作机制，推进校长室领导下的年级工作制。

长期以来，北京小学一直在做“基础”，在做人发展的“基础”。在这一过程中，它的教育理念在继承的基础上不断创新。过去，学校曾提出主体教育的思想，通过教育创新，焕发学生学习的主动性，焕发教师工作的积极性。

在此基础上，李明新校长提出了“以个性化教育的思想为指导，创造适合儿童发展的教育”的教育思想，成为北京小学教师的教育价值追求。

“创造适合儿童发展的教育回归了基础教育的根本价值。它目中有人，有具体的儿童；它关注学生的整体和谐而个性化的发展；它关注学生的一生。创造适合儿童发展的教育，必须创造适合学生发展的成长方式、学校课程、教育方法、教育评价。这些创造构成了一个整体，构成了一个学校适合学生发展的教育方式。”李明新这样解释道。

李明新校长用科学的态度、理性的思维研究语文教学，因而形成了追求实与活的语文教学思想。特别是在课改过程中，李明新校长认为，基于现代信息技术背景、丰富的网络资源、信息开放的社会，语文教学要“走出一本书的时代”，立足教材，开发资源，让学生在生动的语文实践中得到发展。

以课题研究作为学校发展的主要动力，向科研要质量，李明新校长深刻认识到这一点，所以他不断反思，不断研究，不断实践。

在这个过程中，李校长不断培养出研究型教育团队，提高了北京小学的教学水平，使学校不断在科研中获得各种荣誉，李校长自己在科研中也取得了累累硕果。

（三）以科研兴校为抓手，做“科研型”校长

江苏省丹阳市访仙中心小学校长王文忠，没有滔滔不绝的絮语，没有慷慨激昂的言辞，甚至在谈工作时，没有一句多余的话，但是蕴藏在他脑子里的办学思想却异常活跃和丰富。他对教育发展的动态与形势、设计学校发展的近景与远景了然于胸。熟悉他的人都说“王文忠胸中有丘壑”。

1990年，当江苏省教委在全省提出科研兴教、走素质教育之路时，王文忠敏锐地意识到一些兄弟小学很快就要走在了自己学校的前面。访仙中心小学应该怎样加速发展，应该走什么样的路？带着这一深沉的思考，王文忠走访了琅琊路小学、北京东路小学；到如东学习马塘小学……辗转奔波取经，眼前豁然开朗：小学教育必须根据未来社会的发展需要培养人，必须根据未来社会对人的素质要求办好学校，而“科研兴校”是必由之路。

于是，在王文忠的策划构思下，学校构建了“以中心小学为龙头，村小参与，辐射初小”的科研网络。通过“分组辅导”“分别要求”“分层活动”等措施的落实，形成了“全员参与，沉浸其中”的科研兴校的良好局面。三年时间的坚持不懈，带动了年轻教师，改变了中老年教师，使全体教师的书卷气增加了，人文意识增强了。学校出现了十分明显的“三最现象”：学校订阅的小学教科研报纸杂志最多，几乎订遍了全国省一级的教育杂志；学校教师发表论文的频率、层次最高；学校发放的教科研奖金最多。

科研拓宽了王文忠的视野，激活了他的思想。对如何科学办学、有效管理，王文忠做到了心明眼亮。

王文忠明确提出：“科研兴校”是探索教育科学的重要途径，“精品管理”是促进教育走向科学的重要手段，“立美育人”是教育走向科学的自觉追求。

学校以求美为导向，以“立美育人”为宗旨，以培养现代化高素质的人

为核心，从显性到隐性，从物质层面到精神层面，从微观到宏观，出台了一系列的管理办法和措施。从学生早晨进校到下午放学，在学生活动的每一个空间、每一个时段力求在每一个环节体现美、欣赏美、创造美，然后通过“十星”评定、“八杯”竞赛等载体，促使学校管理由粗放到精细，师生言行由粗俗到文雅。学校管理水平提升了，学生素质提高了。

美是最生动的教材，美是最迷人的风景。访仙中心小学打出的“立美教育”的旗帜，取得了巨大的成功，参观取经者络绎不绝。近年来，学校接待了南京、无锡、苏州、常州等省内市县和安徽、浙江、山东等外省市参观学习的学校100多所，2000余人次。教育部、省教育厅领导多次到校视察，省教育厅领导在考察了学校之后，赞誉访仙中心小学是“江苏学校管理的精品”。《中国教育报》《江苏教育报》等报刊报道学校办学经验20余次。

科研兴校，精品管理，立美育人，三句话，十二个字，王文忠感悟了十年。王文忠对学校办学旗帜的含义有更深刻的认识：旗帜就是鲜明的思想。而访仙中心小学的办学思想，王文忠定位在——科研兴校是前提，精品管理是手段，立美育人是目的，依靠科研兴校，坚持立美教育，为每一个学生发展创造美的教育环境，让每一个学生都获得成功。与此同时，王文忠也赢得了“科研校长”的美誉。

教育的振兴、学校的发展，根本在教师，关键是校长。校长的教育观、教学观、人才观和质量观直接关系到一所学校的生存与发展。作为校长，只有用科学的教育思想领导学校，以科研为先导，与时俱进，走科研兴校、科研兴教之路，主动从传统的“应试教育”的管理模式转向适应创新的素质教育管理模式，从自我封闭的办学模式转向以“三个面向”为指导的开放办学模式，才能适应新世纪教育改革和发展的需要。

校长带头从事教育科研具有一种无声的号召力。校长应带头参与学校重点课题的规划和实施，带头参与各种科研活动，带头撰写科研论文，带头上好教育科研实践课，有计划地为教师开展教育科研讲座。向科研要质量，不仅仅是校长的观念，而且校长应使之成为全体教师的共识，只有人人参与科研，个个投入科研活动中，学校的教育科研才能上一个新台阶。

只有科研型校长，才能带出一支科研型的教师队伍，才能不断开拓创新，把学校办成一所适应时代发展的科研型学校。

（四）以科研提升教师的教学水平，带动学校的改革发展

荥阳一中是一所历史悠久、文化底蕴深厚的公办学校，在校长兰岚的带领下，依托“书香校园，活力校园，智慧校园”的愿景，狠抓科研兴校，构建富有学校特色的教学改革模式，为学生的发展提供了平台，提高了整个学校的教师教育教学水平。

在教育教学、校本教研、教科研上，兰岚校长及时推出“学、研、教”一体化的运行机制。成立了学习型教研组，开展了以“集体说课、会课、磨课”为中心的“移植创新循环课”教研备课活动，采用“同伴互助，双专引领，课题带动”等方法，在教师互助学习、教研的同时，经常聘请有关专家和教育界的专业人士到校听课指导，和教师共同探讨交流，确立适合学校实际的校本课题，并帮助指导教师开展实验研究，取得了良好的效果。

几年来，学校开展的实验课题近200项，其中获省市级奖励的有50个项目。这些课题的实验探索，推动了学校教育教学的改革，收到了良好的效果。如受到专家高度评价的“全参与”教学、“英语‘漩涡式’”教学、“自主—合作—探究—再造”式教学等教学模式都是校本教研的结晶。

以“自主—合作—探究—再造”式教学为例，其理论依据是，课堂教学模式的改革必须坚持正确的方向，必须是“对话文化”“质疑文化”“合作文化”的体现，学生是学习的主人、课堂教学的主体，所以，荥阳一中在兰岚校长的带领下，通过实践，推出“自主—合作—探究—再造”四步“导学”式教学模式。

“自主—合作—探究—再造”四步“导学”式教学模式是一种优化课堂教与学相互关系的教学新体系。即在导学过程中，学生在教师的引导点拨下，针对所学文本开展自主学习、分析讨论、探究和训练再造的学习活动，并借此达到当堂完成学习任务、提升学生学习能力的一种导学方法。这就要求教师在教学中展示目标，自主学习。学生在教师引导下，以课堂学习目标为核心，自主学习教材文本，积累知识，提高兴趣，再现能力，并提出质疑，为生生合作、师生互动奠定情感基础。在展示目标、自主学习的基础上，生生互动，师生对话，以智慧碰撞智慧，以智慧点燃激情，实现从单向型教学到多向型教学的转变。

不仅如此，在实践过程中，荥阳一中成立由校长任组长，副校长任副组长，各年级、各学科教研组长为组员的课堂教学模式改革领导小组，进一步明确了课堂教学模式改革的指导思想。以“一切为了学生，为了学生的一切，为了一切学生”为目的，以“面向全体学生，从最后一名抓起，全面提高学生的实践能力”为出发点和归宿，提高教育教学质量。

兰岚校长还在不断进行大胆尝试，全面铺开校本培训、集体教研、专家引领、同课异教、教学反思等实践活动。

教师科研能力的提升将直接关系着教师的专业发展水平，关系着学校的教育发展水平。与学者型的高校教师相比，中小学教师在科研方面有自身的局限，但也有优势，他们与实际工作紧密结合，掌握第一手材料，又十分勤奋。所以，校长只要引领教师突破局限，加强理论修养提升，运用科学的方法，融合理论与实践，中小学教师就会逐渐成为学者型教师以至成为教育专家。

对此，校长应两手齐抓：

一手抓青年骨干教师的激发与培训。通过开展“读书论坛”“书吧”等活动，组织教师谈心得，谈体会，谈收获，互相学习，互相交流，激发他们的读书热情，使他们从书籍中吸收营养，提升思想境界和业务水平。通过开展“青年骨干教师培训班”“教育科研专题培训班”等形式，教会教师选课题、做课题研究，撰写教育叙事类文章、教学反思类文章及科研论文。培训青年骨干教师的科研意识、科研能力和科研水平。

另一手要抓广大普通教师的整体提高。众所周知，如果靠少数人热衷于教育科研，大部分教师事不关已、高高挂起，或者是他们的参与是盲目的、被动的、消极的，那么校长的教育科研工作就是失败的。校长应充分认识到提升全校教师教科研水平的重要性，立足专业发展，开展群众性的教育科研活动。校长应积极引导广大教师树立科研意识，引导他们认识到只有讲求教育教学工作的科学性，开展符合学生心理发展规律的教育活动，进行符合教学规律的教学实践，才是有效、高效的教育。

三、如何做“抓科研”的校长

教育科研是以教育教学为基础的科研，一所学校只有坚持走“科研兴师、科研兴教、科研兴校”之路，才能够最终实现学校工作水平的全面提升。校长通过开展科研活动能推进教师队伍建设、教育教学改革及各项工作的开展。校长作为学校教育科研工作的第一责任人，应积极引领干部、教师进行教科研工作，用科学的精神、研究的态度、不懈的努力去开辟新途径、采取新举措、创造新方法，实现教师、学生、学校的可持续发展。具体来说，校长可以从以下几方面着手。

（一）宏观把握，科学定位

方向是前进的目标，校长应主要从方向的层面给学校教科研活动进行定位，可以从宏观的角度给出方向性指导，避免出现南辕北辙的状况，避免走弯路。身为管理者，校长应让学校的科研工作围绕学校的整体工作来进行，使其更加有助于学校形成良好的特色，并能够适应时代发展的需要，最终使学校的办学水平得以提升。

（二）加强学习，积极参与科研培训

研究是站在巨人肩膀上有目的、有计划地解决实际问题的过程，唯有不断加强学习才能站得高、看得远、找准研究的突破口。为了带动全校教职工的学习热情，校长应率先垂范，加强学习，积极参与科研培训。

校长的率先垂范是一种智慧的引领，在推进学校科研工作的过程中，校长要通过学习、培训、思考、总结和提炼，明确学校的价值取向，即办学思想，为干部教师分析问题指明方向。另外，通过学习培训，校长要具备过硬的政治素质和业务素质、较强的战略思维能力，推进科研的指导能力以及敏锐的教育视角和发展的眼光。

作为校长，如何在科研培训中提升科研素质呢？

1. 将提升科研素质贯穿于整个培训过程

校长要强化自身的科研意识，要带着课题和科研任务进行学习，在培训中去发现问题、提出问题，把问题带进培训课堂，积极参与核心问题的研讨，让自己成为研究型学习合作体中的一员，并在学习期间形成课题，申报课题，研究课题。

2. 加强科研思维能力的训练

科研思维的形成是一个复杂而艰苦的过程，但在有限的时间内可以把科研思维的心智训练模式化、程序化。如设置问题情境包括发现问题、明确问题、提出假设、验证假设等过程；解决问题的思维训练模式包括学习使用归纳、演绎、分析、综合、比较、分类、抽象、概括、判断和推理等思维方法。

校长应在培训中把模拟情境与自己的教育教学问题情境结合起来，训练自己形成解决问题的科学思维模式，学习按科研的思路分析教育教学中的问题，在行动研究和实证研究中寻找规律，科学地解决问题。

3. 激发科研动机，确定研修学习的具体科研目标

科研是一个环环相扣的创新过程，选题是科研的起始环节，也是最为困难的环节。选好研究课题是科研的前提，而校长的工作非常繁忙，每天会遇到各种各样的问题，并不是所有的问题都是科研问题，也不是所有的问题都要通过科研的路径去解决，只有学校教育教学和管理中那些有理论意义和实践意义的问题才有科研价值。如高中新课改中教师教学角色的转变、“走班制”对教学组织管理职能的挑战等新的问题，这些问题是有研究价值的。

校长如何把一些宏观的问题演化成力所能及的具体科研问题呢？

一是要进行实践的可行性思考和研究价值论证，看此问题是否有研究的实践价值和理论意义；二是要在文献检索的基础上进行分析梳理，看此问题是否前人已经研究过，形成了哪些有价值的研究成果，存在哪些不足；三是要看自己或学校是否具有研究此问题的优势和条件。有些问题很有价值，但如果校长不具备研究的优势和条件，也难以完成研究。

所以，校长要综合考虑多种因素后形成研究的问题，研究的问题要尽可能小而具体，切合实际，不要空泛、太大，如“新课改下如何保证教育质量”这个问题就太大、太空，涉及的因素和变量太多了，无法在一定的时间

内，凭借一所学校的力量完成研究。

提出研究问题后还要进一步界定和明确研究的问题，澄清研究问题中的变量，设计研究的具体目标、研究的步骤和实施途径，继而身体力行地进行研究，在研究中不断发现问题，修订方案。

4. 实施导师制，把研究开题环节和研究方法操作环节提前至理论学习初期

在理论学习时，校长可以在导师的指导下，按科研的范式形成初步的研究设计方案。初期的方案也许很不成熟，但可以促进校长进入科学研究的轨道，在研究中学习，在学习中研究。校长在培训中要积极借助科研平台和一定的学术条件，如查阅文献资料，进行文献梳理和综述，了解相关研究领域的学术成果和前沿动态；小组之间进行合作学习和探讨问题，相互交流，共享学术资源。在导师指导下，进行研究设计，制订研究方案，与导师进行充分的交流沟通。

研究方法的学习不能只通过课堂讲授的方式获得，校长应注重实际训练，让自己尽快掌握一些基本的研究范式和研究方法。可以把研究方法切割成小的学习模块，让自己通过课堂模拟练习、课后提交作业、在实际研究中运用等方式真正会用研究方法。

方法是工具，可操作性强，也属于程序性知识，只有反复练习才能有效地掌握，而且方法一旦被掌握后也不易忘记，会迁移到不同的研究中去。教育科研只有植根于学校教育教学的过程之中才会有实实在在的效果，为此，校长在选准研究方向、确定研究课题后，要积极借助校内外的各种力量，督促研究方案的制订及实施。方案一旦制订要坚决执行，绝不能因在研究中遇到困难就轻易放弃。校长应及时监督，督促学校教科研工作的进行。

（三）开展活动，深入推进教科研

校长要善于“抓契机，搭平台，引领师生主动和谐发展”，“深入推进”课题研究。要注意把科研与教师的教育教学工作相融合，把科研与教师的培训相结合，力争做到为教师搭建学习、研究、实践、反思的平台，让教师在主动发展中体验追寻的愉悦。

校长可以结合相关活动，密切联系学校实际与教师、学校发展的需要，亲自组织开展教科研活动，在活动中促进广大教师素质的提高。

（四）回归科研的本来面目

什么是科研的本来面目？就是教师进行创造性工作的自然需要。教师的特点是传递知识，这个过程应是教师个体创造性劳动与知识传授有机结合的过程。当教师把自己的关注重点放到实践智慧的探索与理性认识的升华的时候，就有了科研的动机；当教师结合教学实践积极研究的时候，科研就有了坚实的基础。

为此，校长在抓科研、引领教师科研兴教的过程中，对科研成果进行评价的时候，要防止过于专业化、规范化的倾向。中小学教师的科研原本就是原生态的实践性研究，完全没有必要用学术标准和规范操作模式生硬地约束教师的研究，那样的评审认定不是实践的必需，但也不能将中小学教师的科研视为“草根”，不上档次。作为校长，应清晰地认识到正是这种源源不断的实践探索，才使专业研究有了真实的素材，更接近教育的本质。

（五）提炼成果，注重应用

教育科研的根本目的是应用，也就是将科研成果推广到教育教学实践当中，发挥成果的作用。所以，校长应注重成果的提炼与推广，课题成果的推广与转化可以采取以下几种方式：

一是直接应用，将他人的教科研成果直接应用于自己的教育教学实践；二是移植，把某一（学科）领域的教科研成果移用到更大范围、更多领域；三是发展，在推广成果的过程中对原课题进行再研究以深化和提升原课题成果；四是渗透，把成果中内含的教育理念等渗透到众多教师的整体工作中，等等。

校长应善于根据不同情况采取不同的方法，使成果真正活化成学校教育教学实践的强大力量。

（六）发挥领导作用，做好科研规划与组织

校长是学校行政与业务的最高领导，所以，校长要从两条主线上起到率

先垂范的作用：一是研究教育管理，二是研究教书育人。校长研究教育管理要从思想与实践两方面进行，重点研究教育思想的更新与学校管理实践的创新。校长要深入开展教书育人的研究，其最重要的作用是发现教师的科研亮点，升华教师的实践智慧。

中小学科研是实践性探索，科研内容应切合学校的实际需要。

（七）加大科研投入，提高科研效用

校长应加大对教育科研投入的力度，这是保证教师进行教育科研的前提和基础。学校应成立专项科研经费基金，满足科研工作的需要，拿出一定的资金组织教师外出学习、研讨、交流，请专家到校讲座等，以提高学校教育科研工作的水平。

（八）将工作重心放在“搭台唱戏”上

校长在对科研进行统筹规划、全面领导的同时，要将专家学者的科研与学校的办学、教师的发展有机结合起来，形成三种力量合力科研的良性发展局面。

学校要组织力量，将那些适合教师阅读、应用的文章推荐给大家精读。如对教师的学习提出“信息订制”式的要求，让教师每月写读书笔记与工作反思，把日常读书与写作结合起来。校长还要多与专家学者接触，将他们请进门来求教。

（九）制度保证，加强管理

俗话说：“无规矩，不成方圆。”学校科研如果不建立一套行之有效的科研制度，也很难调动教师的积极性，进而影响学校的可持续发展。为此，校长应积极建立一套涉及各个环节、行之有效的管理制度，并抓好制度的落实，使学校科研管理更加科学化、规范化，从而促进学校教育科研工作井然有序地开展。

教育科研是教育实践经验的总结，是教育“面向现代化，面向世界，面

向未来”的要求，也是教育事业改革和发展的新起点。实践证明，办教育、办学校光有钱不行，只盖楼、添设备不行，这只是外部条件，是治标不治本。决定教育事业成败的是教育思想，是教育观念，是方针政策，是教育规律，是方法途径，而所有这些都必须依靠教育科研才能明确，才能树立，才能落实，才能取得好的效果。

教育科研是学校发展的重中之重，作为校长，只有善于抓科研，切实、扎实、有效地开展教育科研工作，才能使学校获得长足发展。

习惯6 重课堂

——进教室掌握师情学情，督促引导质量提升

教学是学校工作的中心，课堂教学是教学的基本形式，校长工作应以教学工作为中心。深入课堂是校长抓教学管理的有效途径，因为课堂教学是教学的基本形式，国家的教育方针、课程标准、学校的教育教学计划等主要通过教师在课堂教学中落实，所以校长教学工作管理的核心应是课堂教学的管理。校长应走进课堂，重视课堂。

一、“重课堂”概述

做一个好校长的关键是什么？各人有各人的诠释。但有一个现象不得不引起注意，现在不少校长忙于发奖金、搞基建，却忽视了课堂，有的甚至不上课，也不听课，出现了一些背离校长本职的倾向。

在深入推进课程教学改革、全面提升学校办学质量的今天，校长在学校建设与发展中的地位、作用日益凸显，对一所学校而言，校长既是学校发展的掌舵人，又是教师专业成长的引领者，更是全面实施素质教育、促使师生共同成长的组织者和领导者。

教育部中学校长培训中心主任、华东师范大学教授陈玉琨在《造就基础教育领军人物》一文中如此论述：“就中小学校长的专业技能而言，他们的组织、协调能力、社会交往能力明显高于以往的校长，但在指导课堂教学、学校课程编制等中小学校长区别于其他行业管理人员的核心技能方面，也就是中小学校长所具有的其他专业人员不可替代的能力方面还有待于进一步提高。”可谓一语击中时弊：校长应走进课堂，重视课堂，重拾自己的核心技能。

教学是学校的工作中心，课堂教学是教学的基本形式，校长工作应以教学工作为中心。深入课堂是校长抓教学管理的有效途径，因为课堂教学是教学的基本形式，国家的教育方针、课程标准、学校的教育教学计划等主要通过教师在课堂教学中落实，所以，校长教学工作管理的核心应是课堂教学的管理。

（一）校长重课堂，可帮助教师总结教学经验

校长深入课堂听课，可以帮助教师总结教学经验，提升全校教师的业务水平。如有一位中年数学教师，教学效果好，学生成绩提高快，某校长就系

统地听了他的一些课。这位教师贯彻启发式教学原则，打破传统的教学模式，特别注意培养学生的能力。一堂课中，教师讲得不多，而学生在自学教材、分析思考问题、作业练习中一直处于积极思维的状态。

课后，校长就和那位教师一起研究教师的教学，并帮助其总结为“预习、精讲、多练”三段教学法。如该教师讲初中代数“多项式除以单项式”一节，课前先布置学生预习，预习后，布置学生做了八道多项式除以单项式的各种不同类型的题目，然后引导学生将自己的运算过程和结果跟同学在黑板上做的算式与答案进行对照和讲评。

在学生比较、思考的基础上，教师再启发学生用自己的语言总结出多项式除以单项式的运算法则。最后，教师再从系数、符号、幂指数等容易出差错的地方重点、突出地予以强调。接着布置学生做一定数量的课堂练习题来巩固自己归纳的法则。学生就这样通过自己动脑筋自觉而且轻松愉快地获得了新的知识。学生在学习知识的过程中，同时培养了自学能力、分析问题能力、归纳总结问题的能力。

校长肯定了这位教师的教学方法，并在校内介绍推广，收到了良好的效果。

（二）校长重课堂，可帮助教师掌握教学规律，改进教学方法

校长深入课堂听课，可以帮助教师掌握教学规律，改进教学方法，优化教学方法。如有一位新分配的教师担任七年级两个班的数学教学，年轻教师初上讲台，没有经验，教学效果不理想，学生意见很多。该校校长就特意走进他的课堂去听课，第一次听他的课，总的印象是“备课重点抓得住，讲授重点不突出；老师满堂灌得多，学生思维不开拓；对学生要求不严，作业书写不规范”。为了帮助这位教师改进教学，校长集中听他上了13节课。然后，针对他的教学情况，向他提出了要十分重视和加强基础知识、基本概念教学的意见。

根据初中学生记忆的目的性增强、意义识记逐步代替了机械识记的生理特征，校长还建议该教师讲授基本概念时要启发学生自己去揭示知识的本质，引导学生定义概念、发现规律、总结法则。又由于同一年龄段的学生的记忆力有强弱不同的特点，校长建议该教师对基本知识教学要特别注意巩固

性原则，要经常结合新课引导学生对旧知识进行复习，加深学生的印象。

该教师教同年级两个班，有时对同一教学内容，校长在甲班听了，向他提出改进意见后，接着再去乙班听，让他重教，对比两堂课的不同效果，帮助他从中分析总结经验教训，明确哪种教学法是比较好的方法。由于这位新教师虚心学习，进步较快，一年后，成为较受学生欢迎的教师，学生的平均成绩也由第一学期的68.3分提高到第二学期的76分。

（三）校长重课堂，可督促责任心不强的教师改变工作态度

校长重课堂可以帮助教师改变工作态度，认真搞好工作。如一位青年教师上几何课，讲例题时在黑板上画几何图形不用尺规，随手乱画。课后，校长对他说，这样不仅不利于培养学生基本作图的能力，而且对学生造成不良影响。如果学生做事不认真，随便、马虎了事，养成这样的不良习惯，长大后怎么能适应社会的需要呢？

经校长这么一说，该教师上课再也没有马虎过。校长的适时提醒对教师改变工作态度非常重要。

（四）校长重课堂，可督促教师深入钻研教材

校长经常深入课堂，对督促教师深入钻研教材、认真备课有积极作用。如一位学中文专业的教师兼教历史，讲中国古代的发明印刷术时，把印刷术的发展过程说成是“由陶字、刻板到活字印刷”，并在黑板上板书：“陶字——刻板——活字”的印刷过程。教师把“陶字”看作一种印刷术，并把它说成是印刷术发展过程中的一个阶段，且在刻板印刷之前，显然这种理解和说法是错误的。实际上，“陶字”就是活字印刷术中的“活字”，就像今天的“铅字”一样。校长听课后，给他指出了错误，他虚心接受了校长的意见，并深有体会地说：“备课，来不得半点马虎，不深入钻研教材，确实误人子弟！”

（五）校长重课堂，可督促教师把新课改理念落到实处

校长能从课堂里了解教师是否学会了尊重与赞赏学生，能否帮助与引导学生，是否在课余做到了反思，能否跟同事一起交流与合作。如新课改实施之初，一个教了23年物理的教师一开始对此很反感，自认为科班出身，一支粉笔、一本教材应付课堂45分钟足矣，你唱你的新调，我走我的老路，更何况他的教学成绩一直不错，小有名气。

但在学校组织的一次月考中，他班的成绩比平行班的差了一截，他顿时蔫了。该校校长了解情况后，集中听了他6节课，又和他一起听了任教平行班教师的课，结合月考，校长指出："新课改背景下，从生活走向物理，从物理走上社会是物理课程标准的基本理念，所以物理教学要贴近学生生活，贴近社会实际。要胜任新课改背景下的物理教学，除了要改善教学方式、引导学生改变学习方法外，教师必须丰富自己的知识储备，拓展自己的学科知识，阅读大量相关书籍，才能从容驾驭日益开放的课堂。"

那次谈话后，该教师像是变了一个人，图书室、实验室、仪器室能经常见到他忙碌的身影。过去，上完课后，他给学生留的几乎全是习题，而如今，他给学生留的是探究性的思考题，如"死海不死""孔明灯""热水选种"等，让学生通过探究，发表意见。

通过一学期的磨炼，该教师很快成长为学校新课改的带头人。

此外，校长深入课堂，亲自听课，还可以检查各科的教学进度，了解教师备课、上课、作业布置和批改等情况，可以了解学生的学习情绪、学习动态、课堂纪律、课内外作业完成等情况，可以了解课改理念是否落实到了课堂等。校长从课堂里也可以了解到学校各个部门为教学服务的工作做得怎样，能得到某些方面的反映，如教室里的黑板、课桌椅、门窗、玻璃等基本设施是否齐全等，都能及时掌握，发现问题，从而能及时得到处理。

学校领导，特别是作为学校行政主要领导的校长，要想取得领导教学的发言权和主动权，必须深入教学第一线。这样，校长才能使自己真切地了解各科教学的特点，掌握教学规律，特别是能全面了解一些教师的工作态度和能力。

有了从教学第一线反馈回来的信息，校长才能把握教学工作这个中心，

避免或减少指挥上的一些失误，使学校各方面的工作有条不紊、协调一致，正常地运转。与此同时，正在逐步深入的新一轮课改又对校长们提出了更高的要求，学校发展不再是千校一面，而是强调全面发展、个性发展、充分发展，要求校长不再是机械的执行者，而应成为积极的创造者。

好校长能够带出一支好的师资队伍。如果校长不能深入课堂，在指导课堂教学、学校课程编制方面缺乏必要的能力，就不能与广大教师在教育教学领域进行深入微观的对话和交流，就不能真正地融入教师、融入学校工作之中。在一所学校，校长对课堂的关注既是学校管理水平的体现，也是一种导向，能够吸引教师关注教育教学，关注课程改革，更是推进课程改革、构建和谐优质教育、创造学校多元文化的必要途径。

二、名校长与“重课堂”

（一）化腐朽为神奇的大课堂教学模式

李升勇，中国教育学会小学专业委员会山东基地副理事长、山东省小学语文协会理事。他以民办教师为起点，先后担任过初中教师、高中教师、县市教研员。1999年起任山东省乐陵市实验小学校长至今。他积极倡导“成为走向世界的现代中国人”的育人目标，创设的一系列活动多次在全国获奖。他的《大课堂教学模式研究》被列为山东省重点课题。

“杜郎口中学的课堂改革这几年那么热，但如果和乐陵市实验小学的课堂改革比起来，只能算改了一半！”有专家在全程参观完乐陵市实验小学课堂改革后毫不掩饰地说。

专家的话显然带有明显的主观色彩，也可能缺少深入的研究、科学的比对，简单地拿一个学校和另一个学校对比是轻率的，但这样一个个人感情色彩浓厚的对比却客观道出了乐陵市实验小学校长李升勇发动和领导起来的学校课堂改革在某种程度上的成功。

说起乐陵市实验小学在李升勇1999年到校当校长之前的情况，在学校里工作了很多年、现在已经是副校长的孟凡香说得很形象：“当时我在学校里一个星期就能织一件毛衣，很多班主任都在教室里开小卖部卖东西。”

“如果学校能像企业那样破产，当时我们学校可能就要破产了。”一位老师说。

那时乐陵市实验小学的教师显然想象不出，随着李升勇的到来，他们学校会变成现在这个样子：除了数不清的荣誉，不断涌现的知名教师，全国各地每天到学校参观学习的人也络绎不绝。

从一个近乎“破产”的小学到一个每天有众多参观学习的人的全国知名小学，不能不佩服整个变化的推动者——校长李升勇“化腐朽为神奇”的力量。

李升勇和他领导的课堂改革，力量究竟何在？

李升勇说他自己是个“理想主义者”，他对于教育的理解是近乎理想主义的，他说：“教育的本质是促进人类生命个体健康成长，满足生命发展的需求，是对生命的涵养。教育不是挖掘分数的机器，不是升学的工具，不是谋取职位的阶梯，而是丰富自我、提升自我、完善自我的载体。”李升勇要的是真正的素质教育。

这看起来无疑是“另类”的，与家长的期待和当前社会环境格格不入，家长们最看重的就是孩子的分数，希望孩子考一个好学校，找一份好工作，如今激烈的社会竞争也让孩子们不得不“以考制胜”。李升勇的教育思想会不会只是空中楼阁？

为了践行自己的想法，李升勇深入课堂，进行了广泛调研和深入思考，一套完整的体系逐渐在他脑海中构建起来，这就是后来闻名全国的“大教材、大课程、大课堂”教学模式。

李升勇认为，教材是文本与生活的总和，教材不等于教科书，与现实生活相关的一切问题都是教材。“圣人孔子在讲学时，除‘五经六艺’之外，也更多地把现实生活当教材。”李升勇说。

于是，乐陵市实验小学有了“另类”的课程表，课程表上的课程不下30种，这些课程被分为基础性、文本型、实践性三大模块，其中实践性课程就有20种，观察、规划、时政、礼仪、家政、民俗、体能等“不常见”的课程也被列入其中。为此，李升勇还摒弃了传统教科书，与学校几名教师一起“因地制宜”地编写了“专属”教科书。

将课程增加的同时，李升勇对课堂的范围也进行了扩大。观察课的课堂有可能是工厂、野外；家政课的课堂有可能是厨房、卧室；民俗课的课堂有可能是农村、博物馆。教师还经常带学生去外地游览学习，让学生在游玩中学知识、长见识。

有人说，李升勇的课程设置庞杂烦琐，学习量很大，会让学生很累，而素质教育不是为了给学生“减负”吗？对此，李升勇说，学习量不等同于负担。机械、无用、重复的东西才是负担。这些课程都着眼于学生的现实需要及长远发展，而且直观、生动、有趣。事实也证明，学生喜欢这些课程，他们对这些课程有着浓厚的兴趣和主动学习的欲望。

最开始有家长担心这种教学模式会影响孩子的成绩，可事实又一次证明了李升勇的教学模式的正确性。乐陵市实验小学实行教学模式改革以来，成绩一直在德州市所有小学中名列前茅。家长们纷纷表示，自己的孩子不但学习到了知识，而且学习兴趣增强了，动手能力提高了，孩子不再是机械地模仿、背诵，他们更愿意自己思考、自己实践。

李升勇的教育思想和教学模式也得到了全国各地教育专家及小学校长、教师、家长、学生的认同，各地教育机构、学校的教师纷纷前来参观学习。资深教育媒体人称其为“教育家”式校长，教育界将其誉为“打造素质教育课堂教学模式的第一人”。

当然，要贯彻新的教学模式需要一支高素质教师队伍，李升勇在教师队伍建设上投入了大量心血。他首先策划成立了“圣徒学社”，召集教师一起进行教学研究与培训。

李升勇“招兵买马”的方式着实有些“另类”：他对加入者提出了“三当、四要、五有、六做”十八项严格要求，并且规定“加入者必先交 1000 元风险金”，在组织培训期间，无论是何种理由，如果请假一次就扣 50 元，直至扣完为止。加班没有加班费，还可能扣钱，这样的规定恐怕是头一回，实在是不近人情！但规定苛刻归苛刻，两天后，一支 12 人的队伍还是组织起来了，队伍中全是肯吃苦、求上进的教师。李升勇带领着这支队伍，利用工作之余的时间学习、研究、探讨教学模式改革的有关问题，不断充实着自己。

这支“先锋队”成立以后，“星光论坛”“车上教研”等也相继诞生，成为教师成长的强力“助推器”。

星光论坛，顾名思义，与“星光”有关。为了让教师的素质快速提升，李升勇带领教师每周一、三、五晚上加班学习、研讨到9点，晚饭就在学校吃。在灿烂的星光下，李升勇与他的团队成员不断进行思维火花的碰撞。

为了开阔视野，李升勇经常带教师外出参观学习、听名师授课、听专家报告。由于经济条件有限，他们到200公里以内的地方外出学习原则上不在外住宿，经常早上4点多就出发，晚上再赶回来。每次外出时，一上车，李升勇就开始布置学习目的、学习重点等，回来在车上就开始点名发言，交流讨论。对此，大家美其名曰"车上教研"。有位教师说，每一次外出都是一场"考验"，从上车那一刻起，大脑就不能停止思考。

李升勇带领的这支队伍被称为"魔鬼团队"，经受着"魔鬼训练"的教师却没有一位打过"退堂鼓"。除了他们肯吃苦、有上进心以外，李升勇的思想及人格魅力也是他们坚持的重要原因，他们都称李升勇为"魅力师傅"。

李升勇喜欢"师傅"这个称呼，在这个团队中他从来不以领导自居，他跟教师们同吃苦、共进步，他俯下身来与每位教师交流讨论，在这个团队中，既有思想火花，也有欢声笑语。

经历了数年这种"疯狂"的打造，教师们的观念变了，理念新了，信心足了，士气壮了，教育理论丰富了，实践能力增强了，整体素质提高了，教学模式改革有了一支高素质的教师队伍来践行。

近些年，各种荣誉纷至沓来，可李升勇对此却很淡然。这种心态在他的"另类"名片上可见一斑。

李升勇的名片上没有他的头衔和荣誉，只是在名字的后面加上了一句"一个可以称作朋友的人"，背面则印上了他喜欢的一首词——郑板桥的《满庭芳·赠郭芳仪》词的最后一句"寒窗里，烹茶扫雪，一碗读书灯"，代表了他追求的生活状态。

李升勇校长能够取得如此的成绩，除了他渊博的学识外，跟他重视课堂教学的理念是分不开的。重课堂的李升勇校长在《课堂教学的颠覆与重建》一书中说："课堂是师生生命成长的平台，不是师生表演的舞台；课堂是知识思想的集散地，不是知识传递的主渠道；课堂是文本与生活的对接舱，不是文学个体的解剖室；课堂是智慧的孵化器，不是应试技能的训练所。""前置性学习与传统教学中的预习是不一样的，首先是在学习内容上的不同，其次是性质的不同，再次是教师所起的作用的不同。""周目标的落实是根，前置性学习是干，学习组织是叶，栏目教学是花，学生生成是果。"其重视课堂的程度可见一斑。

因为深入课堂，李升勇校长才会针对课堂改革提出三个“回归”：

1. 大教育，回归教育本质

乐陵实验小学把教育和社会的发展联系起来，和国家、民族的命运联系起来，着眼于培养人、教育人、塑造人、完善人，提升人的生命价值和意义，这就是回归教育本质的大教育观。

具体体现在：“为学生终身幸福奠基，为教师持续发展服务”，“以人为本，铸造民族之魂；立己达人，五十年以后见”，“教育回归生活，教育回归农业，教育回归儿童，教育回归游戏”，“成才先成人，成为合格的中国人，成为合格的现代中国人，成为走向世界的合格现代中国人”。

2. 大课程，回归课程本原

乐陵实验小学几乎完全抛开了国家审定的教材，完全自编校本教材，并且作为教学的主要内容，这真可谓“前不见古人”之举。具体表现在：

（1）构建大课程体系。乐陵实验小学将学生生活的空间变成教育的空间，将教材定位为“文本”加“生活”；把传统的单一学科课程整理形成三大课程体系：一是基础性课程，包括字、词、句、诗文经典、朗读；二是文本性课程，包括课内阅读和课外阅读两大系列；三是实践性课程，经过开发、实践之后进行筛选、合并，确立了20种实践性课程，分别是观察课、朗读课、时政课、礼仪课、民俗课、名画课、名曲课、戏曲课、影视课、经典课、历史课、地理课、规划课、科普课、体能课、家政课、棋艺课、文学课、特长课、书法课，目前较为成熟的课型有13种。实践性课程，有的一周一节，有的两周一节，有的则利用课余时间进行。各种课程协调统一，课内与课外结合，自主与合作结合，积累学习与研究性学习、综合实践活动结合。

（2）拓展教材内容。乐陵实验小学将语文教材内容向其他学科延伸，向社会、学生生活延伸，把教材分为文字版、电子版和生活版三种形式。

文字版教材包含生字、成语、名言警句、文本阅读、美文背诵、经典诗词等内容。其中文本阅读是日常教学的主要教材，其内容为学校自编，一部分选自全国各个版本的教科书，另一部分选自各种书籍报刊中的精美时文。各年级篇数都远远超出了国家审定的教材篇数，如一、二年级各63篇，三、四五年级各80篇。

对于构建大课程，李升勇校长这样解释：教师用什么教，学生学什么，表面上看是一个教学问题、学科问题，实质上是一个教育问题、如果只把目标锁定在掌握学科知识、具备相应能力方面，必然会出现考什么教什么、考什么学什么的应试怪圈。人类在其发展的历程中发明了文字和图书，把几千年无数优秀个体的生活、生产经验用文字的形式记录下来，以供后来者学习与借鉴，由此看出，文本不是文字，而是生活，是人类几千年文明成果的结晶，是一种经过加工提炼的固化的生活。

在这样的观点支撑下，李升勇校长认为教材的概念不再是单一的教科书，而是生活的全部，是固化的生活（文本）和现实生活的总和，这是课程的本原。所以，乐陵实验小学超越了传统的教科书，把生活引进课堂，纳入教学视野之内，创造了多种综合实践活动课。

3. 大课堂，回归课堂本色

乐陵实验小学的课堂改革打破了以往教师教、学生学的课堂教学模式，改变了学生的课堂地位，于传统课堂来说，是一种颠覆。李升勇校长关于课堂教学有以下论述：

对学生自己已经掌握或能学会的东西，教师应该放手让学生自己去做。否则，课堂教学就成为一种不计成本、浪费师生生命的无效劳动。课堂是基于生命个体的健康成长，而不是过分关注生命成长过程中外部物化的东西——关注分数、关注升学率。感受生命的色彩、获得成长的体验这些教育本质的东西，不能被知识灌输和考试技能所替代。课堂高度容易引起人们的关注和喝彩，而课堂宽度往往缺少精彩，让人感觉平淡无奇，甚至有点机械重复，但生活本身就是朴实无华的，越是深埋地下的东西，生命力就越强。

李升勇校长有了这样的观点，于是就有了对课堂结构的重构：

(1) 拓宽课堂范围。乐陵实验小学将“书本课堂”变为“生活课堂”，将“学校课堂”变为“学校——家庭——社会”多方位的课堂。凡是生活所能触及的空间都是课堂，课堂成了知识思想的集散地、文本与生活的对接舱、智慧的孵化器，它不再是单纯的知识传递和灌输，不再是简单的技能训练，而是智慧的共同分享。

(2) 重建课堂结构。一是周目标导航。乐陵实验小学依据课程标准，把整个小学阶段的总目标分解到六个学年十二个学期，再把每个学期的目标和要求分解到每一周，学生以小组为单位，按照基础性课程、文本性课程和实践性课程具体落实各项学习目标。

基础性课程由小组负责过关检测，班级负责展示性检测或抽测；文本性课程分课内和课外两种情况，一个学期每组主要精读两篇课文，然后依次到课堂上展示交流；实践性课程根据学生年龄特点设计，课前收集资料或观察、活动，整理记录，课堂展示成果。如四年级第一周的周目标内容包括古诗词、美文欣赏、古文、名言警句、成语、文学、观察、规划、礼仪、名画等，目标明确具体，学生知道自己一周中将要学习哪些知识、达到什么要求。周目标的设立让学生的自主学习有章可循。

二是前置性学习。周目标的确立，改变了传统教学的教师教、学生学的状况，学习的过程变成了学生自己的事，学生必须自主独立地去面对一切，什么时间学、怎样学、学多少都由学生自主决定，不受教科书和课堂的限制。这就要求教师和学生必须进行前置性学习。

前置性学习要求教师要有一定的知识储备与文化积淀，自己首先要进行拓展阅读，整合教学资源，收集相关资料，对于课文的作者、背景、相关人物、相关事例、相关知识等要做到未教先知。同时，还要标画课文的字词，准备检测内容；分析文本，梳理多元话题；联系实际，预设流程和问题；整体把握，预设语言和升华；促进内化，预设学生作业的形式和内容等。在信息源、方法、途径方面给学生提供相应具体指导。

学生进行前置性学习则依据周目标要求，根据学生的学习水平和能力分层次完成任务。就一篇文章而言，学生不仅要读懂课文，提前解决生字词，还要开展延伸性阅读，了解关于作者、背景及相关资料；不仅要学习一节课的内容，也不在课内完成任务，而是有更大的自主学习空间，可以自主安排学习的时间和进程，实现真正意义上的分层教学；不仅学会预习、养成预习习惯，还通过自主学习和交流展示构建学习组织，在小组内互相学习，互相促进，形成组织文化，增加合作意识，体验学习乐趣。

前置性学习不仅可以提高学习质量和效率，更为学生的终身学习奠定了坚实的基础，是对现行语文教学结构的一大突破。

三是学习型组织。如何监督、保证学生前置性学习的效果，仅凭教师一人是很难完成检查和指导任务的，尤其对于大班额班级，建立学习型组织，营造学习势能场，就成为乐陵实验小学开展“语文大课堂”改革的关键。

建立学习型组织就是将个性不同、情感各异、知识水平和文化积淀各不相同的四个学生组成一个学习小组，小组成员分别命名为1号、2号、3号、4号，形成一个明确分工又团结合作的集体。它不同于传统意义的小组合作，这种学习型组织是有目的、有预设、有精心准备的一种组织，目标性强。

从学习的角度来说，就是完成周目标的学习要求，并要将前置性学习的成果拿到课堂上来展示，展示有明确的分工，有首席发言人，有补充者、质疑者和记录员，共同完成任务。同时，学习型组织的成员之间相互制约、相互激励，有自己的组织名称，有自己的组约、组训，有共同的追求目标，另外，他们还有自己的组织文化、思想文化、行为文化、学习文化等。

学习型组织的建立有效地保证了前置性学习的顺利进行，对培养学生良好的学习习惯和学习兴趣、加强同伴之间的互助与团结起到了重要作用。

四是栏目教学。学生以学习小组的形式完成前置性学习任务后，便是课堂展示。对于基础性课程的成果展示，主要是采用游戏、接龙、竞赛等形式检查学生对基础知识的积累与掌握情况。在小组过关的基础上，采用抽签的形式在课堂上进行小组展示，有一个学生不过关，整个小组的成绩就会受影响。

对于文本性课程（即阅读类课程）的成果展示，则采用栏目教学和“闯关”的形式。依据小学生的年龄特点，将阅读课的展示分为六个栏目：

第一关，字词训练营，人人当英雄。旨在检测学生的字词掌握情况。

第二关，我读我入境，流利有感情。重点检测学生的朗读情况，训练能力。

第三关，入情入境，品味人生。重点训练学生的理解、分析、感悟能力。

第四关，得知得智，拓展人生。主要目的在于通过展示学生的阅读情况，让学生在读中感、在读中悟，逐步走进文本，让生活与文本对接，把文本还原为生活，让学生获得知识、延伸阅读，这既是体验学习的过程，也是分享智慧、丰富思维的过程。

第五关，化人化文，学以致用。重在引导学生体会作者的思想感情，并能联系实际，将学习感悟到的东西应用到自己的生活中，还要把所思所感写下来，形成文字。

第六关，超越自我，百流归宗。全班互动交往，进一步解读文本，通过“攻防打擂”的形式，挑战自我，超越自我，教师适时点拨、总结、提升，使课堂成为知识思想的集散地。

对于实践性课程，不同的课的学习流程是不同的，主要采用“自主实践——家校合作——小组互查——多元展示”来进行。

乐陵实验小学的课改之路是李升勇校长重课堂，不断深入课堂，带领课改组成员披荆斩棘一步一步走出来的。从乐陵实验小学的成功教改之路可以看出，学校教育教学质量的好坏主要体现在这所学校课堂教育教学的有效程度上，而这完全有赖于校长是否重视课堂，是否有胆识和学识，有赖于校长针对性地建设一支高素质的教师队伍，有赖于这些教师对学生的热爱和对教育事业的执着，包括教学方法、过程的科学合理，情感、态度、价值取向对学生人格的教育影响等。

总之，教改的成功离不开一个重视课堂的校长，也只有这样的校长才能关心、引领教师的成长，从而提升整个学校的育人效益。

（二）从课堂下手，回到本位，回归天职

南京市北京东路小学校长孙双金认为，现在的校长工作千头万绪，既要考虑学校的资金来源，关心教师的发展，还要操心学生的身心健康……但是学校工作中，教学工作始终是中心，课堂教学始终是关键。

孙校长说，课堂是学生生命成长的地方，课堂是教师传播文化、启迪思想、引导学生做人的主阵地、主战场。学生一天在校六七个小时，大部分时间是在课堂上度过的，如果校长抓住了课堂，就抓住了学校工作的“牛鼻子”。因此，校长关注课堂、走进课堂的意义非同寻常。

1. 走进课堂，走进教师的心中

2003 年 8 月 29 日，孙校长调到南京市北京东路小学任校长。北京东路小学是全国的著名小学，前教育部长陈至立视察学校时称赞：“北京东路小学是我看到的全国最好的小学之一。”前任校长袁浩是全国著名特级教师、江苏省首届“名校长”。到这样一所学校任校长，孙校长感到压力很大，担子很重。如何让教师了解自己、接纳自己成了孙校长首要考虑的事情。

怎样尽快融入北小教师队伍？孙校长想从走进课堂入手。开学不久，他

走进五年级组，刚好教师在进行集体备课，孙校长便端了一张凳子坐下来参与他们的集体备课。等他们备课接近尾声，孙校长说："本单元重点课文是《天游峰的扫路人》，听了大家的发言我很有启发，明天业务学习我来上两节语文课，就上今天大家研究的《天游峰的扫路人》，欢迎大家指导。"他话音刚落，大家情不自禁地鼓起掌来，纷纷说："好，我们明天向孙校长学习。"

第二天，全体教师济济一堂，听孙校长执教《天游峰的扫路人》。在这堂课上，孙校长采用了问题探究式教学法。第一步，他让全体学生就课文质疑问难，他鼓励学生"小疑则小进，大疑则大进"，谁的问题提得有水平，就把谁的问题写到黑板上，并在问题后面署上他的名字。一时间，学生提问的热情极度高涨。一节课下来黑板上写满了问题，签满了学生的名字。学生们个个小脸通红，兴致勃勃。第二步，孙校长故意设问："黑板上写满了问题，我怎么上课呢？你们帮我出出点子，看看谁的点子是金点子。"这样一来，全班学生个个给他"献计献策"，最后他采用了一个"金点子"，抓主要问题带次要问题，紧紧扣住"老人为什么扫上扫下不累"和"老人能活到100岁吗"这两个问题学习全文。第三步，他让学生挑战作者，改写文章的最后一句话"那豁达开朗的笑声一直伴随我回到住地"，写学了本文后各自的感悟。

孙老师的两堂课真正把读书的权利、提问的权利、思考的权利、表达的权利还给了学生，建构了自主、合作、探索的学习方式。两堂课下来，教室内响起了热烈的掌声。孙校长走下讲台，语文老师热情地迎上来，语文教研组长对他说："孙校长，你的课让我们大开眼界，让我们看到了真正的'学生为主体'。"分管教学的校长对他说："孙校长，你的课太精彩了。在你的课堂上没有差生，所有学生的学习热情都被你激发了，你真有魔力啊！"

校长走进课堂，走进了教师的心中。教师感到校长是懂教学的内行，校长不仅给教师提要求，校长更亲自走进课堂，带头上示范课，这样的校长可亲可敬。两堂语文课让教师们了解了孙校长，接纳了他；两堂语文课让孙校长走近了新的教师群体，走进了教师的心中。

2. 共同研究、共同成长

随堂听课是校长日常的一项很主要的工作。校长从随堂听课中可以发现教师课堂教学中的成功经验，可以把脉教师在教学中存在的问题，可以指导学校的教学改革，可以加强学校的教学管理，还可以与教师切磋教艺，增进感情。

一天上午，孙校长想听一听小吴老师的课，因为他在平常接触中发觉小吴老师人品好、求上进，希望得到领导的指导和帮助。他拿起内线电话，问小吴老师上午第几节有语文课。小吴回答他，她上午第二节是语文课，上的课文是《拉萨的天空》。孙校长处理好手头的事情后，离第一节课下课还有10分钟，他来到了三年级办公室，向小吴老师借了本语文书把《拉萨的天空》看了两遍。

坐在教室里，孙校长边听边记边思。小吴老师的教学思路十分清晰，教学环节环环紧扣。教学重点也十分明确，但是他感到仿佛缺少了些什么。缺少什么呢？缺少学生的主动参与，缺少课堂活力，学生在课堂上被教师牵着走。他边听边琢磨，假如自己上这堂课该怎么上呢？

下课后，小吴老师迎上来："孙校长，你给我提点意见，我感到上得不是很满意。"在往常，孙校长会在教师办公室或到学校小会议室内对执教老师的课堂教学发表自己的意见，但是今天他认为，坐在会议室内就课堂教学发表意见那是纸上谈兵，隔靴搔痒，闭门造车。今天自己能否尝试一种新的形式呢？想到这儿，他对小吴老师说："马上我到三（4）班同样上《拉萨的天空》，欢迎你和三年级的语文老师来听课。""是吗？那太好了！"小吴老师兴奋地跳了起来。三年级的语文老师听说孙校长马上上同一堂课，也都高兴地赶来听课。

孙校长在黑板上板书"拉萨的天空"五个字，他把"拉萨"两个字写得较大，用蓝粉笔板书"天空"二字。他问学生："你们看孙老师写的课题有什么特别的地方吗?"学生的注意力一下子就被吸引了。紧接着他让学生到走廊上观察南京的天空，回教室用一两句话描述南京的天空。学生们更觉得新鲜，个个抬着头仔细观察。然后他让学生阅读文本，感悟文本，说说拉萨的天空有什么特点。尤其是围绕书中的一句比喻句"拉萨的天空像被水清洗过的蓝宝石般清澈透亮"，他让学生们展开想象的翅膀，看看能不能说几个不同的比喻句。这个环节一出，教室里像炸了锅一样，热闹极了。学生争先恐后地说出自己的想法，有的把拉萨的天空比作蓝绸缎，有的把拉萨的天空比作清澈的溪水，有的把拉萨的天空比作蔚蓝的大海……在教学的结尾部分，孙校长紧扣“神往”一词，问学生：“你们想不想到拉萨去看一看美丽的天空?”“想——”学生大声应和着。“那我宣布，明天我们一起去拉萨!”他故作严肃状。“是吗？那太好了!”学生沸腾了。等学生平静下来后，他说：“你们现在想不想去拉萨？你们此时的心仿佛已飞向拉萨了，这就叫‘神往’。让我们带着对拉萨无比神往的情感下课!”

下课铃声响了，但学生久久不愿散去，还围着孙校长叽叽喳喳地说着，笑着。回到办公室，小吴老师兴奋地迎上来：“孙校长，你的课上得太棒了！孩子们全被调动起来了，你说说为什么这样上。”他笑着说：“别忙夸我，如果要感谢首先得感激你，是你的课给我以思考，给我以灵感。走，我们到会议室好好聊聊。”孙校长、小吴和三年级全体语文教师一起到了小会议室。小吴老师和孙校长分别说了自己的教学设想和体会，接下来，听课的老师纷纷发表他们的见解。

有的老师说：“小吴老师的课教学设计精美，教学环节清晰，但教师备教材多，备学生少，因此课堂上学生没有‘活’起来。”

有的老师说：“孙校长的课最大的成功就是从关注教师的教转向了关注学生的学。孙校长连备课的时间也没有，上课前也没有教案，但他心中装着学生，教学是为学生服务，而不是为自己的教案服务。”

有的老师说：“《拉萨的天空》是一篇文笔优美的写景散文，孙校长的这堂课紧扣文中的精彩语言，围绕比喻句让学生想象，让学生说出了一连串独特的比喻句。‘神往’一词的教学更是让人拍案叫绝，这真是课堂教学中的神来之笔，调动了学生的情感，让学生对‘神往’一词留下了极深的印象。”

……

听着教师们带有反省性质的评论，孙校长欣慰了。

校长走进课堂就是和教师们共同研究、共同成长。校长和教师同教同评，绝不是比谁的课好，而是进行教学切磋，在比较中寻找各自教学的精华部分，发现教学中的缺点，从关注教师的教走向关注学生的学。

讨论结束后，小吴老师悄悄地对孙校长说：“孙校长，这一次和您同上一堂课对我的帮助太大了，希望您有机会经常来听我的课。这样的帮助对我们青年教师看得见，摸得着，用得上。”孙校长笑了，他看到了校长走进课堂的价值。

3. 同教一课，各取所长

如何提高同年级组教学研究的质量一直是孙校长十分关注的问题。以往的集体备课往往是确定一名主讲人，每次备课时由主讲人主讲，其他教师往往因日常事务太多没有作好准备而成了听众。在和教师商量之后，孙校长决定采用“同年级组教师执教同一篇课文”的研究形式，并且决定让六年级语文教师第一个尝试，同备同教史铁生的《秋天的怀念》一文。

那一天，孙校长和六年级的5位语文教师首先进行了一次集体备课，对《秋天的怀念》的思想内容、写作风格、作家生平、语言特色作了深入的探讨，然后孙校长要求5位教师各自回家备课，第二天、第三天5位教师分别在本班执教。一位教师执教，其他4个班级的语文教师和语文组的教师全部到场听课。五（1）班的蔡老师教得洒脱，对学生的发言点评得十分到位。五（2）班的杨老师教得扎实，课堂的语文味十分浓厚。五（3）班的安老师教得煽情，她借用了音乐和多媒体视频，她有情感的范读和动情的描述使全班学生流下了感动的泪水。五（4）班的黄老师在导入新课上别出心裁，让学生设想如果一天没有下课铃声一直坐在位子上的感受，然后再导入如果一个人一辈子在轮椅上度过那将是怎样的感受。循着教师的引导，学生进入了文本所创设的情境之中。五（5）班的徐老师从读入手，引导学生在读中感知、感悟，读中品味，课上书声琅琅，情意浓浓。5位教师风格各异，精彩纷呈，给全体语文教师呈上了一道精美的教学大餐。

5位教师也是感触颇多。在本次教学小结会上，黄老师深有感触地说：“同组教师同教一篇课文不仅锻炼了各位教师，更让教师学到了同行身上的长处，同一篇文章呈现出各种不同的精彩。”

徐老师深情地说：“这次研究我收获最多，因为我最后一个教学，听了前面4位教师的课后我都快不知怎么上了。每个人都有亮点，我怎么办？后来我决定扬己所长，发挥朗读优势，引导学生在读中思、读中悟、读中品、读中练，以读代讲，以情动情。”

孙校长接过两位教师的话头：“如果讲收获，我的收获最大。我学到了你们5位教师的教学长处，我看到了你们不同的教学风格。5位教师为什么各具特色，各具风采？我认为首先是你们对文本有不同的解读。我在10多年之前就说过，解读文本要在‘深入’上下功夫，唯有深入文本，做文本的知音，才能教好文本。其次是你们对文本进行了各具个性的处理。有的重读，有的重导，有的重评，有的重训，有的重情，侧重点不同，课堂教学呈现出来的结果也就不同。你们处理教材在‘浅出’上花功夫，在‘特色’上动脑筋，我个人认为，同年级同学科的教师同教一篇文章的形式很好，值得保留和推广。”

校长走进课堂是一种示范。学高为师，身正为范。很多校长是从教学骨干提拔上来的，有的本身就是特级教师、学科带头人，校长本身就是很好的教学资源。喊破嗓子不如做出样子，校长走进课堂上下水课、研究课，对教师是一种昭示、一种引领、一种示范。

校长走进课堂是一种文化。现在都在讲学校文化、校本文化。孙校长认为，校长走进课堂听课、研究课就是极好的学校文化。这是一种领导文化、研究文化、学术文化，现在太需要这样的文化了。

校长走进课堂是一种回归。学校是教书育人的场所。校长是组织、带领教师培养一大批人格健全、学业优良、身体健康的劳动者。教师工作的对象是人，场所是校园，载体是文化知识，校长走进课堂是校长工作的本职，上课、听课是校长的天职，希望更多的校长能像孙校长一样回到本位，回归天职。

（三）不满足现状，积极再造“课堂”

苏志宏，景弘中学校长，株洲市课堂改革的标志性人物。景弘中学创办于2004年，苏志宏校长到来时，学校已在株洲市内小有名气，作为校长，他本可以轻松一些，但他重视课堂，看到学校传统课堂的种种弊病他还是忧心不已。他觉得那是学生的生命成长之处，课堂上理应有欢乐。学生苦学、老师苦教的局面不改变，就无法实现课堂效率的提高，留给学生的只有灰色和沉重。

苏志宏校长常常想起这样一件事：2005年，温家宝总理在看望著名物理学家钱学森时，钱老发出“中国的教育为什么培养不出大师级人才”这样的感慨。

无疑，“钱学森之问”是关于中国教育事业发展的一道艰深命题，需要整个教育界乃至社会各界共同破解，这深深地触动了苏志宏校长，也让苏志宏校长陷入了更深的思考中。

2008年底，株洲市教育局组织校长到杜郎口中学观摩。杜郎口中学的独特教学模式、令人震撼的学生表现让苏志宏校长为之眼前一亮，真是“众里寻他千百度，蓦然回首，那人却在灯火阑珊处”。

于是，景弘中学的一场课改风潮在2009年春天如火如荼地掀起了：教室搬掉讲台，三面墙装上黑板，班上分为六个小组，各组田字形围坐，学生成了课堂的主角、学习的主人。

在苏志宏的带领下，景弘师生开始全力打造自主、开放、高效的课堂。

最先要解决的是彻底再造课堂流程。于是，苏志宏校长三赴杜郎口中学研修，飞赴全国多地课改名校考察，然后组织教师认真研讨，终于创设出景弘中学特有的“五步三查六环节”课堂教学模式。同时，苏志宏更是创造性地将课时设置为60分钟，一天只有6节课，除此之外，实行准朝九晚五作息制，只允许语、数、外三门功课布置少量作业，减轻师生负担。

苏志宏校长全力打造“三大抓手”，即导学案编制、学习小组建设、校园文化塑造。大胆采用半天上课、半天备课的集智备课法；组织数十次导学案、学习小组建设的专题论坛；多次亲自或派骨干走出去到省外研修学习、请专家来诊断指导；导学案至今已是四易其法，课堂评价标准已改至第八版。

苏志宏校长到校早，离校晚，一天几次穿梭在45间教室，一期下来听课、评课达数百节。课改需要制度支撑，于是苏志宏校长努力改革学校的管理机制。学校创立了“三横六纵”的扁平化管理体系，“三横”即三个年级部，“六纵”即多个学科组，“权力下放、责任上移”，建立高效管理体制，一切工作围绕课堂，改革工资方案，实行竞争分等制。

为了实施课改，苏志宏校长多少次苦口婆心地做教师的思想工作，多少次因为个别教师“顽固不化”，苏志宏校长忍不住发起脾气，但他最后都坚持下来了。

在苏志宏校长的带领下，课改中的景弘发生着一幕幕变化：

学生变了，在课堂上，他们自学自讲、自编自演，板书工整美观，图画栩栩如生；在课后，他们开朗活泼，大胆自信，参加活动积极踊跃，发言演说声情并茂。学生之间实行自我管理，师徒之间、对子之间兵练兵、兵教兵、兵强兵。教师成了教室里的首席学生，师生之间平等对话，顺畅交流，再也不见师对生怒目而视、厉声斥责的难堪，再也不见老师唾沫横飞而学生昏昏欲睡的窘相。

教师也变了，课内课外常常开口闭口都是教学，时不时冒出新鲜的课改术语。在省市参加教学比武的老师，采用景弘独特的课堂教学模式，全部拿下一等奖；每次体验式培训中，教师纷纷抢话筒，侃侃而谈。

经过课堂改革，学校发展了，近两年，景弘中学分别获得湖南省民办教育特色实验学校、湖南省课改样板示范校、湖南省校本研训示范基地等荣誉。

苏志宏校长因为走进课堂，看到高效课堂对师生生存状态的影响，勇敢担当起学校课改领头羊，读书、进课堂、外出学习、组织研讨成为他主要的工作。作为一名民办学校的校长，苏校长似乎只要抓成绩、抓生源就万事大吉了，但他却选择了一条充满挑战的道路：搞课改。因为在他看来，学校要实现“以人为本”的科学发展观，就必须先从课堂以人为本开始，这跟景弘中学秉持的“相信学生、解放学生、依靠学生、发展学生”的学生观异曲同工。

（四）听课、评课，积极指导教师发展

校长听课、评课是进行教学管理的一个重要手段。它对改进、提高教师的教学水平、促进教师专业成长有着不可或缺的作用。在新课改背景下，校长该怎样评课？如何评好课？河北省唐山市路南区实验二小校长刘韧对这个问题进行了深入思考，并时常在听课、评课中指引教师专业成长。

这堂课学的是小学四年级语文的《登山》一课，本课属于阅读课文。上课了，张老师问学生有谁登过山。学生发言非常踊跃，各自简要地讲述了自己的登山经历和感想。之后，张老师引入正题——了解列宁的登山经历，并要求全班学生大声地朗读课文。

5 分钟后，张老师让学生找出中心思想。学生回答是课文的最后一段。接着，张老师带领学生齐读两遍中心段落，并引导学生从中发现问题。

思考过后，学生分别提出“文中的‘它’是指什么”“革命者为什么不能被困难压倒”“我们该怎样锻炼自己的意志”等问题。张老师板书。

随后，学生小组进行讨论。讨论之后，小组代表回答上述问题。张老师顺势让学生寻找列宁两次登山有何不同，登山后看到了什么，并让学生用文

中的语言去描述。然后，张老师邀请几名学生到讲台表演列宁登山的情景。

表演过后，张老师询问学生学完课文之后有什么感想。学生有的说“学完课文后，我也要像列宁那样时时刻刻锻炼自己的意志”；有的说“以前爬山的时候我非常害怕，学完这篇课文以后，我不会再害怕了”……

张老师表扬了学生的回答，并点出锻炼意志不能忘了安全。最后，布置课后作业。

在张老师讲课的过程中，刘校长一直在认真听，并不时作一些记录。下课后，刘校长和其他几位听课老师请张老师到会议室一起交流听课感想。刘校长首先肯定了张老师的基本功：语言清晰，思路明了，课堂驾驭能力强；注意在启发学生积极思考之后发表自己的看法和感受；引导学生进行小组合作学习，让学生表演，使体验教学进入了课堂；课堂气氛十分活跃，每个学生都得到了表现自己的机会。

然后，刘校长点出了课堂的一些不足之处。刘校长说：“《登山》既然是阅读课文，就应该按阅读的方法引导学生，而不能讲读。此外，采取倒叙方式，即从主题回到课文，学生的体验比较肤浅，似乎没有从课文到主题的顺叙效果好。可以试想一下，先让学生看课文，让学生说出本文的主题。这样教会不会好一点呢?”

说完后，刘校长又问到：“你们几位老师觉得阅读课文应该怎样讲比较合适呢?”他让其他听课教师发表了看法，以进一步深化对阅读课文的认识。

“我觉得，这篇课文先让学生在阅读中边读边抓住关键词，如“险峻”“毅然”等，再把课文串起来比较好。这样下来，文章中心水到渠成，自然而然地呈现，学生的印象就会更深刻。”吴老师笑着说。

陈老师也说：“比如，上课开始时可以点出今天我们学的是关于列宁登山的故事。让学生在阅读课文时注意列宁登的是什么样的山，为什么要登山，怎么登山，登山的结果怎样，并说出阅读后的理解和感受。”

在其他老师提出具体建议之后，刘校长指出，语文在于文中悟道，不能牵强附会，“外加香油一勺”的行为并不可取。而且，顺叙讲法还有一个好处，就是加强学生对整体过程的理解和感悟。

刘校长说：“课虽然由老师来讲，但学生应该是主角，教师要给学生足够的思考时间。在这堂课中，学生看起来很活跃，但学生没有实现纵深思考，课堂效果相对来说就不够理想。而且，老师话语或训导太多，很容易将语文课变成思想品德课，这都是应该避免的。课文读的部分有些少，学生分析的量小。通过阅读来感悟中心没有错，但仅仅阅读中心还不够，应该让学生多读课文。值得一提的是，齐读实际上不利于学生阅读能力的培养，尤其是拉长音式的齐读。最好是倡导个性化的阅读，尽量实现评读、赏读，单独让一个学生站起来朗读。一个好的语文老师应该学会在读上做文章，即注意引导学生读出感情，启发学生运用多种感官体会课文真义。”

对于学生模仿列宁登山的表演，刘校长也给出了自己的看法：“进行体验教育的初衷很好，但不能为了体验而体验。其实，学生从讲台的一边走到另一边，也做了好像要跌下去的动作，但学生由于缺乏真实情境的感受，实际上达不到体验的效果。”而要使学生真正体会山的险峻，刘校长建议，可以通过多媒体来创设逼真的形象，引导学生真正体会到何为险峻。

“还有一点就是，一些学生表示，学完课文之后，再遇到困难就不会害怕了，事实上，这是不可能的！学生之所以这么说，或许是为了迎合老师。但老师不能默许这样的心得，因为这不是我们想要的。”刘校长说：“这时候，老师应该引导学生从理性地认识困难入手，结合实际情况，权衡利弊后再作决定。意志需要锻炼，但不能盲目锻炼，更不能无选择地锻炼。”最后，针对张老师在课中时时提示学生注意安全的问题，刘校长笑着说：“这是很好的习惯，应该提出表扬。”

任何课堂教学都有优点和不足。找出课堂的不足也许并不难，但能在具有普遍性的问题上“下手”，找出问题的根源所在，才更显评课者的“功力”。在这一点上，刘校长看似随随便便的几句点评其实都是新课改老师需要注意和加深理解的地方，即现代教学理念的关键之处。

校长重课堂，就应注重听课、评课，这可以说是实现学校课堂教学提升、教师专业水平提升的有效手段。给别人一杯水，自己要有一碗水。刘校长就是这样，正因为她注重课堂，才会对课堂出现的问题及时把握，并能提出自己独到的见解。

因此，当学校一些教师出现“常规性”问题时，她能马上指出来，使评课成为减少教学失误的最直接、最有效的手段。在刘校长心里始终有把尺子，那就是课堂教学要让学生具有终身学习的愿望和习惯，具有发现、研究和解决问题的兴趣与能力，具有收集、处理和使用信息的意识与技巧，为他们日后走向社会、融入社会打下了坚实的基础。

苏霍姆林斯基说："一个有经验的校长，他所注意和关心的中心问题就是课堂教学……听课和分析课是校长的一项极为重要的工作。"的确，校长深入课堂听课评课应属于"分内事"。无论多忙，都应该腾出时间来深入课堂，贴近师生，贴近实际，这可以帮助校长掌握学校内部的许多真实情况，如了解教学状态，把握教学质量，了解教师状态，指导专业发展，了解学生状态，掌握教育方向，了解空间状态，思考管理细节等。

校长听课评课好处颇多，但一些校长也容易走入听课评课的误区：

第一，狂轰滥炸式听课。无计划、无目的、无重点地听课，凭着心情做事，听得多而滥，收效甚微。

第二，突然袭击式。从不预约，搞突然袭击，所谓的"随堂听课"，把教师不放在眼里，课砸了就不分青红皂白地批评一通，严重伤害教师的自尊。

第三，单枪匹马式。校长不善于"造势"，什么都我行我素，不善于协同业务部门分管领导或学科骨干一同听课研究，"孤军奋战"，评课"一言堂"，又不善于"借势"、巧用别人的观点开导教师。

第四，蜻蜓点水式。校长评课不细致、不到位，敷衍了事，不深入，没有让教师从根本上解决实际问题，听与不听一个样。

校长听课评课如何走出误区呢？校长听课评课应站在学校发展全局的角度，着眼于学校的发展，包括师资队伍建设、学生素质发展、教学研究与管理制度规范等。这是校长听课评课区别于教研员、学科教师的地方。校长的听课评课要关注教师个人的成长，但最终要指向教师队伍的整体建设；要关注教师的某些具体教学细节问题，但更要关注教师个体发展中的共性问题、教师成长的规律性问题；要关注教师课堂教学的思想和行为，更要关注课堂上学生的学习行为表现以及思想道德、行为习惯、创新精神、实践能力等素质现状，调整今后教育的思路和方向。

校长听课评课还要超越学科边界，以更广阔的视角去观察课堂。首先，要坚持全面观察的立场。除了专业知识、专业技能以外，校长还可以从工作态度、职业情感、精神生活等多角度探寻课堂问题的原因，并给教师提供多方面的帮助。其次，要坚持一般教学论的观察视角。校长不可能精通所有的专业，对非本专业的课堂教学应多从一般教学论而不是学科教学法层面去观察，提出课堂教学重构的建议，这一点非常重要，否则不仅评不到点子上，影响教师情绪，还会降低校长个人的威信。

校长听课评课能够作为“内行看门道”最好，但确实不在行就应该站在学习者的位置上发表准确的评价。“外行看热闹”也要能看、会看、看懂、看清楚。

三、如何做“重课堂”的校长

在深入推进课程教学改革、全面提升学校办学质量的今天，校长在学校建设与发展中的地位、作用日益凸显。对一所学校而言，校长既是学校发展的掌舵人，又是教师专业成长的引领者，更是全面实施素质教育、促使师生共同成长的组织者和领导者。对课堂教学的指导能力应是校长最基本、最核心的能力，校长能听、会评随堂课是校长应具备的基本素质。新课程背景下校长的角色和使命应是立足课堂本位，全面加强学校领导集体对教学全过程的领导，有效提高课堂教学质效，提升自身的教学领导力。

（一）自觉钻研课程纲要和实施方案

校长进入课堂是一种实践，可以起到解剖麻雀、分析全局的作用。如学校推进课改的进程怎样，课堂教学应作哪些变革，学校应提供哪些保障，达到什么效果等都是课程和教学改革的热点问题。校长只有深入课堂，参与课改实践，才能对这些问题从微观层面上进行把握。而要深入课堂，校长就要自觉钻研课程纲要和实施方案，以明确课改观念，把握学科教学改革的主旨和精神，并在课堂教学实践中主动得到贯彻和落实。

校长通过深入课堂，可以对教学目标的确立、教学内容的选择、教学方法的运用、教学策略的实施等有一个清晰的实践过程，同时，这也是一个不断改进、不断完善的过程。校长通过对教学的实践与分析可以进一步认识到课改必须落实到课堂才是真功夫、硬道理。

（二）加强对课堂教学的规范、制约和优化管理

校长深入课堂，加强对课堂教学的规范、制约和优化可以先从落实“五抓”措施开始，然后再实行“六个优化”。

1. “五抓”措施

一是抓备课质量。校长抓备课质量要做到“三个目标”“四个备”。

“三个目标”是教育性目标、养成性目标和发展性目标。

“四个备”是：备课程标准，体现课程标准要求；备教材，体现知识的形成过程；备学生，体现学生的个性特点；备教法，体现教学改革的意向和以学生发展为本的总要求。

二是抓听课质和量的落实。校长可以实行周集体备课制度，制订具体的标准，定期进行检查评比，形成浓厚的听课、评课、研究之风。

三是抓考试的命题和组织。校长应改革传统的考试方式，淡化考试的选拔功能，强化甄别功能。实行周周清，月检测，演讲、操作竞赛等活动相结合，既减轻学生过重的负担，又提高教学质量。

四是抓双向反馈与矫正。校长应大力倡导课堂教学民主，鼓励学生自主发现问题、大胆提问、大胆质疑甚至反驳教师。给学生体验成功的机会，保持师生之间的信息交流和反馈渠道的畅通。

五是抓自下而上的过程评价。校长应设计便于学生进行自我教育评价的评价表格，让学生自己下结论，同学下结论，教师、家长下结论，多方面交流信息，使学生进行自我教育、自我完善。

2. “六个优化”

一是优化课前的准备策略，奠定课堂教学成功的基础。校长应施行合理编班、分组、排坐，便于“兵教兵”，便于各任课教师在课内获得迅速、准确的学情反馈，指导学生主动进行课前的“三级预习”；组织教师开展“三级备课”。

二是优化课内的时间管理策略，提高课时效率和效益。校长应指导教师合理安排“学”“教”和“练”的时间结构，采用“集中学、集中教、集中练的”结构，或“一学一教一练”，或分散学、分散教、分散练及分散学、分散教、集中练等结构。

三是优化课内的导学策略，促进学生有效地自学和思考。校长应要求教师根据教学目标的需要，提出具体明确的自学要求，同时指导学生自学的方法。在学生自学的同时，教师要巡视学生的自学情况，尽可能扩大反馈面，最大限度地了解学生自学所遇到的疑难问题。

四是优化课内的解惑策略，促进学生有效地质疑和排难。校长应要求教师实行“有疑则讲，无疑则不讲”的方针，最大限度地减少教师多余的讲授和不着边际的指导，以确保学生的学习时间，提高课时效率。

五是优化课内的精练策略，促进学生有效地巩固和应用。校长应要求教师坚持堂堂清、日日清、周周清，使每个学生都合格。当堂训练重在打基础，旨在让学生通过紧张的口头或书面练习来巩固基础知识和基本技能，向形成发现问题、分析问题和解决问题的能力方面深化。

六是优化课后增效策略，确保进一步落实教学目标。校长应要求教师：从精务实安排课后作业，严格执行“学生每天的课后作业总量不得超过一个半小时”的规定；及时批改学生的当堂作业与课后作业，讲求质量和效果；加大课后辅导力度，建立辅导制度。

（三）认真学习，成为先进教育理念的传播者

教育理念是先导，推动着教育行为与方式的持续改进。校长要加强教学的领导，应以先进的教育理念领导为切入口，自身首先实现教育理念的提升和更新。

要实现教育理念的提升和更新，校长必须重视学习，在学习、吸收、反思、批判、提炼、运用、升华中实现提升。校长只有拥有与不断发展着的教育形势和要求相匹配的教育思想，拥有与学校良好的教育传统和潜在优势以及发展愿景相吻合的教育理念，才能更好地深入课堂，领导学校的教学工作。

（四）努力实践，成为先进教育理念的践行者

校长不仅是教育理念的传播者，还是教育理念的践行者。从教育行为管理学的角度来看，践行教育理念比倡导教育理念更重要。教育理念只有不断

地指导与应用于教育实践，才能产生实际效益。同时，通过具体的教育实践可以验证、判断教育理念的科学性、合理性和有效性，从而对教育理念作出客观评价并予以进一步充实和完善，这就要求校长在实施教学领导的过程中率先垂范，积极开展教育实践，如亲自带班上课，踊跃参加校本研修，参与教学质量监控等。

校长通过参与各种教育教学实践不仅可以亲身经历和体验新课程改革，而且会对教师参与课改的热情和现实状态以及学生的学习情况有一个真实、客观、清晰的了解，从而为作出科学的教学领导决策提供现实依据。如果校长不能深入教学第一线，成为一个先进教育理念的践行者，所谓的教育理念便成为一种摆设、点缀，很难进入学校课改的核心领域，更不能成为全体教师进行自觉教育的参照。所以校长要身体力行，注重实践，带头把教育理念转化为教育实践。

（五）深入调研，成为现代课改的决策者

当前，课改已成为学校教育的热门话题，只有坚持课改，教育才有出路。然而，课改既是国家的整体行为，体现国家意志，又是学校的具体行为，反映学校的个性化要求。国家出台的课程方案需要通过学校的校本化实施。

校长作为学校实施课改的第一责任人，是学校实施课改方案的决策者、调控者。校长的决策是否民主、科学，是否符合学校实情，是决定学校课改成败的重要因素。所以，为了确保学校课改高质量地推进，校长应加强课程和教学改革的调研，这是校长科学决策的先决条件。

校长开展调研的形式有多种，可以是亲自上课体察教学实情，也可以是参加校本教研感受研究氛围；可以是进行座谈交流获得教改信息，也可以是设计调查问卷形成书面材料；可以是对教学改革进行分析反思，也可以是对学生成长发展进行检测评价，等等。

校长通过形式多样、内容丰富的调研，可以全面把握学校课改的基本现状，深入分析思考基本现状背后反映的问题、薄弱环节和潜在优势，积极整合、利用多种校内外课程和教学资源，并通过民主决策程序形成学校新一轮课程教学改革的发展思路。

（六）加强督查，成为科学评价的引领者

加强督查、评价是推进课改顺利进行的重要环节，也是校长教学领导力的主要构成要素。积极参与教学督查与评价不仅是校长的基本职责，而且也是加强学校教学管理的现实需要。所以，校长要经常与学校职能部门一起研究学校教学督查工作，参与研制教学督查方案和评价指标，深入教师的课堂教学现场，对教师的教学工作进行督查指导，尤其是加强对教师的备课、上课、作业、补差和评价这五个教学环节的精细化检查，从而对各位教师的教学观念、教学态度、教学能力和教学效果等有一个基本了解，在整体上可以正确把握学校课程教学改革的进程和阶段性成果，这是校长不断加强对教学工作领导的必然要求。

教学是学校工作的中心，实施素质教育、提高教学质量的主渠道是课堂。所以，一个合格的校长应是一个重课堂的校长。只有重课堂，校长实施课堂教学改革才能与时俱进。作为一校之长，要以人才的培养、民族的振兴为己任，狠抓课堂教学改革与创新，既当指战员，又当战斗员，团结带领全体教师大兴教育科研之风，构建学习化、创新型教师群体，促进素质教育水平的全面提高。

习惯7 明赏罚

——靠组织制度管人，让赏罚都令人心悦诚服

俗话说：“国有国法，家有家规。”要管理理好一所学校，必须有切实可行的规章制度。校长只有依据制度进行管理，实施赏罚，才能让领导者和被领导者都有规可循、有章可依，能够自觉地规范和约束各自的行为，并且能够避免领导者在学校管理和赏罚中的主观随意性，进而做到一视同仁，执法如一。

一、“明赏罚”概述

《孙子兵法》中有一条重要的治军谋略：“令之以文，齐之以武。”“文”指文治，用奖赏、道义教育等办法使士兵从内心深处愿意亲附于将帅，甘心情愿地接受上司的领导；“武”指军纪、军法，对违令者实施惩罚。意思是说治理军队要文武并用，刚柔相济，恩威并施。

虽然治理学校与治国治军不同，但其道理是相通的。所以，校长要想治理好一所学校，也需借鉴“令之以文，齐之以武”的御人思想，掌握科学的赏罚艺术。

俗话说：“国有国法，家有家规。”“无规矩，不成方圆。”要治理好一所学校，必须有切实可行的规章制度为保障。校长只有依据制度实行管理，实施赏罚，才能让领导者和被领导者都有规可循、有章可依，能够自觉地规范和约束各自的行为，并且能够避免领导者在学校管理和赏罚中的主观随意性，进而做到一视同仁，执法如一。

（一）赏罚制度的制订

学校制订的制度内容要全面具体。学校的赏罚制度多种多样，但从大的方面看，都要具备以下诸方面的内容：

1. 执行范围

赏罚制度的适用范围是各不相同的，有的适用于整体，有的适用于局部。如“毕业班学科成绩奖惩办法”只适用于毕业班的任课教师，而“教职工出勤奖惩办法”则适用于全体教职员工。

2. 执行时间

任何规章制度都必须有时间说明，即什么时间开始，什么时间结束。“终身制”的制度是不多见的，因为随着时间的推移，学校的情况不断发生变化，所以规章制度也要随之而调整。

3. 具体细则

具体细则是规章制度的主要组成部分，应明确规定制度适用者做什么工作，经过一定时间应做到什么程度，应行使哪些权力，承担什么责任等。这部分内容制订得越细、越具体，制度就越具可操作性。否则，就会出现漏洞，就会被人钻空子。

4. 监督考核

制度应规定由谁来监督考核，监督考核的方式以及各项具体指标的数量标准和质量标准。

5. 赏罚办法

此项内容中应明确赏罚标准和赏罚方式。校长在具体操作时将监督考核结果与赏罚标准相比较，对认真履行职责、贡献大的教职员工要给予物质或精神奖励；对于不负责任、玩忽职守、违章犯规者要给予惩罚。

赏罚制度的制订要民主。学校的规章制度不仅要符合领导的要求，而且还要反映广大教职员工的意愿。所以，规章制度的制订不能由少数领导拍板定案，应采取一定的民主形式通过和执行，如经过教职员工代表大会讨论表决通过等。同样，各项制度的修改、补充和废止，也要通过民主讨论决定。

在广泛听取教职员工意见的基础上产生的制度才更切合学校实际，具有较强的针对性。同时，在这种群策群力民主管理学校的过程中，教职员工增强了主人翁意识，提升了责任感和自觉性，为制度的贯彻执行奠定了群众基础。

（二）校长赏罚时易出现的问题

规章制度来源于本校实际，来源于广大教职工，具有科学合理的内容和规范的实施程序，校长依照制度实施赏罚，规章制度具有公正性和权威性。规章制度在学校管理中是必不可少的，而且是十分重要的，但一些校长在实施赏罚时容易出现以下一些问题。

1. 赏罚不因事而异

如果教师偶尔违规，校长不问其原因就直接进行批评，按规定给予处罚，这样就会使教师口服心不服，没有达到处罚效果。作为校长，应问清原因，如果是一些不可抗拒的客观原因造成的，应酌情处理，或给一次机会不予处理，口头提醒批评；如果情节严重，应对其进行严肃批评并给予相应处罚。

2. 赏罚不因人而异

有些校长对于教师违规，按事情轻重大小直接批评。没有针对教师的性格特点进行有艺术性的批评，从而没有达到批评的效果，甚至使某些教师对被批评的事情耿耿于怀，对校长有不满，从而不支持校长工作。所以，校长应了解每个教师的性格特点，进行有艺术、有尺度的批评，使教师欣然接受。

3. 赏罚不因地而异

少数校长在公众场合指名道姓地批评教师，不但达不到批评的目的，反而会适得其反，打击教师的积极性，使教师造成逆反心理。所以，作为校长，在批评教师时要看场合，要懂得给教师一个台阶，私下对教师进行批评教育。

4. 赏罚不因时而异

有些校长批评教师时没能找到恰当的时间。比如说教师工作正忙得没不可开交，或是家里有事心里不顺，这时校长去批评，教师肯定会对校长极其不耐烦，甚至出口顶撞。这样，不但达不到赏罚的目的，甚至使校长自己陷入尴尬的境地。

（三）明赏罚对校长的基本要求

1. 要有高尚的人格魅力

明赏罚的校长要能正确地理解、执行国家的方针政策，并能实事求是地制订学校的有关政策；有强烈的事业心和献身精神，在师生中起到表率作用；尊重教师，关心教职工和学生的实际利益；办事公正，以身作则。

校长要具备为专业工作者所认可的管理与教育教学方面的知识和能力，应具有指导和培养教师的能力，是教学实践的先行者、教育改革的先驱者。管理的最高境界就是不管理。校长的赏罚的管理就是将自己的思想、观念转化为教师的自觉行为，要让教师围着校长转，而不是校长围着教师转。

校长要有一颗平常心。在工作受阻、出现失误的时候，不要一味地指责、埋怨、批评教师，而是要首先自我检讨，同教师一起探讨失误的原因，共同承担责任，达到教育教师、改进工作、促进学校和谐发展的目的。

2. 要有扎实的工作作风

作为明赏罚的校长，要在调查研究的基础上熟悉学校工作的各个环节和每一位教师的个性特长；在人员安排上，要坚持因事设人、用其所长的原则；在工作安排上要加强计划性，做到长有计划，短有安排；在重大问题的决策上，要充分发扬民主；在处事上要雷厉风行，身先士卒，反对说假话、空话。

校长要勤政廉洁。良好的人际关系是搞好学校工作的重要条件；而政令畅通则是良好的人际关系的体现。校长只有做到令行禁止，才能保证赏罚的有效性。

3. 要有精湛的领导艺术

校长的领导艺术是校长的一种特殊才能，是智慧、学识、才华、胆略、作风、品格和经验在方法上的综合反映和体现，是对领导方法创造性的运用。

校长想要做到明赏罚，就要以精湛的领导艺术、理性化的决策来实现最高的行政目标；以规范化的指挥协调各方，使之形成合力，进而提高学校的工作效率，实现决策的有效性和管理的权威性。

校长在管理过程中还应做到刚柔并济——刚性为事，柔性为人。无论是用人还是治事，既要表现出应有的权威，说话算数，又要树立亲切形象，真诚地对待下属，不能高高在上，要有亲切感和感召力。在赏罚时，实现在探讨中教育人、在谈话中影响人、在办事中感染人。

4. 要有勇往直前的个性

学校都在大力推进素质教育和改革，校长要在关键时刻把握方向，看到发展的主流，坚定信心，通过自身的努力为教育改革做好铺垫，以更加昂扬的姿态、乐观向上的精神勤奋地工作，并将这种豁达精神传递给教师。只有这样，校长才能在教职员工中建立威信，从而做到赏罚令人心服口服。

5. 要有深厚的专业知识素养

明赏罚的校长应做到以才服人。学校是人才集聚之地，校长是培养人才的首席领导，是学校发展的灵魂。校长只有成为教育的行家，懂得教育，掌握教育自身的特点和规律，有自己办学的思想和办学的特色，才能赢得广大教职员工的尊敬和钦佩，从而使赏罚令教职员工心悦诚服。

校长只有在实践中不断学习、不断完善、不断提高，使自己逐渐成为研究型、学者型校长，才能使人产生信服感，才能把赏罚分明发挥到极致，使学校步入平稳而快速发展的轨道。

（四）依据制度实施赏罚的意义

“非规矩不能成方圆，非准绳不能定曲直。”制度看似羁绊，实是维系一个集体存在与发展的最为基本的要素。“热炉法则”形象地说明了制度的作用。

制度“热炉”具有四个原则：一是警告性原则，“热炉”外观火红，不用手去摸，也可知道炉子热得足以将人灼伤，有事先警告的作用；二是必惩性原则，只要碰到它，毫无疑问肯定会被火灼伤，“热炉”绝不会留情面；三是即时性原则，当碰到火红的“热炉”时，立即就会被灼伤，没有时间差，也不会拖泥带水，及时快速有效；四是公平性原则，“热炉”不管贵贱尊卑，不分男女老少，不论任何时候，谁碰到火红的“热炉”，都会被灼伤，“热炉”面前人人平等。正因为制度拥有“热炉”四原则，它才能够具有不可撼动的权威性与约束力，才能在管理工作中发挥不可替代的保障作用。

1. 赏罚分明可以提升凝聚力

校长如果建立完善的教师工作考核制度，强化学校内部管理，健全优绩优酬、赏罚分明的激励制度，可以解决教师年老年轻一个样、高职称低职称一个样、干多干少一个样、干好干差一个样的问题，以区别教师的教学效果，体现竞争精神，满足教师的成就感，驱动学校的内部活力，激发教师发扬优点、提高工作的主动性和积极性以及工作热情，使教师全身心地投入教育教学工作中去，从而达到提高教育教学质量的目的。

所以说，赏罚分明的激励制度有助于增强校长的个人凝聚力。

2. 营建赏罚制度可以使校长从权力型向人本型转变

校长要使学校这部机器高速、高效运转起来，要靠一套切实可行的规章制度来规范师生的行为，即依法治校，以代替管理者的个人行为。让师生有章可循、有法可依，自觉地用纪律、制度来约束自己的行为，从而保障学校以教学为中心的各项工作的正常开展，为教书育人提供稳定的教学秩序，以提高组织活动的效率。

有的校长以权力与服从为主要管理方式，统得过细，管得过严，使教师忐忑不安，很是压抑。赏罚制度不是管人的枷锁，而是约束行为的底线。因而校长建立赏罚制度要简洁有效，不要烦琐刻板。要从人的成长与发展的角度考虑教师工作、生活、学习与健康的具体需要，提出方向性、原则性要求，规定该怎样做、不该怎样做，说明必须遵守的最基本、最主要的底线，不提技术性、操作性的要求，给教师留下自主的空间，以实现人本管理。

简洁有效的赏罚制度可以使校长从权力型管理转向人本型管理。人本管理就是从教师的工作领域转变到生命领域，关注教师在学校里的生命质量，营造尊重人、激励人、关爱人、发展人的氛围，为每一个教师的幸福人生服务，让学校成为他们感情的港湾、事业的基地，成为教师焕发生命光彩的精神家园。

精神家园的效度可以用极为简明的两个维度加以衡量，即快乐与进步。教师有了生活的幸福感、生命的成就感，自然会使教育教学变得更有效。

3. 赏罚制度可以使校长“刚柔相济”

校长的性格各异，过于刚烈或过于柔弱都会导致学校管理的失败。性格过于刚烈的校长，可能会经常与人产生冲突，会导致人际关系的紧张，不得人心；性格过柔弱的校长，慈不掌权，容易导致人心涣散，没有效率。正如古人所云：“刚不及而柔过之，易失威；柔不及而刚过之，则失众。”唯有刚柔适度，才能做到巧于善后。

而建立明确的赏罚制度后，任何性格的校长只要能依制度办事，就都能体现出坚定的原则性和鲜明的是非观。“好好先生”很难做好校长工作，但校长又应该通情达理，在解决矛盾、做出决策时善于灵活应变。只有制度能克服校长的性格弱点，使校长做到刚柔相济。

赏罚制度是一个“热炉”，真正高效的学校管理，必然要靠制度来运行。制度是保障学校良性发展的生命线，制度可以规范行为，行为可以形成习惯。校长只有构建起制度大厦，才能用制度捍卫赏罚的公平。

二、名校长与“明赏罚”

（一）赏要合理，制度先行

2002 年，《文汇报》《新民晚报》等几家媒体先后报道了一些重点中学推行首席教师制度的消息，并且说一位首席教师的年薪有八万甚至十万。这些消息在中学教育界引起了“大地震”。毕竟年薪十万在以前是教师想都不敢想的事情，而现在居然有学校把这些变成了事实，即只要教师有能力，这个梦想就能实现。

那段时间，上海中学的教师隔三差五地就会问唐盛昌校长：“唐校长，别的学校都实行了首席教师制，我们上海中学要不要也搞一个啊?”

很显然，外校推行的首席教师制在上海中学的老师尤其是一些教学业绩突出的教师心中产生了很大的影响。

那天，唐校长刚把盛好的饭菜放在教师餐厅的餐桌上，美术特级教师傅老师和历史特级教师孔老师就走上前来又问这个问题了。很明显，他们对首席教师制也抱有极大的兴趣与期望。

由此类推，不难想象，和他们一样有资历、有教学成绩的特级教师也八九不离十地会抱有这种想法。毕竟，如果上海中学真的实行首席教师制的话，那十万的年薪是他们凭借自己的真本事得来的。

其实，那几天，唐校长的心情也没平静过。因为作为上海市一所一流的重点中学，上海中学拥有一大批教学成绩突出、为学校发展立下汗马功劳的教师。如果学校要推行首席教师制的话，不可能所有教师都当选。如果选不上，那些教学成绩同样很棒的教师会怎么想？而教育是集体事业，仅仅靠几位“名师”和“特级教师”肯定搞不起来。

首席教师制的推行会把一部分人抬得很高，对这部分教师或许能起到激励作用，但是对其他教师恐怕不仅起不了激励作用，可能还会产生抑制作用呢。那样一来，就丧失了推行它的初衷。

可是，如果不实行首席教师制的话，又会让那些业绩突出的教师产生不公平的想法：凭什么我们搞出来的成绩让大家共享啊？这不是吃大锅饭吗？那以后我还这么卖力干什么啊？

唐校长明白：首席教师制是模仿自然科学研究领域推行的首席科学家制，而自然科学研究与教育本质上是不同的。

想到这里，唐校长决定从教师职业与科学研究的不同之处向这两位教师解释为什么学校不能实行首席教师制。

"两位老师，你们坐下来，听我慢慢说。我觉得我们的工作性质与科学研究有点不一样。科学家在某一个领域的突出贡献是可以推进整个科学项目的完成的。所以在他们中推行首席科学家制度是可行的，确实也可以激励其他科学家在自己所承担的工作领域里做出成绩。你们说是不是？"

没等二位老师说话，唐校长又说："我们教师的工作却不是这样的。某个学科教学质量的整体提升，不是一两个教师的力量就可以的，而是要靠一群教师的力量。一名教师顶多能够教两三个班级，他对学生的影响范围是有限的。所以，我觉得在学校里搞首席教师制不太妥当。老孔，你认为是不是这样呢？"

孔老师向来善谈，而且很有自己的想法，唐校长就把发言机会先给了他。

果然，孔老师说出了不同的见解："唐校长说的固然很有道理，但是在教师中推行首席教师制，更能鼓励中青年教师干出成绩，向首席教师靠拢。"

"可是，老孔，你知道，老师的教学经验不是一两天就能积累出来的，它需要日积月累。要想让中青年教师努力向首席教师靠拢，得需要很长一段时间呢！这就好比在99层高的楼上挂一个苹果，要想让中青年教师一层层地往上爬去摘这个苹果，难啊！估计还没等到摘到那个苹果，他们就没有力气了。"

唐校长依然不相信首席教师制能对那些没有被评为首席教师的教师在很长一段时间内都有激励作用。

"是啊！听唐校长这么一说，我也意识到搞首席教师制不太好。"坐在一边的傅老师忍不住插嘴道："可是不管怎么说，这对于激励教师的工作积极性有一定作用。唐校长，即使我们不实行首席教师制，总应该有一些新的奖赏对策吧？"

唐校长一听就知道傅老师的真实用意了，会心地笑着说："对于老师的工作成绩，应该有一个质的区分。我们会尽快设立一个新的奖赏机制的。只是用什么样的机制比较好，学校也正在考虑呢！”

在此后的很长一段时间里，唐校长都在想着如何建立新的奖赏制度，让所有教师都能在奖赏中受到激励。

首先，这个制度的奖励面不能太窄，否则难以调动所有教师的积极性，因此新的奖赏制度的激励面不能局限于小部分教师中间，但是也不能太广，否则就失去了意义。为此，唐校长把这个范围锁定在30%到40%。

其次，新制度需要打破年龄与资历的限制。“首席教师制”的受益者多是中老年教师，而那些年纪轻轻、有很大发展潜力的教师就没有多少机会了。这样的话，让青年教师“多多包涵”也是不现实的。更为重要的是，中青年教师是学校能够持续发展的“潜力股”，只有把他们的潜力激发出来，促使他们不断提高自身的专业素养，才能够使学校成为一颗恒星，而不是“耀眼”两天就“陨落”了。所以，新制度需要激励不同年龄、不同资历的老师在不同层面上创造出好的成绩。

再次，新制度需要正确区分教师可能达到的高度与教育教学的附加值大小。每位教师都很辛苦，每天都能看到教师在教室与办公室之间忙碌。表面上看，他们的日常工作很平凡，但是事实上，每位老师在教育教学上所达到的高度与产生的附加值都不一样。学校只有较好地把它们区分出来，才能使制度真正有效地让每一位教师都收益。

就这样，根据学校的情况，唐校长提出了一个方案。

很快，学校就起草出了《“园丁业绩奖”实施方案》。这个方案充分考虑到了教师在不同层面上创造的业绩，合理地拉开了奖金差距。

方案规定：教师的业绩共分为优异、优秀Ⅰ、优秀Ⅱ、优良Ⅰ、优良Ⅱ、良好六个等级。奖金最高30000元，最低6000元，每年度评比一次，不搞终身制。

2003年1月初，唐校长把这个方案提交给学校教代会讨论。他一直在担心这个方案能不能通过。因为尽管这个方案是为激励全体教师设立的，但是一些年轻教师还是有可能暂时拿不到奖，而且代表中有几位教师的业绩确实不是很好，他们会不会投反对票呢？

可是，结果出乎唐校长的预料，这个新的激励方案以压倒性票数通过了。

"园丁业绩奖"实施以来，上海中学的教师积极结合自身特点，从多个角度创造出了与上海中学地位相称的不同层次的业绩。每年都有40%左右的教师拿奖。

这说明，唐校长想出来的这个奖励制度突显了教师工作业绩的重要性，激发了教师潜能的发挥，实现了学校进行分配制度改革的初衷。

对教师的奖励，最好的方法就是对他们的劳动采取科学而公平的认定与评价。如果校长制订的制度不科学、不公平，教师就会有委屈的感觉，在以后的工作上，可能就会消极或不配合。

首席教师年薪十万，这在哪位教师看来不是梦想呢？只要创造了突出教学业绩的教师都希望自己能够当选。可是事实上，学校真的可以这样评选吗？不用说在那些名校，即便在一般的学校，对本校发展有特殊贡献、对本校教学成绩有过重大付出的教师，一数就能数出好几个来，这样一来，学校要想在那些成绩差不多、学历职称都不相上下的教师中间挑选出一两个来做首席教师，还真是困难的事。退一步说，假设就这样选出来了，就会对全体教师起到激励作用吗？恐怕也难说。

首席教师制的鼻祖是首席科学家制，正如唐校长所说，首席科学家制能够带动整个自然科研领域的专家积极努力，获得更大的成绩。但是首席教师制却没有如此的推动力。它会像唐校长所说的那样，会给更多的教师带来心理不平衡。

因为教育是群体工作，而不是一两个教师个人的功劳。比如，一个班级的数学成绩特别优秀，这固然有数学教师的特殊贡献，但是如果离开了班主任的治班有道，离开了其他科任教师的配合，可以做到吗？更简单一点地讲，如果其他教师都不好好教，就会影响学生的其他科目的成绩。其他科目很差的学生能一心扑在数学上吗？那样的话，他们的数学成绩还会一如既往地优秀吗？答案当然是：不能！

所以说，唐校长不设首席教师制是有道理的。但是正如美术特级教师傅老师所想的，不设首席教师制，也应该有其他新措施。否则，教学成绩好的教师还不都跑到其他学校去吗？因为一视同仁的薪资待遇在本质上就是"大锅饭"，就是不公平的。学校待遇不公平，教师就不愿意待在这里。

对于这一点，唐校长也早就想到了。于是他起草了与上海中学地位相称的、能让不同层次的教师都受到激励的"园丁业绩奖"制度。很明显，这个上海中学独创的奖励制度获得了绝大多数教师的认同，这从教师代表的投票结果中就可见一斑。

所以，校长积极建立奖励制度是必要的，但这个制度一定要考虑大局，体现奖罚分明、公平合理。能激励全校教师发展的奖励制度才是真正意义上的好制度。

（二）与人为善，赏罚分明

江苏省泗洪县归仁镇山河小学前几年考核教师的主要手段就是考试成绩。个别老师为了奖金，能够得到提拔或“在别人面前有面子”，学生考试时作弊风十分盛行。无论校长在会上如何批评教育，如何强调，还是起不了作用。老师在考前还是会打电话联系监考人员，希望监考人员在考试的时候能对自己的学生给予照顾。

所以，皮大鹏校长为了端正考风，严肃考纪，杜绝考试作弊现象再次发生，制订了《归仁镇小学考试制度》，从出试卷、带试卷、监考、批阅试卷等每一个环节都给予了严厉的制度约束。并强调，对于违反《归仁镇小学考试制度》的教师无论有什么理由都不成立，都要按制度来严肃处理，绝不手软。

皮校长本想以此来规范学生的考试行为和教师的监考行为，使归仁镇小学的考风能得到改善，让归仁小学的教育沿着可持续发展的轨道前行，没想到，现实情况时常出乎他的意料。在一次六年级抽测中，张老师由于客观原因“违反”了考试制度。原来，张老师按规定时间从校长那领到试卷后去监考，在途中，他的摩托车突然坏了。无论他如何启动，就是发动不了摩托车。看着考试的时间越来越近，离考试学校还有近十里路。路上也没有过往的车辆，没有电话。怎么办？张老师思前想后，只好把摩托车放在路边，锁好后，一路跑到学校。最后还是使考点考试时间推迟了20分钟。

正巧皮校长检查到考点，发现张老师没有到考点，考试还没有进行，决定对张老师进行严肃处理。因为，以前有的学校监考老师有意推迟考试时间，然后打电话问别校的考试试题，再把问来的考题告诉学生。

但皮校长没有马上对张老师进行批评，而是决定先了解事情发生的原因。皮校长想张老师平时对工作兢兢业业，年年都被评为先进，有口皆碑，按说当属褒奖之列，因为这件事被处罚，就有点不近人情。这样可能会引起张老师的不满，导致他在以后的工作中不努力，甚至会引起其他教师的反感，认为处罚不公，不近人情。这样，就不利于以后的学校工作了。但是考试制度刚刚推行，不按制度来处理，把张老师当作一个例外，那在教代会上通过的考试制度此后岂不会成为一纸空文？以后再发生同样的事情又怎么办？说不定还会导致其他教师对各项章程的不信任。而如果简单化地对张老师进行罚款，又确实会“冷了许多人的心”。其结果当然是与制订制度的初衷相悖。

正当皮校长想去找张老师问明情况时，张老师却主动找到了皮校长，说明了晚到的原因，并承认了错误。张老师说：“无论是什么原因，因为迟到了，那就得承认错误，但是希望得到您的谅解。”

皮校长经过深思熟虑，最后形成决议：制度还是要执行，因为制度面对的是所有老师，所有老师在制度面前都是平等的。张老师也不例外，不能因为客观的原因就有“法”不依了。那以后再出现这类事情，就不好处理了。毕竟张老师违反了制度，要被罚款30元。又因为张老师教学成绩显著，平时工作兢兢业业，属于埋头苦干型的，所以另外发奖金30元。

皮校长的做法是管理改革的生动体现。他的做法的成功之处就在于不仅敢管而且善管，敢字当头，爱字开路，既维护了制度的严肃性，又体现了与人为善的人文关怀。

现在提倡以法治校、以制度治校，不明赏罚的校长用制度来限制教师，明赏罚的校长用制度来调动教师的工作热情。不同的校长对同一件事会有不同的处理方法，也会产生不同的效果。比如，当教师费心尽力地完成某一件任务时，有的校长会对教师说：“做得非常好，非常感谢你们，晚上带你们去下馆子，唱唱歌，放松一下。”而有的校长会说：“谢谢大家努力完成任务，但是还有地方要进一步完善，下次希望你们能做得更好。”吃饭唱歌是对教师工作的一种肯定，也是一种奖励。而另一位校长的说法不但没有奖励，没有一句真诚的夸赞，甚至还有批评的意味，试问辛苦工作的教师会作何感想？不同的处理方式会在教师心中产生不同的心理反应，会对以后的工作有不同的促进作用或反作用。

作为校长，当教师作出成绩，对其奖励自不必说，即使教师有了过错，也应该像皮校长一样，先了解情况，做到法外有情，既维护制度的严肃性，又能让客观原因造成的过失化解在“浓情”里。试想，皮校长如果把张老师的行为简单地理解为违反考试制度而严格执行制度来处理这件事，那么，效果可能就会完全不一样。

三、如何做“明赏罚”的校长

校长在学校管理工作中，总是既有赏，又有罚的。但实际操作起来，应如何根据实际情况，在制度的规范下做到审时度势、当宽即宽、当严则严、宽严相宜、文武并用，进而达到良好的赏罚效果呢？校长不妨牢记以下赏罚原则：

（一）不赏私劳，不罚私怨

即不奖赏对私人利益有功的人，不惩罚对自己有成见或隔阂的人。在学校里，教职员工都有为校长出力的愿望，并且大部分能把劲儿用在正道上，一心一意抓工作，专心去钻研业务，但总有少数人，工作起来避重就轻，马马虎虎，为领导办起私事来则竭尽全力，无以复加。而个别糊涂校长则公私不分，赏罚不明，凡对个人效忠尽力者一律给予好处，于是在入党、晋级、评优、评模等方面优先照顾，以作为效忠自己的奖赏。这种奖赏导向是十分危险的，它将无情地挫伤教职工工作的积极性，甚至使教职工产生“拼命干，不如围着校长转”的消极思想。可以说，奖赏私劳对工作的负面影响是不言而喻的，作为校长不能不做到“公”字当头——奖功臣，远小人。

教职工对校长的某些言行可能产生分歧甚至矛盾，可能会在当面或背后说一些与校长意见不一致的话，做一些违背校长意愿的事。这本来是很正常的，校长对此一定要正确对待。这些话肯定不如赞美之词好听，但绝不可视为眼中钉，肉中刺。部下的相悖言词有些是逆耳忠言，有些可能是牢骚怨言，不论属于何种，校长一定要有理则听之，无理则当警示。要有“将军肩上能跑马，宰相肚里能撑船”的风度，不能鼠肚鸡肠，利用手中的权力公报私仇，搞“顺我者昌，逆我者亡”。

作为校长，只有真正做到“不赏私劳，不罚私怨”，教职员工才能把劲儿用在正道上，才不会因亲疏远近而搞宗派、闹矛盾。

（二）有功即奖，有过即罚

一个集体、一个单位的领导要想真正调动部下的积极性，就必须按功行赏，论过是罚，学校也不例外。明赏罚的校长应做到一事一论，即根据教职员工在某一段时间内或某一项工作中的表现予以赏罚。但应注意，此功不顶彼过，彼过不掩此功。只有这样，才能使赏罚真正发挥推动部下前进的作用。假若因过去有功，现在犯了错误也不惩罚，那只能使人躺在功劳簿上沉沦下去。反之，因为过去有错，现在立了功也不奖赏，也会使人感到没有奔头而泄气。

教职员工职务和地位的升降实际上属于广义的赏罚，而且是很重要的赏罚。所以，校长在识才用才上应当特别慎重，不能只看一时一事，而要看他的全部历史和全部工作，根据人才在各个时期、各项工作中的一贯表现，决定人才的使用。校长在用人问题上要坚持任人唯贤的原则，摒弃任人唯亲的错误思想。要全面、公正、客观地审视一个人，历史地看一个人，不要因一时做出了成绩就草率地委以重任，或偶尔出现了过失就一棍子打死，避免用人上的“一俊遮百丑”或“一丑遮百俊”现象。

（三）赏罚有度，以身作则

校长实施赏罚，既要考虑到学校的经济承受能力，又要考虑到员工的经济和心理承受能力。如根据教学成绩定赏罚，奖励金额太小，杯水车薪，起不到激励的作用；太大则以学校的经济能力无法兑现，或者即使能兑现却给学校造成沉重的经济压力。对教职员工的惩罚也要适度，过轻或过重都起不到应有的效果。如果重罚，会使教职员工在经济和心理上难以承受，使受罚者产生逆反心理和敌对情绪，这样会对工作造成消极影响。可见，滥赏滥罚实质是管理无度、领导无方。

校长要做到赏罚适度，就应依据学校的实际情况，在充分民主的基础上，制订出科学合理的奖惩措施，并严格执行，真正做到赏而不泛，罚而不滥。从而达到激励先进，鞭策后进，实现整体的提高。

校长要顺利实施赏罚，首先自己和学校领导层应以身作则，身体力行，模范遵守奖惩制度，给教职员工做出表率；其次，还要做到“赏，不忘士卒；罚，不避将帅”。也就是说，赏，不能只对上级不对下级；罚，不能只对下级不对上级。应该“官兵”一致，一视同仁。这样才能树立赏罚的公正性和严肃性，才能真正发挥赏罚的积极作用。

（四）赏罚要伴之以情

校长实施赏罚应建立在感情的基础上。离开感情的单纯赏罚，其教育、督促、激励的作用是微乎其微的。

所以，校长在对做出成绩的下属进行奖赏时，一定要表现出自己内心的高兴，使下属感到领导对自己的努力非常欣赏，领导对自己很器重并寄予厚望，这种奖赏就达到了目的。

（五）赏罚要坚持思想教育为主

毫无疑问，赏罚严明、公正对于规范行为、激励积极性有着非常重要的作用。但是，校长赏罚应以思想教育为基础，离开说服教育、放弃深入细致的思想教育工作的单纯的赏罚可能使受赏者不以为然，甚至还嫌赏得太少，使受罚者不思悔改，怨恨顿生。所以，校长只有把思想政治工作与赏罚紧密地结合起来，才会产生良好的效果。

总之，校长在执行赏罚制度时要注意方式方法，切不可把制度当成根治百病的灵丹妙药，动辄就制度从事，搞得人与人之间关系紧张，感情淡漠甚至对抗。

正确的做法应该是在执行制度的同时，说服教育工作和善后工作应及时跟进，使教职员工从内心深处真正理解和支持领导的管理行为，这也就是人们通常所说的刚柔相济。这样，赏罚才能达到既有制度的约束，又有全体教职员工的诚心支持和自觉遵守，相互补充，相得益彰。

习惯8

会理财

——开源节流两手抓，生财有道富学校

学校的经营与管理要求校长具备一定的理财知识。学校的财务问题事关重大，财务失控的状况不仅会给管理者的职业生涯带来负面影响，还会严重影响学校与社区的关系，削弱学校的公信力。校长将财务管理问题全盘委托给财务人员绝非明智之举，让自己成为会理财的一把手才是卓越校长的标志。校长要想经营、管理好学校，首先要有良好的理财习惯，做会理财的当家人。

一、"会理财"概述

教学工作是学校工作的中心，教育质量是学校的生命线，但全面衡量一所学校的办学水平，除了教学工作之外，学校经济工作也是重要组成部分。可以说，学校财务管理工作是学校各项工作正常运行的有力保障，是维护学校正常教育教学秩序的重要前提。所以，校长要想经营好学校，管理好学校，首先要有良好的理财习惯，做会理财的当家人。

学校的经营与管理要求校长具备一定的理财知识。学校财务问题事关重大，财务失控的状况不仅会给管理者的职业生涯带来负面影响，还会严重影响学校与社区的关系，削弱学校的公信力。作为一校之长，若将财务管理问题全盘委托给财务人员，绝非明智之举。让自己成为会理财的"一把手"才是卓越校长的标志。

（一）学校理财的常见问题

学校在理财上一般容易出现下面一些不规范的做法，值得校长们对照、借鉴。

1. 会计基础薄弱

①机构不健全，人员不稳定。由于教育经费集中统管后，学校取消了会计，转由会计核算中心代理会计业务，学校只设报账员，但报账员多数是"半路出家"，或由教师兼职。优秀的教师不一定是优秀的财务人员，他们大多会计基础薄弱，对财务制度不熟悉，理解不透彻。这是大多数小学甚至部分中学都存在的客观问题。学校没有人手，出纳、会计都是教师兼职，有财会人员干一个学期又调走了，又得换人，人手不够稳定。

②会计资料形式不规范，档案不完整。一些学校的会计凭证没有签名、没有装订，一大包散散乱乱的票据或用信封、牛皮袋子装着。账本抄写糊里

糊涂，丢三落四，很不规范，也不便保管，容易丢失。

③原始凭证的审核把关不严。对单据是否真实、合法、合规，一些财务人员和校长都心中没谱。什么单据才能入账，是大家最关心的问题之一。单据形式、内容不规范，手续不全，最大的隐患是遇到检查时，拿不出证据来说明问题，保护自己。

④公款私存。一些学校的公款虽然不多，但用教师个人的名字在信用社存放，这种做法是不规范的。

2. 对负债的登记核算不够规范

①未履行完整的审批手续。一些学校的新增负债很多，却都未经教育、财政部门审批，不符合财政、教育等有关部门的规定。各地区教育局都会制订相关中小学财务管理意见，规定举债多少以上应由地区主管教育系统的领导审批等。一些学校没有按规定及时申报基建工程或其他欠债项目，导致教育局也难以及时掌握新增欠债。

②赤字现象时有发生。收支不平衡，财务赤字已成了农村各中小学较为普遍的现象。尽管各级政府对学校的投入逐年增加，但仍然不能满足学校实际支出的需要。尤其是规模较小的边远学校，年年入不敷出，经常要借钱。

3. 财产管理制度不够健全

很多学校不能建立健全合格的固定资产账目。一所学校有这么多教学大楼、师生宿舍、场馆设施、教学仪器、设备、办公用品、交通车辆等，很难有完整的账目记录，一些学校更是连财产清单、登记簿都没有。如果发生丢失、损坏、报废的现象，责任就不清晰。

财产的安全性、完整性得不到保障，这是一个很普遍的问题。没入账的财产主要来自捐赠、政府划拨或施工单位带资建设。

财产管理不规范还有一个表现就是资料保管欠缺，重要合同、图纸、会计档案、权属证件不齐全。

4. 收费问题

教育收费一直是全社会最关心的、困扰着学校的热点问题。应该说，经过多年的教育改革、治理、检查，大面积乱收费的现象已经基本得到制止。虽然目前义务教育阶段已经免费，但学校收费还存在问题，一些学校的收费行为仍然不够规范：

一是超范围、超标准收费，如超过时间、年级范围收电脑学习费；二是学校、班级收费不开票；三是擅自代理校外单位个人推销一些学习用品，如复读机、口风琴、字典、学习资料等。

经常会有推销商跑到学校里通过班主任、科组长、教师推销。从法律角度看，教师代理学校外面单位或个人推销甚至赚点钱并不违法。但有一点应该明确，教师是有着特殊身份的人，对学生有特殊的影响力。这样做，弄不好就很容易损害学校、教师的形象。家长不会认为这是教师的个人行为，他们往往会认为这是学校的行为、校长的行为。

还有一点是，正规收费不履行正规的手续。如课外活动费本来是比较灵活的，它是按实收取的，只要学校实实在在按实际支出分摊收取并做到“事前沟通，事后公布”，学生和家长是不会有意见的，有意见也是可以解释清楚的。

还有一些收费不一定是违法的、不准收的，但由于收费不开票，或其他操作不规范，没有与学生家长充分沟通，就容易落得“乱收费”的名声。

5. 不按规定用途使用资金

这是校长在理财上一个比较关键的问题。上级拨下来的每一笔款都有规定的用途。但是一些学校没有严格按规定用途和进度使用资金。钱一到，很快就花光，有些钱还没弄清楚是什么款就已经花掉了。

别的事情花了不该花的钱，想办好的事情就没资金了，于是学校就借债，结果就导致恶性循环，收这学期的钱还上学期的债。

不按规定用途使用资金，实际上是挪用资金的问题，是严重的违纪违法问题。所以，会理财的校长不应给后任留下不必要的负债。

以上是学校在理财上会计基础工作不规范的问题。别看这些都是小事，但它的存在却为各种违纪违法行为提供了方便。出现这些问题不一定是校长的责任，但校长一定有责任，只有会理财的校长才能将上述问题轻松化解。

(二) 校长会理财的基本要求

1. 校长应学法、懂法，自觉依法理财

新《会计法》规定，单位负责人是单位会计工作的责任主体。校长对本校的会计工作是否依法进行负有法律责任。学校的理财工作不是校长懂不懂、重视不重视的问题，而是必须懂得、必须重视、必须守法的事情。

所以，校长应自觉学习，学懂、学透、深刻领会《会计法》的精神实质和各项规定的重要内涵，提高依法理财的能力和水平。

具体来说，校长应做到“四要”：一要明确自己该负哪些责任；二要明确如何履行法定职责；三要明确哪些行为属于违法；四要督促其他同事依法办事。

少数不会依法理财的校长一旦被发现问题，就一味批评财会人员，基本上是把责任推到财会人员头上，这是不对的。法律规定，单位领导应承担的责任包括：①对本单位会计工作和会计资料的真实性、完整性负责；②组织领导本单位会计机构人员依法进行核算，实施会计监督；③奖励忠于职守依法办事的会计人员，不得妨碍、打击、报复会计人员依法办事；④在本单位会计报表上签章，并保证会计报告的真实、完整；⑤组织本单位建立健全制度，防范、控制违法和舞弊；⑥保障财会机构、人员依法履行职责，不得授意、指使、强令会计机构、人员违法办事；⑦对会计人员反映的、会计无权处理的各种账目问题及时作出查处决定；⑧如实向有关检查监督部门提供有关资料和情况，不得拒绝、隐匿、谎报；⑨依法任用有资质的财会人员，并保障其后续教育。

2. 校长要努力提高依法理财的水平

作为校长，应熟悉《会计法》《税法》《合同法》《民法》等法律知识。校长要办的事情很多，没有时间去研究一些太具体的事，所以，在平时尤其是遇到问题需要解决时，不妨抽时间翻阅一下相关法规。

3. 校长要具备一定的会计业务知识

实行集中核算制度之后，中小学的会计的具体工作量减轻了许多，但是学校的各项理财工作任务没有减轻，反而显得更加重要。虽然校长不用亲自记账，但会计人员做出来的会计报表，校长应当看得懂，如资产负债表、收支表。

（三）校长在批单过程中应注意的事项

校长的当家理财工作简单地说包括三大方面：一是筹集资金；二是安排支出；三是财产和负债的管理。

随着预算体制改革的不断深入，学校经费保障模式发生了很大变化，教育经费的筹集将逐渐由政府全部承担；而对资产、负债的管理，对中小学来说是比较容易做好的，要杜绝账外资产、账外负债的问题也很容易做到。所以，对校长来说，理财的重点将逐渐转移到如何安排现有资金的支出方面。

学校的支出包括人员工资福利支出、办公费等公用支出、基本建设支出等几大类。这些项目大部分是相对固定的支出，比较容易把握。对校长来说，管理的重点在于一些容易失控的项目，如接待费等消费支出。

校长应对学校每个学期需要完成的任务、需要的经费做到心中有数。而每花一笔钱之前应有申请批准，之后有审核报销，这些应都在校长的控制范围之内。可以说，管住学校的支出，是管好学校的开始。所以，不管什么项目的支出都要经过校长的审批。校长批单，在学校理财工作中占有重要的位置。

换句话说，校长依法理财，相当大部分工作体现在批单方面。

1. 原始凭证的入账

学校各种经济收支都由一定的单据来记载。许多单据需要校长签字才能登记入账，这些单据，在会计学上称为原始凭证。

原始凭证，是指在经济业务事项发生或完成时填写的，用来证明经济业务事项已经发生或者完成，用来明确经济责任并用作记账原始依据的一种会计凭证，是进行会计核算的原始资料和重要依据。

学校的原始单据，简单地可以分为收入单据和支出单据；按来源分，可以分为外来单据和自制单据。大致有以下几种：①收款凭证，如各种拨款单、捐赠单据；②付款凭证，各种费用开支发票；③自制凭证，学校自制的单据，如工资表、支出证明单；④外来凭证，即各种发票。

校长理财应关心的一个问题就是到底什么单据可以入账，在理财上对单据的使用应比较谨慎，这是规范管理意识的体现。学校的收入按不同来源主要可分为：①上级拨款——不需要学校另外单独开具收据；②上下级结算——如教育局统一订资料、代收代付等业务，使用当地统一收款收据；③捐赠收入——捐赠专用收据；④其他收入——门店出租收入用完税发票，其他没有外来票据的就用自制票据。

一般遇到情况最多的是学校收到一笔钱，开出去的收据别人可能不接受。这一点，可以耐心解释，也可以让对方去咨询有关部门。

再来看支出单据，也就是付款时要向收款方索取的票据：

①上缴款项——当地的统一收款收据（罚款、交税例外）；②收费——行政事业性收费专用票据或有偿服务收费发票；③购买商品或劳务——完税发票；④内部支出——自制工资表、支出证明单；⑤农村地区的确无法取得正式发票的，可以灵活处理。

至于什么单据可以入账的问题，要把握好两个原则：

首先是内容真实原则，即保证支出是真实的、没有任何虚构的。

其次是形式规范原则，尽量按规定取得票据。这里的“尽量”，主要是针对农村地区，在的确无法获取发票时，不要盲目追求发票而弄虚作假，这样容易弄巧成拙。

日常工作中，不是每一笔支出都能顺利地取得满意的票据。在没办法取得票据的情况下，校长可以灵活处理以下两种情况：

一是农村地区的客观实际，只能以真实的普通收据替代，如饭堂向农户购买小额的农产品，实事求是入账即可。

二是慰问、奖励性质的部分集体福利性质的支出。如慰问老干部、病号，慰问品应取得发票，但慰问金可以自制票据报账。再如先进奖励、晚会抽奖等，能签名的可造表让领款人签名。这些支出，只要经班子集体讨论，相关经手人签名证明，即可以自制票据入账。

2. 单据审核注意事项

审核单据的具体工作有财会和相关人员进行，但校长也要掌握单据审核的要点。一是明确单据审核的方法、内容；二是带头遵守财经纪律；三是要善于听取和把握财会人员的审核意见。一张完整的原始凭证，应具备以下基本内容：

①原始凭证的名称。标明原始凭证所记录的业务内容的种类，反映原始凭证的用途，如发货单、入库单等。

②原始凭证填制日期。一般应是经济业务事项发生或完成的日期。

③填制原始凭证的单位名称或填制人姓名。

④有关经办人员的签名或盖章。这是明确经济责任的依据。

⑤抬头。接受原始凭证的单位名称或个人姓名。

⑥所发生的经济业务事项的基本内容。主要是表明经济业务事项的项

目、名称及有关的附注说明。经济业务事项的单价、数量和金额，主要表明经济业务事项的计量，这是原始凭证的核心内容。

⑦外来原始凭证必须盖有填制单位的公章。

⑧自制原始凭证必须有经办单位的负责人或单位负责人指定的人员的签名或盖章。

⑨购买实物的原始凭证必须有验收证明等。

校长、会计机构、会计人员对送交的原始凭证必须进行审核，这是一项法定职责。对原始凭证主要应当从以下几个方面进行审核：

①审核原始凭证所记载的经济业务是否正常，判断是否正确，涉及业务发生的日期、季节、经办负责人员、数量和单位、业务的程序和手续等是否符合要求等。

②合法性、合规性、合理性审核。主要审核凭证中所反映的经济业务的内容是否符合国家的有关政策、法令、制度、计划、预算和合同等的规定，是否符合审批权限和手续，以及是否符合节约原则等。

③完整性审核。主要审核原始凭证的手续是否完备，应填项目是否填写齐全，有关经办人员是否都已签名或盖章，主管人员是否审批同意等。

④正确性审核。主要审核原始凭证的摘要和数字是否填写清楚、正确，数量、单价、金额的计算有无差错，大写与小写金额是否相符等。

对审核结果的处理应做到：

①对不真实、不合法的原始凭证不予受理，查明原因，追究当事人的责任。

②对不准确、不完整的原始凭证予以退回，并要求经办人员按照国家统一的会计制度的规定进行更正、补充。

（四）会理财的重要意义

如今，国民经济有了突破性的发展，经济体制和政治体制改革如火如荼，学校也应紧跟时代，转变观念，进入以经济建设为中心的大潮中。学校的经济管理、理财措施已经对学校产生了重大影响，对学校的发展起到了至关重要的作用。作为校长，不能不对学校理财的意义重视起来。只有重视它，才能从观念上加以改变，带领学校步入高速发展的轨道。

1. 会理财可以转变管理模式

随着经济体制改革，原有的管理模式已不能适应新形势的要求，特别是理财模式更需要有大的转变。国家对学校的投入虽逐年加大，但学校要发展，自身的理财能力还是占主导地位。学校的资金来源不断多元化，资金运用呈现多方位。作为校长，如果不转变观念，不求实创新，只是被动执行有关政策，必然会落后，甚至会被淘汰。

所以，只有校长会理财，才能使学校的管理由原来的事业管理模式向经营管理模式转变，在激烈的竞争中求得发展，壮大办学实力，扩大招生规模，创造更好的社会效益和经济效益。

2. 实现理财管理制度的转变

会理财的校长善于在国家财经制度规定的范围内，根据本校的具体情况制订有利于学校发展的、有利于调动利益关系单位和学校内部有关部门积极性的理财管理制度，进行制度创新。这种管理制度必然是将学校本身的发展与国家的方针、政策密切结合，从经营理念出发，变被动为主动。

各个学校情况不同，所处的内部环境和外部环境不同。校长在具体制订理财制度时，应因地制宜，因时、因观念加以制订相对稳定的理财措施，但要有发展的空间。具体制订什么样的理财管理制度，如何处理各种财务关系，需要根据本校的具体情况确定，应实事求是地分析本校的具体情况，不能脱离实际。

3. 可以让财务关系由单一走向多元化

在传统管理模式下，学校对外的财务关系比较单一，主要是处理与国家教育分管部门或上级分管部门的财政拨款的关系和严格执行预算的关系。学校内部的财务关系是内部各部门按学校制订的财务制度、预算资金的分配指标使用的资金预算的执行关系。而在新的理财管理模式条件下，学校内外部的环境发生了根本性的变化，财务关系越来越复杂，学校筹资渠道变得多元化。

所以，会理财的校长应对外部利益关系进行分析，妥善处理各种关系，对投资者、债权人、债务人、捐赠人、提供资源者等要根据具体情况进行分析，充分调动他们的积极性。还要让学校财会工作者当好参谋，提供准确、高质量的财会信息。动员一切可以动员的社会力量，广泛筹集资金，为学校的发展提供资金保障。

4. 扩大学校办学的资金渠道

虽然学校基本还属国家事业单位，所需教育经费大多数是国家财政拨款，但改革开放以来，特别是市场体制的确定，学校的建设和发展速度之快是惊人的，学校已逐渐向社会自主办学的实体转变。所以，学校要发展壮大，除了依靠国家的方针政策、法律、法规等方面的保障外，资金问题已经成了制约学校发展的关键。教育事业已经成为了一种产业。

由此，会理财的校长懂得更新观念，多渠道筹集资金，扩大办学规模，提高办学的效益和质量。就目前的实际情况来看，学校办学资金的来源主要有：财政拨款、税收减免、校办产业收入、社会捐款集资、教育基金、科研经费、教育贷款、银行存款收入、对外投资取得的收益等。校长会理财，学校就能不断拓展资金渠道，将学校的基础设施搞好，改善办学条件，优化环境，扩大规模。

5. 合理调度资金，提高资金的使用率

校长会理财，学校就能更合理地调度资金，确定债权债务范畴。学校从各个渠道得到的资金，原则上应统一安排使用，需要根据发展制订比较详细的资金预算，保证重点项目的资金。

会理财可以加强学校的财务支出控制，严格“节流”，对各项财务指标进行细化分解，包括到人到事，确保不超预算，在保证教学质量的前提下，通过“省”和“挤”，全面降低各项成本开支，从而达到节省资金的目的。

加强学校财经管理，切实做到依法理财、会理财，有许多工作需要校长去做，有许多问题和技巧值得校长去研究和探讨。以上只是学校在理财方面的一些基本常识，会理财的校长还应是一个善于经营的人。

说起“经营”，人们一般都会将其与企业联系到一起，学校好像与这个词根本就不沾边，因为他们认为学校不像企业需要赢利，需要的是管理，校长只要有管理水平就可以了。下面就来看一看名校长都是如何理财和经营的。

二、名校长与“会理财”

（一）依法理财堵漏洞，顺应民心“上”台阶

陈文龙自2000年12月调入余杭区乔司镇中学任校长之初，就发现部分中层教师不守财务纪律，随意在校门口商店购买香烟、教学用品。这些教师每次购买都不付钱，而是签字赊账，年终由商店统一向学校结算。虽然每笔钱款数目不大，但到年终结算，数目也不小，何况这些“漏洞”也违反了学校财务制度和纪律。其他教师对学校管理的不规范早看在眼里，怨在心里。

上任前，他也曾听说过这所学校的教师写举报信反映情况的事件；在刚任校长时，也有不少教师向他反映过学校校务不公开、财务管理不规范、管理不民主等问题。

面对这种状况，作为新任校长，他既深感责任重大，又疑虑重重。首先是要不要烧这把“火”的问题。如果不烧这把“火”，睁一只眼，闭一只眼，那既得利益者还是跟以往一样继续得利，新校长与原有的行政班子就你好、我好、大家好，与行政班子所谓的“融合”就快一些，人为的阻力和麻烦就少一些；但对教师怎么交代，对上级领导怎么交代，如何对得起社会，如何对得起这所学校呢？他陷入了沉思。

此时，他想到了初到学校上任时教师期盼的眼神、热烈的掌声；他想到了局领导与他谈话时所给予的信任和嘱托；他更想到了自己身为一名党员，作为学校的法人代表，应该肩负起使命，承担起这份责任。“烧，这把‘火’一定要烧。”在与工会教师商议时，他狠狠地拍了一下桌子说道。“那这把‘火’怎样烧，烧‘小火’还是‘大火’？”即将退休的工会教师老李很中肯地提出了这个问题。

怎么烧，从哪里入手，这确实是十分棘手的问题。还有，是烧“小火”还是烧“大火”，工会老师纷纷发表自己的意见和建议。他深知决心烧依法理财这把“火”需要勇气，怎么推行依法理财更需要智慧。“火”烧小了，教师是否会理解和认同，会不会被人误解为同流货色、表面功夫、流于形

式？烧大了，如果烧到既得利益者的痛处，那会不会引火烧身、自陷泥潭呢？“火”如果乱烧，处理不当，会不会引发学校不稳定，导致好心办坏事、难以收拾局面呢？

在他上任前局领导找他谈话，希望他到乔司镇中学有所作为，建议他推动依法治校、民主管理和校务公开。他心里也很清楚，领导期望很高，但阻力很大，困难重重。经过与工会、党支部、教代会代表的多次协商交流，他决定定期召开教代会，选举“校务公开小组”“清账理财小组”和“膳管组”成员，并建立了《学校校务公开章程》《学校校务公开工作实施细则》《清账理财小组工作实施意见》《膳管组工作实施意见》等各项制度。他想从民主监督管理，特别是校务公开入手，去烧这把“火”。

推行依法治校，可借鉴的经验不多，真可谓是“摸着石头过河”。庆幸的是开展校务公开、清账理财和膳管组工作得到了教代会代表的大力支持，得到了大部分教师的支持。教代会定期召开了，制度一个个完善了，提案一个个送上来了，教师关切的部分问题一个个解决了；校务公开小组也行动起来了，通过公开栏公开校务状况；清账理财小组也行动起来了，每月坚持清账理财，定期公布学校的账目；膳管组也行动起来了，每月参与食堂物品的采购，监督食品卫生，审查各种单据或凭证，提出改善建议等。

在财务制度上，学校制订了《学校财务制度》《财务监督制度》《小型工程和维修工程管理办法》等。学校所购物品还采取以下步骤：部门申请——办公会议商讨——校长签字同意——购买物品——发票由校长签字——发票报销——清账理财监督——发票入账。在他的带领下，学校教师乱购物、乱签字、乱赊账的“三乱”现象消失了。

管理制度的健全，民主监督机制的建立，给学校带来一股新风，陈校长赢得了领导、师生、家长和社会的信任和支持。

学校还承办了余杭区校务公开交流会，获得“余杭区厂（事）务公开先进单位”“区校务公开先进学校”的称号，乐清市、临安市教育局及工会，海宁市许巷中学，富阳市郁达夫中学等十多家单位来校考察交流，学校成为余杭区校务公开的窗口学校。

乔司镇中学因开展校务公开活动名气越来越大，背后的风言风语也越来越多。“陈文龙就想出名，出风头！”“校务公开对他有啥好处？”“表面功夫倒做得蛮好的……”讽刺、挖苦、流言一股脑儿往他耳朵里钻。对这些风言风语，陈校长是有所预料的，也是有所准备的。“要做就做到底，大不了不当校长。”面对流言蜚语，他坚决地说。

学校推行依法治校和校务公开的举措不仅得到了教职工的拥护和支持，也得到了上级领导的肯定和鼓励。2008 年 10 月，省教育纪工委书记赵关君、市教育局纪工委书记张志飞等领导同志来到乔司镇中学了解基层学校财务收费的执行情况。听了学校的汇报后，赵书记由衷地说：“看到这样的学校，我的心轻松多了。”

校风廉洁了，人心顺了。几年里，学校培养出市区教坛新秀 13 人，区骨干教师 20 名，高级教师 14 人，校本培训年年被评为优秀，学校成为区校本培训的基地学校，语文、数学、英语教研组被评为区优秀教研组。更为可喜的是，学校的办学质量逐年提升，近三年，学校的教学质量位列区农村初中前三名。

随着我国教育事业改革的不断深化，中小学校规模都在不断扩大，财务工作的地位与作用日益突出，财务监督管理工作的难度也随之增加。加强和完善中小学校财务管理体制对于提高学校的总体管理水平具有至关重要的作用。目前，中小学校在财务监管上采取了财务工作责任化、财务管理制度化、内部监管自觉化等措施，取得了一些成效，但依然存在着一些诸如上述案例中的不可忽视且亟待解决的漏洞，校长应像陈文龙校长那样，下大力气顺民心，严格依法加强管理，以防千里之堤溃于蚁穴。

为此，校长要加强财务管理知识的学习，提高财务管理的意识，用法制武装头脑，严格控制财务支出，堵塞一切漏洞。

堵塞学校的财务管理漏洞是校长“会理财”的重要表现形式之一。即便是小漏洞长此以往也会酿成大问题，轻则造成学校财产流失、被人侵占，重则会激化矛盾，让广大教职工怨声载道。因此校长必须予以格外注意。

（二）以身作则，做廉洁、节俭的楷模

处事要公，公生明；律己要廉，廉生威。陈文龙校长深知，品行正才是校长有效管理财务的保证。抓财务管理，关键是看领导干部，特别是校长的作风。多年来他始终牢记党的宗旨，自觉抵制拜金主义、享乐主义等不良思想的侵蚀，努力做到自重、自省、自警、自励、清正、廉洁，在思想上、行

动上和工作生活中筑牢拒腐防变的思想长城。

学校每年假期几乎都有校园维修和设施添置任务，如教学楼改造、塑胶操场建设、食堂改造和设备更新、校园墙面维修、多媒体设备购置等，这也是最容易滋生问题的环节。身为一校之长，陈文龙同志身体力行，严格自律，自觉抵制各种不正之风的影响。在历年基建维修招投标、质量监督、工程验收过程中，他始终坚持公正公开，严格按政策办事，从不殉私情，从不接受施工方的宴请，从不接受当事人任何形式的礼品。

在学校改造加固教学楼和建设塑胶操场前，许多公司老板通过一定渠道找到他要求承包工程，尽管他们的建筑公司证照齐全，具备施工资质，但都被陈文龙校长告知："欢迎你来参加工程投标。"每次暑期校园维修和工程建设，学校师生均已放假，虽有后勤老师监督维修和工程建设，但陈校长几乎每天到校，唯恐有闪失，他告诫后勤老师："旧教学楼改造，涉及学生生命安全，不可掉以轻心啊！"在他的带领下，全校师生始终牢记：千里之堤溃于蚁穴，生命之舟覆于疏忽，安全责任重于泰山。

随着区教育局和镇政府对农村教育的重视，教育经费投入也逐年加大，陈校长时常告诫行政领导和总务后勤部门的老师："电灯要及时关，水龙头要拧紧……该花的要舍得花，不该花的一分不花，能省的就省。"

有一次，他布置任务给一位中层教师，这位教师随手从打印机中抽出一张白纸想做记录，陈校长急忙制止，要这位教师拿出笔记本或便笺记录，并说："便笺纸要便宜些。"陈文龙校长厉行节约，勤俭办学，他是这样说的，也是这样做的。每次他外出开会办事，总是自掏腰包，十多年来从没向学校报销过一次出差费；每次学校要加班，总有他的身影，但他十多年来从没领过一分加班费。

近年来，随着办学规模的不断扩大，学校几乎年年有新教师招聘。新教师招聘的笔试虽然由区教育局严格把关，但学校在试教和面试部分自主权很大。为了学校的持续、健康发展，为了招揽更优秀的人才进入学校，他将新教师招聘工作托付给了一位副校长，再三强调招聘的原则：公开公平公正、不打"糊涂分"、不打"人情分"。在招聘期间，他关掉手机，拒接与公事无关的电话；谢绝不办公事的亲戚、朋友、领导、同事登门拜访。有一次实在顶不住了，他就向学校请了病假，外出躲了一两天。事后，有个朋友说了一句气话："陈校长有棱有角，真不讲情面，见个面都难。"是的，他就是这么一个“有棱有角”的人，但学校招聘来的新老师个个优秀，有的担任了团总支书记，有的担任了班主任，有的教出了全校中考最高分的学生。他无愧于良知，无愧于学校。

其身正，不令而行。陈文龙以他清正廉洁的自觉行动为干部教师做出了表率，促进了全校廉洁奉公风气的形成。

打铁还需自身硬。一个好校长就是一所好学校，而会理财的校长首先应该是一位像陈文龙校长那样刚正清廉、拒腐蚀的校长。

目前，我国中小学实行校长负责制，校长集教学权、财务权、人事权于一身，如果自身不清廉，有贪心，就很容易把学校的财务管理搞得一团糟，不但不会理好财，还很容易蜕变成侵蚀学校财务的“蛀虫”。

因此，在物质、金钱等好处面前，校长要保持高度的清醒，要时刻敲响法律的警钟，用一颗高尚的心为学校守住财，而不是中饱私囊、以权谋私。要用从小处着眼，在节约上下功夫，不让金钱白白流走。

三、如何做“会理财”的校长

有一些校长会说：“不是我们不想搞素质教育，实在是因为我们学校的条件太差了！”“条件差，底子薄”似乎成了一些校长拒绝素质教育的“挡箭牌”。

从陈文龙校长的会理财懂经营可以看出，校长不仅要是一个教育教学改革的先行者，还应是一个在市场经济大潮中的勇敢搏击者，不但要大胆地进行教育教学改革，也要用智慧筹措学校发展必须的教育资金。

做个像陈文龙一样会理财懂经营的校长，可以从以下几方面进行。

（一）建立健全监督制度

建立健全学校内部监督制度，是依法理财、加强管理的基本要求。学校“麻雀虽小，五脏俱全”，制度建设没有单位大小之分。为了达到依法理财的目的，校长应在以下几方面建立健全相关制度：

（1）明确会计事务相关人员的职责权限。出纳、会计、记账人员与审批人、经办人、保管人的职权应明确，相互分离，相互制约。

（2）明确重大经济事项的决策和执行程序。重大经济事项包括资产处置、资金调度、重大投资的决策和执行分开，既在校长的领导下进行，反过来又加强了对校长权利的监督。

（3）进行财产清查。学校必须建立账实核查制度，保证账实相符、账款相符、账账相符、账表相符。财产清查既是加强学校财产物资管理的一项重要制度，也是会计核算中的一项重要制度。具体的组织方式包括定期或不定期清查、全面或部分清查，目的是保证账实相符，及时发现问题，分清责任。

（4）对会计资料进行内部审计。审计主体是教育局内审机构；审计内容主要包括学校财务收支的真实、合法性，资源利用是否合理、有效，校长任期的经济责任审计。

（5）加强对印章的管理。

（6）规范会计档案的保管，不丢失，尤其不故意损毁。妥善保管和处置会计档案是保护单位和当事人合法利益的基本措施。

（二）建立健全会计机构

《会计法》规定各单位必须配备专门人员。出纳、会计人员持证上岗，必须有会计证。保持财会工作人员的稳定性，不要一个学期换一个人。财会人员要坚持参加后续教育培训，加强自我学习。

1. 严格贯彻会计基础工作规范

会计基础资料是记载经济活动内容真实、合法、完整的凭据，其内容必须符合规范要求。会计资料形式要规范、统一、美观，按规定该签名的签名、该装订保管的装订保管。

2. 积极清理账外资产、账外负债

对固定资产进行分类登记。积极清收借出款项，确实无法收回的也要办理催收手续，超过两年失去时效的就会形成坏账。

还要防止校外资产流失，主要是土地和房屋，容易引起权属争议。

要如实反映账外负债，及时化解潜在风险。账外负债由于比较隐蔽，报表上没反映，校长容易忽略，有些是前任校长留下来的。欠债还不清，矛盾就容易爆发。这里要解决好几个问题：

第一，教育局及各级学校都要进一步完善举债审批制度，所有工程项目必须严格申报、审批、预结算审查制度，杜绝口头请示代替规范手续。各校长要主动向教育局报告工程建设情况。

第二，量力而行，科学发展。这针对的是领导的政绩观，是一个科学发展观的问题。没有能力或者不急着上马的项目就不要去攀比。

第三，要积极反映问题，汇报困难。

第四，分清责任，理顺关系。包括理顺政府与学校的关系。

校长对资产、负债进行清理之后，查实的欠债和形成的财产必须由相关人员严格按照相关制度的规定登记入账，做好相关资料归档。

3. 妥善解决教师集资、借款问题

乱集资是违法行为。现在的学校基本没有集资了，但借款并支付利息的情况还有存在。向个人借款约定利率不得超过银行同期规定的 4 倍，不得按复利计息。

4. 取信于民，杜绝乱收费

免费教育不等于没有任何收费。大部分收费引发的问题主要是因为操作不够规范引起的误解。真正做到“取信于民”，跟家长充分沟通，再加上学校管理的日趋公开和规范，很多矛盾可以迎刃而解。

5. 大胆维护学校的合法权益

基层中小学处在农村地区，同当地镇政府、村委会等组织关系比较密切。同时，办学是大家比较关注的事情，农村学校除了搞好教学工作，还要协调一些关系。某地曾经出现这样的事例，村民怀疑校长有经济问题，于是村委就组织人手对学校进行查账，后来事件失控，学校账目被人复印得“满天飞”，学校工作限于被动。这个件事留给下两点教训：

一是会计资料属于单位秘密，不能随便让人查阅、复印。

二是学校要善于维护自己的合法权益。

按照现行法律法规规定，有权检查学校账目的部门主要包括教育、财政主管部门，物价部门（收费），税务部门（纳税）以及审计机关，纪检监察机关和司法机关。

遇到有关部门来学校检查，学校要看这些部门有没有履行必要的程序和手续。如审计局来审计一般是要提前三天通知学校的。

最好的维权方法是切实配合检查，依法如实提供资料，遇到困难及时讲清情况，争取理解和支持。学校有权这样做：

一是依法审查外来监督机构、人员的资格和手续。

二是认真核对检查底稿，恰当行使保留沉默的权利。

三是对侵害本学校利益的行为的阻止和申诉。

四是受到不公平处理、处罚的，要在规定的时间内提出复议。

（三）具备新形势下的理财新观念

随着预算改革不断深入，国务院、省政府在深化义务教育经费保障机制改革方面不断推出新政策，新规定。目的是用预算手段来约束和规范中小学校的办学行为，提高办学水平和资金使用效益。随着义务教育经费保障改革机制的深入推进和实施，学校的财务管理内容和方式可能有所改变，但学校财务管理主体责任和法律地位并没有改变，甚至责任越来越重。

各级政府的新政策不断出台，都与学校的理财工作息息相关，直接向校长提出一个又一个新问题，怎样管好学校这盘经济账，需要校长积极思考和探讨。

1. 预算的意义

学校预算是指中小学根据教育事业发展计划和任务编制的年度财务收支计划，反映了教育事业的发展计划和发展规模，反映了中小学对教育经费的需求，是中小学财务工作的基本依据。

中小学预算是教育部门预算的基础，是政府预算的重要组成部分。学校预算包括收入预算和支出预算：收入预算包括财政补助收入、事业收入、勤工俭学收入和其他收入；支出预算包括基本支出和项目支出。

2. 新形势要求校长转变理财观念

第一要提高认识，统一思想。认清建立义务教育经费保障机制工作的重要意义，强化预算约束意识。

第二要明确任务，把握政策。深入落实义务教育经费保障机制的各项改革工作，严格按照预算办理收支。

第三要以建立经费保障新机制为契机，强化学校管理，全面提高义务教育质量。

3. 校长应熟悉经费保障改革的基本内容

学校经费保障机制改革的主要内容主要包括：

①全面实施免费义务教育，完善对贫困家庭学生免费提供教科书和生活费补助政策；②建立义务教育阶段中小学公用经费保障机制；③建立义务教育阶段中小学校舍维修改造的长效机制；④巩固和完善义务教育阶段中小学教师工资保障机制。

义务教育阶段，学校实行部门预算，是将各项收支全部纳入预算管理。所以，应建立完善配套改革政策，加强资金管理。

4. 合理编制学校预算

重点做好以下几方面工作：

一要摸清家底。对学校现有资产、编制、实有人数和在校学生等基本情况进行全面清查，确定基本数据。

二要测算收入。根据学校基本数据、拨款标准、校舍现状和上一年度学校收入等情况，测算本年度学校的各项收入。

三要根据各项经费开支标准和学校事业发展计划，测算学校人员开支、日常公用开支和重大专项开支等各项支出，保证学校的每笔开支有根据、有来源、有保障、有效益、有监督。

四要明确中小学预算编制范围。中小学预算以财务独立核算的学校为基本预算编制单位，村小（含教学点）纳入其所隶属的中心学校统一代为编制。

五要完善和细化中小学预算内容。

六要要将教师工资、津贴补贴、公用经费、校舍建设和维修改造、资助家庭经济困难学生等各项资金全部纳入学校预算，做到完整准确，公开透明。

七要细化中小学校公用经费支出预算。校长要了解一下财政和教育部门的要求。

八要据实做好中小学校舍建设和维修改造经费预算。这虽然是财政、教育主管部门的任务，但需要各学校密切配合提供数据。学校校舍建设和维修改造要实行项目管理，按照建设进度及时拨付经费。

九要加强中心小学公用经费管理。中心小学不得平调、挤占、挪用所属完全小学和教学点的公用经费。

（四）面对现实，主动作为

面对恶劣的教学环境，校长应看在眼里，急在心上，但不能坐在学校干着急，而是要面对这些现实，主动出击，想办法筹钱。

谋划学校的发展应成为校长的一种自觉行为，理财要做到“不需扬鞭自奋蹄”，做一般人难以做到的创新。校长不仅要用自己的智慧经营学校，而且要用心来经营学校。

如前面案例中的韩珍德校长，如果他也像有些校长那样，一味地哀叹没钱，然后“等、靠、要”，估计向阳小学的师生恐怕至今也不会有一间像样的活动室，更不可能成为全国很多学校参观、学习的楷模。

所以，会理财的校长是不会满足于现状、自怨自艾的，否则永远也无法让学校得到长足发展。

（五）创新经营理念，提升理财意识

一些校长还缺乏理财、经营的理念，总认为校长的职责就是抓教育、教学，与此无关的都是不务正业。不错，如果是百年名校，硬件设备、教学设备、师资力量都是一流的，用不着为钱发愁，政府拨款、社会赞助就会主动找上门来，但这些学校毕竟是少数，更多的还是像向阳小学这样缺乏资金的农村学校。这时如果校长没有理财意识，没有经营理念，怎么让学校得到发展？

“思想有多远，我们就能走多远；思想有多大，我们的舞台和天地就有多大。”只有像韩珍德校长那样具有超前的理财意识和创新的经营理念，并对此有深刻的理解，才能不断为学校筹措到资金，使学校得到不断发展。

可见，校长会理财不仅仅是会筹措资金，还应懂得相应的经济学、会计学知识，做一个懂“经营”之道的人。作为一校之长，是坐等投入充足之日的光临，让教育踟蹰不前；还是主动积极地筹措资金，使教育在快车道上疾驶？这无疑是摆在众多校长面前的一个考验性抉择。“课改看杜郎，经营学向阳。”韩珍德校长迎难而上的精神为广大学校，尤其是农村学校的发展壮大提供了宝贵的理财经验。

习惯9 谋创新

——思路领出路，创新促高效

学校作为科教兴国、人才强国的力量保障和促进国家民族发展的加速器，其创新发展在国家创新体系中占据特殊的地位。校长作为学校的管理者，是带领一所学校完成使命和实现目标的关键性人物，其在学校创新中扮演的角色及作用发挥如何很大程度上影响甚至决定着学校创新发展的成就。校长应同时从制度方面和实践方面为创新提供平台。

一、“谋创新”概述

创新是人类在各种类型的创造性活动中凭借个性品质的支持，利用已有的知识和经验进行界定和判断，新颖而独特地提出问题、解决问题，生发出有价值的新概念、新思想、新现象、新解释、新进展、新理论、新规律等。这一基本界定也适用于对学校创新含义的理解。

从本质上讲，学校的创新与其他领域的创新活动都有两个基本特点，即探索未知领域，获得创新性成果。学校创新从宏观角度分析，包括观念创新、制度创新和实践创新三个层面。依据人们对学校基本职能的一般理解和把握，又可对学校创新做出另一形式的分类，即人才培养的创新、科学研究的创新和服务社会的创新。这样，同时从两个维度就可以获得对学校创新活动的外延及结构较为全面和立体的把握。

随着人类社会进入知识经济时代，科技进步日新月异，知识的创新速度和对知识的应用能力成为重塑世界经济格局的决定性因素。学校作为实现科教兴国、人才强国的力量保障和促进国家民族发展的加速器，其创新发展在国家创新体系中占据特殊重要的地位。校长作为学校的最高行政领导，是带领一所学校完成使命和实现目标的关键性人物，其在学校创新中扮演的角色及作用发挥如何，在很大程度上影响甚至决定着学校创新发展的成效。

（一）校长谋创新的四个方面内涵

教育的发展离不开创新，学校的发展需要校长的引领。创新，可以说是教育的最高境界。校长处于学校管理系统的核心地位、领导地位和决策地位，其创新意识和创新能力的高低，事关教育改革的成败。校长的办学思想、管理风格决定着学校的办学方向。所以，应力争做一名创新型校长，把学校办成一所独具特色的学校，让“为社会培养创新型的人才”成为自己的理想和追求。

1. 教育观念上的创新

校长的教育思想、教育观直接影响着学校的办学方向。校长在教育观念上的创新主要表现在以下几个方面：

首先，应切实“转变那些妨碍学生创新精神和创新能力发展的教育观念、教育模式，特别是由教师单向灌输知识、以考试分数作为衡量教育成果的唯一标准以及过于呆板的教育制度”。

其次，要树立新的教育质量观。要把培养适合“面向现代化，面向世界，面向未来”要求的高质量创新型人才作为学校的首要任务；把提高学生的素质、培养学生的终身学习和发展能力作为教学的基本质量要求。

第三，校长要把重视学生智力开发、能力培养和良好的个性心理品质作为教育教学的主要方式和方法，变传统的传授式学习为探究讨论式学习，变单一的课本知识继承为综合性的能力培养、特长发展，使学生融苦学、乐学、活学、会学为一体。

2. 管理机制上的创新

管理机制上的创新需要校长大胆解放思想，在管理机制中注入创新活力。

首先，在人的管理问题上要真正做到“活起来”，建立健全“能者上，庸者让”“多劳多得，优劳优酬”的用人机制。

其次，在教学常规管理中，校长要突破传统的课程设置、课时安排，创建一个适应学生自主发展的空间。具体的做法是，在开好必修课的基础上，根据学生身心发展的需要，适当开设一些选修课、特色课、心理健康教育课等；还时间于学生，引导他们发展兴趣，发展特长；要积极组织一些丰富多彩的活动，让学生身体力行、动手动脑，培养学生的分析能力、生存能力和动手能力等。

第三，在学校的物业管理上，校长要舍得投资，挖掘潜力，努力为学生的发展提供条件。要扩大图书馆、实验室、文体场馆的功能和开放活动时间，鼓励学生在其间一展身手。

3. 教学技术装备上的创新

先进的教学技术装备是培养学生创新意识和创新精神的必备物质条件。先进的现代化教学手段，本身就是创新的产物，它对学生有极大的吸引力。

它不仅能准确地说明原理，而且省时省力，形象逼真，能激发学生去探究、发现、创造。

所以，善于谋创新的校长要站在一定的高度来考虑这个问题。应认识到那种单靠“一支笔、一张嘴、一块黑板”的教学模式已经不适应现代教育的需要，要下决心，加大现代化教育技术装备的投入力度。

当然，要做到一步到位或达到某种标准对一些学校来说还是比较困难的，但作为校长，一是要有紧迫感；二是要积极采取措施予以逐步实施；三是要有师资准备，这一点是至关重要的。有些学校买了不少电脑，却因无人会操作而束之高阁或装潢门面，这是校长谋创新时应极力避免的教训。

教育部提出，“在中小学教师继续教育中要特别强调现代教育技术的培训和应用，把计算机知识、技能和辅助教学的培训作为实现全员培训目标的突破口，提高教师获取信息、获取知识、接受新技术、新方法的能力”。作为校长，一定要抓住这个机遇，乘势而上，从而为全面推行现代化教学技术准备人才。

4. 校长要善于在学习和实践中创新

创新教育对校长的管理能力提出了更高的要求。在现代信息瞬息万变的形势下，校长要善于学习，在学习中谋创新。

校长首先要珍惜各级各类培训学习机会，学习和掌握新的教育管理思想、教育管理方法，当前还要特别学习和掌握计算机的使用知识和技能，学会使用信息网络。同时要千方百计地挤时间随时随地关注各地（包括国外）的先进教育思想和管理经验，关注科学事业上的最新发现和发明，关注社会各界对人才的需求和标准。学习可以使校长时刻保持清醒的头脑，保持进步、创新的态势。

另外，校长还要敢于实践，并在实践中不断创新。实践是检验真理的唯一标准，校长只有通过实践才能把先进的管理思想付诸实施，才能真正掌握规律，认识规律，提高自己。

学校的主要实践环节是教学，所以校长的主要实践阵地就在教学第一线。校长只有深入教学中去，才能了解学生获取知识、发展能力的规律，了解德智体美在学科教学中的联系，了解教材内容、课程设置与学生创新意识和创新精神的关系，了解教师在培养创新人才中的作用。

校长也只有在上述基础上，才能提出符合学校实际的创新管理思想和策略，才能进一步转变观念，掌握规律推动新的教学实践。校长只有通过学习、消化、实践，再学习、再消化、再实践，才能不断把学校管理推向新的科学轨道，不断为国家培养更多更好的具有创新意识和创新精神的人才，这是作为校长应承担的责任。

(二) 谋创新对校长的素质要求

过去人们一般认为校长要创新应该具备四种基本素质，即一定的学术造诣、教育管理经验、社会政治活动能力和经营才能，但如今的创新活动则对校长的素质提出了新的要求，要求他们成为创新型的校长。这一要求可以简单概括为四种素质或能力，即战略家的思维能力、管理家的协调能力、活动家的交流能力、教育专家的创新能力。

1. 战略家的思维能力

作为领导学校创新的最高行政领导和学术核心组织者，校长应具备战略家的眼光和气魄，具有战略的思维以及敏锐的感受力，善于掌握信息、捕捉信息、分析信息，洞察国家与社会发展的时势变化，准确把握学校发展的历史脉搏，正确判断，及时决策，把握机遇，充分利用有利时机和条件创新和发展学校。

做到以上这些，校长要善于从纷繁复杂的事物中发现主要问题以及解决问题的方法，善于从宏观层面上把握问题，分清工作的主次轻重，抓住学科、教学、科研等学校创新的主线，集中精力抓大事、干成大事。

2. 管理家的协调能力

校长谋创新时，要善于认识当前面临的问题和选择合理、有效的途径，能招揽人才、凝聚人心，并充分调动学校的人、财、物，发挥广大师生员工创业、创造的主观能动性，团结一致推动学校的学科建设、教学与科研等重点创新工程，并能不断推进学校内部的管理创新，理顺关系，保证各单位和部门的正常高效运转。

3. 具备活动家的交流能力

如今的学校是一个开放的社会系统，顺畅的信息沟通有利于学校的创新发展。所以，作为校长，应成为学校学术交流和公共交往的代表，具备较强的对内、对外的交流与交往能力。要能够有效承担学校内外部关系的沟通和协调责任，将学校自身的发展需要、发展基础与学校外部的要求和能提供的条件有机地结合起来，为学校的创新发展创造良好的环境和氛围。

这些交流既包括与国内外同行的学术交流，也包括与政府官员、科研院所及企业领导的交流；既有与教职员工的交流，也有与广大学生、校友以及家长的交流。除此之外，校长还要为多方筹措学校建设资金以及扩大学校的社会影响进行多方面的交流与接触。

4. 具备教育专家的创新能力

学校教育创新要理论密切联系实际，没有一定理论思想的指导，学校创新只能是盲目的创新。校长要充分发挥在学校创新中的作用，担当起教育专家的新角色，成为现代教育和管理理论的自觉研究者和创新者，成为学校改革有力的推动者和支持者，不断开拓创新，在新的思想和观念的统领下，设计出新的学校发展模式和方法途径。

（三）校长谋创新的现实意义

尽管素质教育实施多年，创新教育也喊了多年，但还有部分中小学校长对创新教育的认识比较模糊，头脑中的创新意识也是十分淡薄。21 世纪是知识经济的时代，也是创新的时代。实施创新教育、培养创新人才是校长的神圣使命。要实施创新教育，校长自身首先要具备创新意识。校长的创新意识对学校的发展具有重要意义。

1. 提高创新意识是校长自身发展的需要

校长创新意识不够，其中一个很重要的因素就是对创新的重要意义还缺乏足够的认识。知识经济的核心就是创新，而学校是知识创新、传播和应用的主要基地，也是培养创新精神和创新人才的摇篮，作为校长要充分认识到自己在培育民族创新精神和培养创新性人才方面所担负的重要使命和所起的重要作用，要充分引导教师和学生在提高创造能力上下功夫，把学生从死记硬背、题海战术、无休止的考试中解放出来，让他们的创造性得到发展。

而且从某种意义上说，创新也是一所学校兴旺发达的不竭动力，是一个校长事业成功的根本。一个没有创新意识、缺乏创新积极性的校长是注定不会有太大的作为的，也迟早会从激烈的时代竞争中败下阵来。所以，提高创新意识也是校长自身发展的需要。校长只有牢固树立创新意识，做一名敢于实践、敢于探索的创新型校长，才能为学校获得跨越式发展作出自己的贡献。

2. 增强创新意识是校长树立自信的需要

个别校长之所以缺乏创新意识，其中一个很重要的原因就是对自己的实力估计不足，对创新缺乏自信。一些校长在谈及学校发展及创新的问题时会直言不讳地说："创新？谈何容易！就我们学校的实际和我们自身的实力能维持学校的正常运行，能不出乱子也就不容易了。"言语中有无奈，更有对自己创新实力的怀疑。

客观地讲，每一所学校的情况各不相同，在办学条件、人员素质、学校的软硬件设施等方面都存在着很大的差异，就校长自身而言，能力也有高有低，但这并不意味着只有好的学校、有实力的校长才能创新。实际上，每一个校长都有创新的潜力，每一个学校都有自己与众不同的创新优势。只要校长有足够的信心，虚心向他人学习，主动借鉴一些成功的创新经验，大胆实践，勇于探索，相信每一位校长都会在创新活动中有一番作为。

其实，作为校长，只要敢于打破条条框框的束缚，多一些自信，少一些自卑；多一些实践，少一些空谈；多一些拼搏进取，少一些懒怠……每一位校长都会充分挖掘出自己的创造潜能，开创出一片崭新的事业天地。

3. 锤炼创新意识是学校发展的需要

创新意识的形成离不开教育与培养，更离不开实践的锤炼。校长只有不断实践才能对创新有更准确的理解、更深刻的体验，才能在一次次的锤炼中形成更为自觉、更为强烈的创新意识。

作为校长，应充分掌握教育创新的主动权，克服怕苦畏难情绪，结合自己的工作实际，缜密思考，科学规划，大胆实践，不断探索，积极把创新渗透到自己的各项工作中去，或在管理中创新，或在办学中创新，或在观念、体制上创新，或是在育人、服务上创新，从而使创新意识在实践中得以不断强化和巩固。

创新是一个长期、艰苦、复杂的过程，是一种需要校长付出大量心血的开创性劳动，要使创新实践得以顺利进行并最终取得成功，校长需要准确把握机遇，审时而行。创新的过程中有困难、挫折与失败，要持之以恒、锲而不舍，能耐得住寂寞与枯燥，始终抱定"不达目的誓不罢休"的信念，只有如此，谋创新才有可能深入下去并取得成效。

在时代创新的潮流中，在教育创新的过程中，校长肩负着重要的责任和使命。校长是学校发展的引领者，只有创新的校长，才能带出一批创新的教师，才能带出一个创新的学校，才能培养出具有创新精神和创造能力的学生。

学校不光要对学生的今天负责，更要为学生未来成为什么样的人负责，这是校长需要思考的，也是校长谋创新最重要的出发点。创新不是一个公众口号，而是要校长做两件实实在在的事：一件是在硬件上办成一所现代化的学校，另一件就是要具备不断创新的现代教育教学思想。

二、名校长与“谋创新”

（一）创新“成功教育”

刘京海，中等的个子，稍微卷曲的头发，鼻子上戴着一副又粗又大的黑框眼镜，说起话来雄浑有力，言谈间流露出幽默、热诚的本色。这个貌似普通实则不普通的人，就是上海闸北八中的校长，创新成功教育的创始人。

在多年的从教生涯中，刘京海总是会不时地冒出几句“惊人之语”，诸如“差生之所以学习差，是因为经历了学习反复失败的过程，反复的挫败让他们失去了自信心，也失去了学习的积极性”，“要使差生变成优秀生，方法非常简单——老师得把差生当成天才来教育，不断帮助他们在学习中取得成功，在反复成功的体验中，培育他们的自信心，激发他们的学习积极性，使学生自主成功”。换句话说，在刘校长眼里，失败不仅是成功之母，更是多次失败之母，他更愿意相信“成功是成功之母”。

本来，刘校长是在上海闸北区教研室任职的，但是他放着舒舒服服的工作不干，偏偏主动请求调到有着“差生集中营”的上海闸北八中做校长。当时，闸北八中招收的可以说是全市成绩最差、品行或多或少有问题的一群学生。很多学生都有留级和多门成绩不及格的“历史”。当时有句顺口溜“八中八中，大门朝东，流氓成群，打架成风”，颇能说明这一问题。

这样的学校是让每一位校长都头疼的学校，是让每一位校长都避之不及的地方，可是刘校长却主动去了。如今它早已脱胎换骨，变成了“明星学校”。这是为什么呢？难道刘校长有回天之术？其实，也没有什么，只不过是刘校长在这里大推特推他的创新教育模式——“成功教育”。

成功教育在闸北八中推行后，八中的教学成绩神奇地蹿到了全市的中上游，而不再是那个“千年老末”了。

刘校长的成功教育不仅在内地开了花，就连香港都闻到了它的“香味儿”。香港慈善家田家炳捐资500万元在上海闸北建了田家炳中学，指定刘京海出任校长。

刘校长去香港讲学，那些追逐他的媒体更是一片惊呼：“差生教育差生，效果非常显著……”原来，刘校长读小学时也是个差生；无独有偶，他的女儿也曾一度是差生，可是最终考进了复旦。作为著名教育家，刘京海到底是怎样把“差生女儿”、把一批批悲观失望的学生培养成才的呢？

一次，在闸北八中的教师大会上，刘校长忧心地说：“有些老师说，一二年级狗熊英雄分不清，三四年级就开始分清了。于是师生与父母纷纷瞪大眼睛找狗熊，结果越找越多。”这话说得有趣又深刻，惹得老师们忍不住笑了。

可是刘校长仍然严肃地说：“三四年级，是差生形成的高峰期。为什么呢？因为10岁左右正是孩子自我概念形成的关键时期，孩子的自我评价实际上是从成人那里得来的，如果家长老师天天骂学生笨，就等于摧毁了学生的自信心，孩子自然就成了‘狗熊’。”

接着，他脸上又露出了幽默的微笑：“有些家长说，孩子是我生的，我为啥不能骂他笨。我回答说，如果孩子是你老婆和别人生的，你可以骂他笨，正因为他是你生的，你不能说他笨。教育嘛，就一个‘夸’字，昧着良心夸孩子好，夸得他对学习有了兴趣，夸得他有了自信心，他真的就学习好了。这叫弄假成真。”

开完会，刘校长回到家，刚要准备做饭。妻子阴沉着脸走进来了，原来他们的宝贝女儿的考试成绩在班里排在了倒数第10名。老师又气又急，就把她叫去批评了一顿。

她回家见了丈夫这个整天研究成功的“教育家”，自然是气不打一处来：“亏你还是研究差生教育的专家，自己的女儿都成差生了！”

这让刘校长郁闷起来了：天哪！真没想到，说嘴打嘴，自己的女儿居然也成了“狗熊”？可是，她不是有很好的学习习惯吗？怎么会突然成绩变差了呢？

原来，刘校长认为，想让孩子成绩好，那就得在一二年级甚至学龄前就开始循序渐进地培养他们良好的学习习惯——坐得住，听课时注意力集中。所以每天去学校接送女儿时，他都反复强调认真听课的重要。

为了培养女儿注意力集中的习惯，刘校长还买来复杂的拼图。有一幅3000多块的拼图甚至让女儿全神贯注地拼了整整15天，才大功告成。

看见女儿已经养成了坐得住、注意力集中的好习惯，刘校长就撒手不管了。而女儿的成绩也一直很好，可是谁想到才读三年级，竟然又成了“狗熊”。

问题出在哪里呢？刘校长苦苦思索着。家庭教育误区最多，难道是父母不经意间的一些话伤了女儿的自信心、影响了女儿的学习成绩？

刘校长心中一激灵，突然想到：有一天，女儿在家里边写作业边唱歌，正写论文的他听了心烦，就头也不抬地顺口溜出来一句：“你唱歌可真难听！”“一句话定终身”，女儿从此再也不唱歌了。

刘校长后悔不已。自己无心的一句话，没准儿就把小歌星扼杀在摇篮中了。他十分愧疚：在学校，他对老师一再强调要称赞学生，而回到家，自己却很少表扬女儿。这不是对女儿教育的失误吗？

这天晚上，刘校长让女儿把数学试卷拿过来，一一指着上边的试题问：“这些你都会做吗？”女儿点点头：“是因为马虎才得了82分。”

刘校长说，既然你全会做，那我把分数还给你。说着，就郑重地在卷面上写了100分。

女儿的眼睛亮闪闪的，兴奋地拿出了语文试卷。作文的题目是《可爱的玩具》，要求写出玩具的名称、玩法和玩的效果。

刘校长认真地读了读女儿的作文，脸上露出满意的微笑，还摇头晃脑地读出了声，接着对妻子说：“你看这开头，语言流畅，充满诗意。女儿真是天才呀！”妻子将信将疑地看着刘校长，没说话。

女儿也一脸疑惑：“可是，爸，我的作文才得了20分！”

刘校长说：“那是因为这个题目本来有三项要求，可是你却只写了玩具的玩法，没写名称与玩的效果。”

女儿眼睛更亮了，兴奋地问：“爸，你真觉得我有写作的天分？”

刘校长认真地说：“那当然！爸是语文特级教师，还从来没看走眼过呢！”

就这样，父女俩越聊越开心。到最后，刘校长问：“你觉得以你的实力，在班里成绩应该排多少名？”女儿想了想说：“前十名。”“那爸就看你的了！”

一个多月后，当妻子再去开家长会时，老师就拉住她的手不停地感谢：“谢谢家长配合，你女儿的成绩已经进入前十名了！”

妻子回到家，疑惑地对刘校长说：“我没配合老师呀！”

刘校长却“嘿嘿”一笑说：“你没配合，我可配合了，昧着心夸奖女儿作文好。她愿意写了，写得多了，自然就写好了。”

是的，想让学生学习好，就得提高学生的自信心。刘校长很注意在平时的琐事中培育女儿的自信：女儿第一次煎鱼，他连说好吃；女儿第一次自己从学校回家，他赞不绝口，夸她自理能力强。就这样，女儿就从这些鸡毛蒜皮的小事中找到了成就感，而成就感又激发了她在学习中渴求更大的成功，加上有良好的学习习惯，她读重点初中、重点高中时的成绩总是名列学校的前三名。

“成功”历来是人们所关注的话题，那么，到底是什么因素促进了成功呢？实际上，所有的成功与失败，都可以从人的个性，也就是人格上找到根源。不是每天都有人在说“行为表现个性，个性决定命运”吗？有什么样的人格，就会产生什么样的行为；有什么样的行为，就会导致什么样的结果。刘京海校长正是领悟了人格特性，才创新出了一种成功的教育模式——成功教育。

本来通过多年的注意力训练，刘校长已经培养了女儿坐得住、注意力集中、认真听课的好习惯。可是，即便如此，女儿怎么还是进了“狗熊”的行列了呢？显然问题不是出在课堂上，不是出在认真听课的习惯好不好上，而是出在她是不是真的认真听课了。那么，又是什么导致她不认真听课的呢？经过一番左思右想，刘校长终于发现是自己一句不经意的话、一句贬低的话导致了女儿失去信心。刘校长的一句“你唱歌可真难听”，让女儿对自己的能力产生了怀疑。虽然这看似是一句话的影响，其实是刘校长对女儿进行了错误的人格教育。

很多人总是动不动就说“失败是成功之母”。事实上，这话的可信度到有多高？有几个人能相信？如果一次失败不介意，然后在失败的刺激下，很努力地付出了，最后成功了，可能就会很感慨地说：“没错！还真是‘失败是成功之母'!"可是，如果努力后依然失败呢？如果再努力，再失败；再再努力，再再失败。一连好几次的努力，换来的都是失败，那就很难让人还保持失败是成功之母的信念，加之周围人的怀疑，或许失败的人就会开始怀疑自己："看来我真的不行!"换句话说，此时的失败只能是失败之母，而不是成功之母了。所以，此时的失败已经不是催促前进的动力，而是阻碍成功的压力了。

可是，成功就不一样了。"人逢喜事精神爽"，人一旦成功，精神就爽；精神一爽，头脑自然就清楚，做事就有劲儿。这样成功的几率就大，然后紧接的成功更会带来这样的效应，所以，刘校长才会说"成功才是成功之母"。

刘校长经过反复思考提出的创新教育口号可以说是一条正确的教育规律。事实也证明如此，当刘校长用会做就给女儿加分、认真地读作文的方法一次次地让女儿感受到"成功"时，他以前对女儿进行的错误人格教育就得以修正了。女儿也在此间真正接受了正确的人格教育，对自己也更加自信起来。

校长有责任像刘京海校长一样在学校教育面临瓶颈时，仔细研究人格特性，从以人为本的思想出发，创新出一种符合教育规律的教育模式，造福于学生，造福于社会。

(二) 走改革创新之路，让名校呈现勃勃生机

北京景山学校是所名校，在范禄燕校长的带领下，学校始终秉持"顺应时代进步、社会发展的需求，坚持不懈、孜孜以求地探索、改革、创新"的理念，保持蓬勃的活力。

景山学校的办学宗旨、办学思想以及教育、教学工作的具体政策措施须臾不离"改革"与"创新"。有了创新旗帜的引领，几十年来，中国教育界的很多开风气之先的事件就发生在景山学校。

在改革开放之初的1979年，国务院主管科技文教工作的方毅副总理敏锐地意识到世界将要进入个人计算机普及应用的信息化时代，特意从美国带回了一台IBM的PC机，并将它送给了景山学校。学校立即利用这台非常宝贵的PC机成立了全国第一家中小学计算机教研组，随后，又率先在全国开设了中小学计算机课程，编写了第一本计算机教材，并率先实现了光纤校园

网络。

为了更好实现创新之举，在互联网时代到来之际，学校响应党和国家的号召，大力推进教育均衡发展战略，将景山学校的优质教育资源辐射向全国。2009年，学校成立了公益性的、无偿的、面向全国教育界的“景山教育网络联盟”，目前全国已有80所学校加盟，初步达到了资源共享、优势互补、相互辐射、共同提高的目的。

景山学校是全国第一所根据中小学九年一贯学制自编教材的学校。这套教材也是目前唯一获教育部批准并在全国推广的中小学校自编实验教材。全国先后有500多所学校使用景山教材，并在使用过程中对教材给予了充分肯定。

为了坚实地走好创新之路，景山学校还首创了中小学与国家重点高校合作办学的模式。2000年，学校与清华、北大等10所全国重点高校以及北京的科研单位建立友好合作关系，充分利用这些高校、科研单位先进、高端的科研资源，让学生尽早接触最先进、最前端的科学成果和理念，为培养创新型人才打基础。

在创新思想的引领下，景山学校的学生能力强、知识面宽、学有特长，优势日渐凸显。美国宇航局在向全世界中小学生征集的实验方案中选中了景山学校李桃桃提出的“蚕在太空中吐丝结茧”方案；我国“希望一号”卫星发射搭载的唯一的中小学生实验方案选中了景山学校刘重华同学设计的“天圆地方”方案。张尚同学曾在波兰举办的世界航模锦标赛上荣获冠军；杨歌同学则在美国工程师大奖赛上获得银奖；宫郑同学在第12届国际天文奥林匹克竞赛中荣获金牌；王文翰同学在全国物理联赛中获一等奖，被清华大学提前破格录取到“诺贝尔基础班”……这些成就，说明景山学校的学生在创新的大环境中具备了现代化、国际化的竞争能力。

景山学校因教改实验而创办，因改革创新而发展。在学校制订的《北京景山学校文化战略纲要》中，已经把创新人才培养作为一项可持续战略，写入了《北京景山学校制度大典》，将创新人才培养作为学校“十二五”规划中实施素质教育改革的重要目标，作为教育可持续发展的不竭动力、源泉。学校力争在创办人民满意的现代化、国际化的学校的过程中培养出更多更好的毕业生。

名校来之不易，让名校始终保持辉煌更难。但上面案例中的范禄燕校长却借助改革开放的春风，把创新作为立校之本，做足管理与创新这篇大文章，让景山学校焕发出了勃勃生机。

学校管理工作要与时俱进，就要不断创新。随着教育改革步伐的不断加快，学校内部管理体制改革也面临着严峻挑战。作为一校之魂的校长此时此刻应该充分意识到创新在学校管理中的特殊使命，充分发挥自己在学校管理中的中坚与示范作用，以政策为导向，以提高教育质量为目的，把创新与高效统一起来，确立符合素质教育要求的学校管理创新目标。

（三）坚持创新树品牌，走创新兴校之路

深圳市梅林中学坐落在深圳市中心梅林片区，毗邻全国示范社区——梅林一村，是拥有40万居民的梅林片区的唯一一所高级中学。

梅林中学在王德久校长的领导下，坚持“传承、创新、发展”的指导思想，实施“精细化”管理，强化精品发展意识，突出“文科见长、艺体冒尖”的办学特色。学校在制度建设、文化建设和环境建设三个维度中着力丰富文化内涵，以制度规范和文化引领促进发展，努力实现“办有特色的现代化学校，育有特长的创新型学生”的办学目标。

王德久校长的创新策略主要表现在以下几个方面：

一是创新办学策略，打造艺体教育品牌。学校根据生源实际和师资情况，实施“文科见长、艺体冒尖、理科见长、异步共进”的分类分层推进策略，艺体特长教育形成“人无我有，人有我优，人优我精”的发展格局，初步实现“立足福田，辐射深圳，享誉广东”的艺体特长发展目标，使不同基础、不同起点、不同潜质的学生得到和谐发展。

二是创新管理，建设和谐校园。积极探索现代学校制度建设，实施精细化管理，完善校本管理机制；坚持民主管理，提高决策科学性；推行人本化管理，创设和谐的人际关系。学校领导坚持“管理就是服务”的人本主义理念，把关心师生、服务师生、促进师生发展当作自己的重要工作落实到日常管理中，极大地增强了全校师生的主人翁意识，广大师生积极参与学校的民主决策、民主管理和民主监督，为学校的发展建言献策，积极奉献，形成了人和、气顺、心齐、劲足的和谐发展氛围和奋发向上的局面。

三是创新校园文化建设，形成良好的育人氛围。制订和实施梅林中学校

园文化发展规划，积极推进校园物质文化、制度文化和精神文化的建设，坚持以物质文化营造优美环境，以制度文化规范师生言行，以精神文化增强师生凝聚力，以活动文化启迪学生智慧，以社团文化发展学生的个性。学校全力营造以“民主、合作、学习、创新”为特征的校园文化，以正确的导向引导、鼓舞师生，以内在的力量凝聚、激励师生，以独特的氛围影响、规范师生，不断提升师生的精神品格，形成优良的校风、教风和学风。

四是创新教育科研，促进教师专业发展，打造优秀教师团队。举办学术论坛，加强教师的理论素养；建立教师博客，开展学术交流；开展教学“比武”，锤炼教师的教育教学能力。王校长带领全校教师开展“在研究状态下工作”活动，搭建教师、科组、学校“三层互动”的校本教研平台，坚持开展以教育教学问题为中心的校本科研，推动教师的专业发展。学校培养出一支师德高尚、学养深厚、业务精湛、结构优化、素质一流的研究型、专家型、学习型的教师团队。近年来，全校教师在竞赛中共获得 13 个国家级一等奖、7 个国家级二等奖、2 个省级一等奖、6 个市级一等奖。

五是创新课堂教学，聚焦课堂，提高教学质量。努力转变教师的教学方式和学生的学习方式，建立民主、平等、融洽的师生关系，营造和谐宽松的学习氛围，形成以整合性、双主性和有效性为特征的课堂教学；加强教学调研，落实教学常规，聚集课堂，促进课堂教学质量的不断提高；依托社区，服务社区，开放课堂，实现动态生成，在信息技术、通用技术和综合实践等课程领域全面培养学生的创新精神、探究意识和实践能力，促进学生的个性发展、协调发展、全面发展。

六是创新德育工作，构建自主德育模式，提高学生的素质。学校积极整合校内外德育资源，建立学校、家庭、社区三位一体，行为自律、活动自主、管理自治、人格自尊、精神自强的自主德育模式，强化德育的主动性、针对性和实践性，实现学生道德人格的自我建构和自主发展，提高学生的公民道德素养。学校先后获得了“全国中小学心理健康教育实验学校”“深圳市安全文明学校”“深圳市禁毒示范学校”“福田区学生行为规范先进学校”“福田区心理健康教育达标学校”等荣誉称号，学生会被评为深圳市十佳学生会，校团委被评为深圳市红旗团委，校义工队被评为深圳市优秀义工组织。

优异的办学成绩得到了政府的肯定、社会的赞誉、家长和学生的认同。

市教育局这样评价梅林中学："高进高出是名牌，高进低出是冒牌，低进高出是品牌，梅林中学就是低进高出的典范。"

美国汽车大王艾柯卡有句名言："不创新，就死亡。"相对薄弱学校的出路在哪里？等、靠、要不能成就学校的发展之路，也不能成就名校。而上面案例中的王德久校长对此做出了很好的回答：创新才是根本，才是出路。在王德久校长的"谋创新"的引领下，梅林中学铸就了自己的品牌，走向了快速发展的征途。

思路决定出路，方法总比问题多，关键在于校长有没有创新的胆识和谋略。校长的工作不是按部就班、日复一日地"当一天和尚撞一天钟"，更不是"维持会长"，他最重要的职责在于打造品牌学校、带出名师和培养高素质的学生，不负党和国家的重托，不负人民的期望。而要实现这些，就要高举创新的大旗，在"谋创新"上下功夫，在创新上求生存、求发展、铸辉煌。

三、如何做"谋创新"的校长

谋创新，是学校整体工作的有机组成部分，在学校创新活动中，校长无疑具有举足轻重的地位和作用。要搞好创新教育，培养一批创新型教师和具有创新能力的学生，校长的首要任务是把自己打造成一名创新型校长。

（一）强化创新意识，不断挑战自我

创新意识至少包括以下三个要素。即挑战自我、超越自我、刷新自我。

挑战自我的潜台词是"我能行"。有挑战自我意识的人常常有危机感。危机感是有挑战自我意识的第一要素，所以，校长要想强化创新意识，就要让自己时刻具备危机感。其次是责任感，校长接手了一所学校，就应对学校的发展负责任。只有具备责任感，校长才会为学校谋发展，才会去努力创新。如果校长没有责任感，他只会安于现状，不求进取，不可能很好地完成所肩负的使命。

超越自我是不给自己设限。自我设限是校长谋创新的最大障碍。所以，校长在工作中应时刻提醒自己，要超越自我。如果一个校长在工作中时常给自己设限，这个不能做那个也不能做，试想，这样的校长如何去谋创新，如何去实现超越?

不给自己设限，就要求校长要学会不断“刷新自我”。据说，海尔集团前总裁张瑞敏的办公室里有一把大锤，当年张瑞敏接任厂长时，就是用这把大锤砸掉了仓库中所有不合格的产品，预示着一切从头开始。这种意识就是“刷新自我”的意识。正是由于这种意识才使海尔集团不断走向创新之路。

作为校长也应有这种勇气，不妨给自己提出“每天从零开始”的要求：一是对从前所取得的成绩进行刷新，这是一种“以终为始”的观念；二是在工作中不断寻找教育的新生长点，寻找新生长点的过程就是一种创新的过程；三是把严重违背教育规律的做法推倒重建，这是走向创新的开始。

（二）多方调研，虚心请教

很多创新都出现在校长新任之初，所谓新官上任三把火。有些校长一到任便急于大刀阔斧地改革，不考虑自己的创新是否符合学校的实际，往往导致费心费力不讨好。所以，校长要创新，特别是新到一所学校开展创新活动时一定要先深入实际搞好调查研究，全面客观地掌握学校的实际，再实施自己的改革创新活动。

在调研过程中，校长要勤观察、多思考，要通过各种各样的形式和方法来收集相关情况，捕捉学校需要改革创新的相关信息。在调研过程中，校长既要向前任求教，也要向班子成员了解；既要向教师问道，更要和学生沟通。校长只有通过多层次、多侧面的了解，才可能比较全面地把握学校的现状。这样，校长就可以根据问题的难易程度区分轻重缓急，使改革创新做到统筹兼顾、层层递进、科学决策。

（三）坚韧果敢，勇于开拓

善于谋创新的校长都具有“敢为性”“坚毅性”“好强性”等创新性格。

敢为性，就是敢想敢做，对学校的发展有前瞻性考虑。善于创新的校长要敢做许多校长不敢想更不敢干的事情，要敢于谋大局，为学校赢得今后的长足发展。但值得注意的是，敢为绝不是鲁莽的代名词，要像孔子那样做到“临事而惧，好谋而成”。

坚毅性，就是要有坚强的毅力和韧性。任何有成就的创新型校长都遇到过艰难与曲折。在教育改革中，校长常常会遇到在教育价值观上存在差异的人，而创新的改革措施也会损害到一部分人的利益，这些人可能会反对校长的改革。但无论如何，不管对方的语言多么尖刻，攻击如何激烈，校长都不应动摇自己的创新信念。

好强性，就是要磨砺一种不服输的性格。这里要把握两个原则：一是以“舍”胜强；二是以“谦”胜强。

以“舍”胜强，就是要学会舍弃。在办学实践中，个别校长有“一口吃个胖子”的思想，认为各项工作都要马上抓好，都要立刻领先于别人。其实这并不现实。相反，会看到这样的例子：有的校长看起来能力并不比别人强，工作起点也不比别的学校高，但几年的工夫就能把学校办出特色；再过几年，又创生出新的特色。学校就像芝麻开花，节节高。这种现象说明校长创新要注重阶段重点，知道暂时的舍弃是为了最后的赢得。

以“谦”胜强，是指工作上要有领先的意念，但在态度上要有谦逊的品质。无数成功的校长治校的典型案例足以说明，要想把创新理念真正转化为成果，就应谦虚，特别是当自己做出成绩的时候，更要虚心听取和征求他人的意见。

（四）谋在新处，增强工作的创造性

校长要用新知识、新理念来武装自己的头脑。要勇于向旧思想、旧模式宣战，营造出创新为荣、改革为先的工作氛围。要在突破旧观念、旧思维的束缚上创新，用新理念、新思路来指导工作落实；要在解决重点、难点工作的问题上创新，用新机制、新方法推动工作落实；要在夯实之前工作理念的基础上创新，要用新的作风来保障工作的落实，既解决好之前学校遗留的问题，又要进一步丰富和完善学校长期形成的办学理念，使之历久弥新，更加富有生命力。

校长工作的创造性很大程度上体现在对高素质创新型教师队伍的建设

上。没有高素质的创新型教师队伍，就谈不上教育教学质量的提高，更谈不上对学生创新精神和实践能力的培养。所以，校长工作的创造性要体现在加强队伍建设、提高教师业务素质、加强课堂教学改革创新等方面，这是校长最终能否谋在新处的关键。

为此，校长应组织教师认真学习教育教学创新的理论，进一步转变教育思想和教育观念，确立科学的教育思想和教育观。校长应指导教师在教学基本功和构建创新课堂教学模式上下功夫，不仅要全面理解教学内容，深挖教材内涵，更要重视培养学生的创新精神和实践能力，挖掘学生的思维潜力，充分发挥学生的主体作用，充分调动学生学习的主动性、积极性，使学生真正成为课堂的主人。

在师德师风建设方面，校长也应谋在新处。校长应内聚人心，外树形象，大力倡导教书育人、为人师表的良好风尚，宣传道德高尚、治学严谨、作风正派、在师生中有良好声誉的教师，营造树师德、铸师魂、正师风的良好氛围。校长首先应严格要求教师积极争做师德标兵，真正成为学生的楷模和表率，成为勤奋学习、善于思考的模范，成为解放思想、与时俱进的模范，成为勇于实践、锐意创新的模范，从而展示教师应有的风采。在此基础上，校长还应全力打造教师的"先进群体"，增强先进群体的辐射作用，使之带动更多的教师，营造浓郁的创新氛围，为提高学校教师队伍的整体创新素质打下坚实基础。

（五）在预见和谋划上下功夫，提升创新能力

校长的创新能力应重点体现在预见能力和谋划能力上。

毛泽东曾说："没有预见，谈不上领导。"预见能力是校长创新品质中的重要因素。校长要培养和提高预见能力，可以从以下几个方面进行尝试：

一是校长要善于在研究国家政策、教育方针的基础上进行预见。在一些高层次的教育论坛上聆听知名校长讲话时，我们会发现，这些校长的思考与实践总是和国家的政策、国家领导人的讲话精神密切相关，总会给听者以高屋建瓴的感觉。究其原因，就是他们深刻领会了国家政策法规的精神实质，才能生发出具有远见卓识的创新教育策略，从而引领一所学校不断走向辉煌。

二是可以从当前的教育教学弊端去思考问题，从而做出科学的创新决策。分析弊端相对容易，但找出弊端产生的原因就相对难一些，这一点需要特别注意，因为只有知道原因才能谋划根治的方法。比如说受应试教育的影响，学生的课业负担过重，对这一共性问题，校长就要分析其原因所在。如果认为造成这一弊端的主要原因是教育问题，校长就会在学校管理、教学改革上做足文章；如果认为既是社会问题，又是教育问题，校长就会在两个渠道同时做文章，从而做出正确决策。

三是校长应从逻辑推理方面去培养自己的预见能力。校长可以尝试用因果关系和递进关系去提升这一能力。比如，在教师的专业发展上，倡导教师做研究型教师，校长在谋创新时就可以围绕这一主题词，用递进的逻辑关系去追问："我们不仅要让教师对学科教学进行研究，还要对什么进行研究？"这样一追问，校长就可能追究出研究型教师的外延。

谋划能力重在让校长的创新设想落到实处。在培养谋划能力时，校长关键要把握好独特性原则和简约性原则。

独特性原则是指校长在策划时要具有超常的思维。比如说，当前的安全教育是学校的工作重点，按常理，大都是由政教处设计、策划好活动，然后交给班主任进行落实，但对于谋创新的校长来说，这种策略并不是抓安全教育的最佳方案。作为校长，不妨更深入地提出"生命教育"的理念，指出生命教育的三个领域，那就是"人的生存生命""人的精神生命""人的智慧生命"。接着，提出进行生命教育可以先从抓"生存生命"开始，而抓生存生命本身实际上就是在很好地落实学校的安全教育。在学校工作中，校长换一种思路，往往就会出现一种崭新的教育方式，产生更好的创新教育效果。

简约性原则就是将复杂的事情化难为易、删繁就简。英国哲学家以赛亚·伯林曾把世界上的人分为"刺猬型"和"狐狸型"两种类型：狐狸知道许多事情，是一种非常狡猾的动物。它平时追求的目标多，思维也是零乱或扩散的。而刺猬一生只知道一件大事，那就是整天到处一摇一摆地走动，寻觅食物和照料它的家，遇到险情，立刻蜷缩成一个圆球，利用浑身尖刺进行防御。"刺猬型"折射出的是目标专一、用简单的方式发挥自身优势的理念。校长谋创新也应遵循这种"刺猬理论"。

作为校长，应把创新教育作为追求的教育理想，不因受外界的干扰而随波逐流。在工作思路上，应尽量使工作简约化。比如，学校把双语教学、艺体教育、科技教育定为三大办学特色，并以此开展“双语节”“科技节”和“艺术节”，三个节逐年轮回。其实，这种三个项目轮回举行的模式不仅没有整体性，而且周期太长。作为校长，不妨寻找更简约、更有效的方式，比如把三个节融为一体，让三个方面的特色每年都进行整合展示，这也是一种创新，而且效果更好。

（六）加强理念、方式、文化研究，定位谋创新的内容

校长谋创新的内容应包括理念创新、方式创新和文化创新三个方面。

在教育理念的创新方面，校长要做到：一是定位要高，有些校长现在对素质教育的理念还停留在学生的全面发展上，这与许多善于谋创新的校长已把理念定位在学生的生命发展上相比，不能不说已经滞后了一步；二是方向要明，即通过理念指明创新的路在何方，比如有的校长在管理上提出“无缝隙”的理念，显然与当前“给师生一定的发展空间”的理念是相悖的；三是针对性要强，教育理念的提出不要面面俱到，要有一定的针对性，应直接针对当前教改的重点和难点问题，例如，在落实新课程时，校长可以直接提出“改变学生的学习方式是新课程的实质，培养学生的创新精神和实践能力是新课程的核心”的理念，在这样的理念引领下，学校可以较快地构建起自主创新的教学模式，而且教学研究的气氛也会越来越浓。

方法创新主要体现在学校管理方法的创新上。校长要注意的是，在进行方法创新时，要考虑方法的认同度。如果所设计的方法从感情上不被学校师生所接受，那就是无效的。例如 ，有的学校在考勤管理上采取教师进校门按手印的方式，不但没有起到好的效果，而且引起教师的反感。实际上，这种方式本身就是对知识分子的一种不尊重，教职员工从心底感到被管制，而不是管理。

许多校长在提及文化创新这一问题时，大多想到环境创新和精神创新两个方面。其实，这只是注意到了文化创新的类型，没有考虑到它的内涵。要想在文化创新方面有所建树，校长就要从学校文化的内涵方面进行考虑。内涵丰富，学校文化才能有品位。有品位的文化起码应包括“向上、博爱、和谐、快捷”四个关键词，从而使学校具有催人奋进的作用，使师生在美好的校园氛围里共同成长。

（七）设计适合自身的创新载体

校长的谋创新能力的养成要有一定的载体。载体是什么？应包括三个方面，即办学思想研究、办学特色研究和实验课题研究。

苏霍姆林斯基曾经说过，校长的办学思想是学校办学的灵魂。而校长办学思想的形成过程就是一个不断创新实践的过程。

首先，创新校长的办学思想应形成一个相对完整的体系，包括核心价值观、办学教育目标、办学文化、育人方法等，其中核心价值观是其他因素的总领。校长由于对教育本质的认识不同，因而核心价值观也会不同。核心价值观一般表现在对学生的培养上，有的校长定位于"每一个学生都重要，每一个学生都会走向成功"，也有的校长定位于"至少要使80%以上的学生走向成功"，这两种理念就表现出了不同的价值观。

其次，善于谋创新的校长的办学思想应该独具特色。实践中，校长要善于利用独特的办学理念去努力践行教育实践，并从中提炼出不同的、有价值的创新理念，以体现校长办学思想的独特性。

第三，校长要不断创新办学思想的内涵。社会的发展必然引起教育价值观的变化，而校长教育思想的不断提高，也必然带来办学思想的不断充盈与深化。比如，在学校文化建设中，校长要围绕创新教育逐步形成与创新密切相关的校园主流文化，包括"自主文化、合作文化、探究文化、创新文化、实践文化"等。主流文化的形成无疑会丰富学校文化的内涵。

任何一所学校办学特色的呈现，都是在校长的带领下、不断创新发展的过程。提到办学特色的定位，一些校长会认为，特色项目的选择应根据学校的现实情况来确定，与学校的人力物力相吻合，否则将是不符合现实的。但仔细思考，这不过是一种顺向思维的选定方法。校长在谋创新时，不妨使用一下逆向思维的选定方式。也就是在确定特色时，以一种超前的思维去考虑。

有个故事是这样的：两个鞋厂销售员同时来到一个岛国推销鞋，但这里的人从来不穿鞋。甲销售员看到此景，很快离开了。而乙销售员见到此景，却认为大有文章可做。他首先给国王做了一双很漂亮的鞋，然后说服国王在岛国推广鞋，并在岛上开了卖鞋的商店。结果岛国的人都穿上了鞋。这个故事可以启发校长在一些看似不可能的创新上多做文章，虽然一些创新项目会受到师资等客观条件的限制，但只要去努力克服困难，实施自己认为正确的创新项目，很可能在不久的将来让创新成为学校的特色，并受到社会的高度认可。

（八）谋创新在实处，提高创新的实效性

古人云："其身正，不令而行；其身不正，虽令不从。"校长作为学校的领导者，举手投足都有示范效应，这就要求校长在谋创新时要勤勉干事，着力在见实效上下功夫。具体来说，一是敢于担当，二是做好表率，带头学习、思考和工作，不但出创新点子，还要自己动手写材料、办事情。领导意味着责任，作为校长不能仅仅只提出一个创新想法，而要勇于担当、敢于担当，切实按照分工担负起应尽的责任，所谓"该出手时就出手"，不能当甩手掌柜，仅起传声筒的作用。

教育能否办好，首先取决于校长的创新意识。校长在谋创新时不能盲目攀比和追求趋同，而要根据学校自身的定位和特色，根据社会需求和自身条件做出选择，确定创新的重点和主攻方向。校长处于学校管理系统的核心地位、领导地位和决策地位，是学校办学方向的引导者、教育方针政策的贯彻者、师生员工的教育者、人际关系的协调者，学校运转的组织者。校长创新意识的高低事关教育改革的成败。所以，校长谋创新，做创新型校长，对于深化教育改革、全面贯彻落实素质教育精神具有重要的现实意义和理论意义。

习惯10 常充电

——紧跟学术潮流，充电增长后劲

要办好人民满意的教育，校长首先要不断充电学习，紧跟学术潮流，才能培养和造就一支高素质的教师队伍。常充电就是要求校长要真正成为“师者之师”，多思好学，带着问题去学，在解决实际问题的过程中提高自己的学习能力。校长只有具备不断学习的习惯，才能不断推动自身的专业发展，在高效学习力的助推下带领学校高效发展。

一、“常充电”概述

校长是学校的灵魂，一个优秀的校长就是一所学校的旗帜。实践证明，一个好校长带领一批好教师，才能办出一所好学校。而没有高水平的校长，就很难有高水平的师资队伍。所以，要办好人民满意的教育，校长首先要不断充电学习，紧跟学术潮流，才能培养和造就一支高素质的师资队伍。

“常充电”就是要求校长真正成为“师者之师”，多思好学，并带着问题去学，在解决实际问题的过程中提高自己的学习能力。校长只有具备不断学习的习惯，才能不断推动自身的专业发展，在高效学习力的助推下带领学校高效发展。

（一）阻碍校长“常充电”的原因

1. 学习动力不足，对校长职责认识不清

少数校长尽管意识到学习后劲的重要性，但没有强烈的学习动机。个别校长甚至认为，能否当好校长主要取决于与上级领导的关系，与自己的学习情况无直接联系，学不学及知识技能储备的多寡、专业素养的高低不影响校长职务的聘任与晋升。所以，个别校长不讲学习，只讲关系。这种“要我学”而不是“我要学”的学习动机很难让校长取得以学习促发展的效果。

2. 学习目的不正确，缺乏“充电”的使命感

少数校长参加校长培训班充电是冲着校长资格证书或为考核、晋级而去的，其目的不是为了校长专业化成长而学习。个别校长不会活用教育与管理理论，反而认为有些理论在学校管理中用不上，因而充电学习时不认真。有的甚至坦言学校工作繁忙，要不是文件硬性规定和主管部门督促，根本不想来参加这种“充电”培训，即使来了也是“身在曹营心在汉”，精力不能集中于学习。

个别校长几乎每次都参加"充电"培训，目的都是为了"考察"，想借此机会出去旅游一回，其真正动机不是渴求学习、提升自我，导致治校思想和理念古板、办学思路刻板、管理方法死板，不能根据外界环境和学校实际的变化来分析新情况、解决新问题，很难提出学校发展的新思路，更无法获得高效。

3. 学习内容偏颇，停留在基础理论阶段

一些校长只是在师范院校学习期间或在校长培训班里读过一些较为普及的学校教育与管理方面的理论书籍，在工作实践中很少有时间再阅读其他书籍，很少系统阅读重要的经典教育论著，如《论语》《学记》《大教学论》《教育漫话》《理想国》《民主主义与教育》等。对于文学、历史、哲学等人文社会科学知识学习得更少，致使教育素养和人文素养偏低。校长人文素养和教育素养的缺失导致知识面狭窄、学习能力低下、无法实现用学习提升自己。

4. 缺少学习氛围和学习条件

少数校长受"学习无用论"思想的影响，认为学校管理靠的是经验，需要自身摸索，从而放弃学习提升自我的机会。同时，学习需要一定的物质条件、学习设施和经费投入。一些学校尤其是农村学校，既没有图书馆也没有阅览室，普遍不重视教育报刊的订阅，有的学校连《中国教育报》《人民教育》等反映教育政策信息的报纸杂志都没有，至于人文社科、自然科学类图书更是空白，致使校长和教师无书报可读。

5. 缺乏激励校长学习的机制

教育行政部门没有出台激励校长学习的制度以及针对校长学习情况进行考核的措施。校长的选拔、聘任、晋级、奖惩等与校长的学习情况没有必然联系，没有建立"学而优则仕"的机制。这些，让一些校长漠视学习的重要性，不知道只有不断学习才能更新理念，才能更好地管理学校。

一个校长的领导水平和素质直接决定着学校的发展水平。英国前首相布莱尔曾经说过："在英国，没有任何比校长更为重要的工作。"随着教育形势的发展，校长在不同的教育时期、教育阶段被时代赋予不同的使命，工作也有不同的侧重点，扮演的角色会有不同的变化，但是不论教育形势如何变化，有一点是不会改变的——就是当校长就要追求卓越、追求和谐、追求成功，就要有思想、有个性、有创新精神、有办学绩效。

而要达到这些目的，校长除了要富于爱心、富于人格魅力，更重要的是要在长期的教育教学实践中不断读书学习，务实创新，在学习中增后劲，在不断充电中赢高效。

（二）“常充电”对创建学习型学校的意义

随着终身学习时代的来临和学习型社会的构建，做一个学习型校长才能引领师生大兴读书学习之风，才能创建学习型学校，走在时代的前列。所以，校长充电增后劲是创建学习型学校的需要。

根据彼得·圣吉对学习型组织的定义，学习型学校是指通过培养教师的自主学习能力和团体学习能力，形成学校的学习气氛，进而充分发挥教师的创造性思维能力，为实现学校的共同愿景而创造性工作的学校。学习型学校不仅仅是读书学习的事情。

1.“常充电”是校长建设学习型学校的需要

学习是学校成长、发展和完善的源泉和动力。一所领先的学校可以因为没有学习力而落后，而一所暂时落后的学校也可以因为有强大的学习力而成为先进的学校，缺乏学习意识和学习机制的学校就不能适应社会的发展。

一所学校要实现可持续发展，它一定要成为学习型学校，而构建学习型学校之根本在于有一位学习型的校长。新时期的校长要更新学习观念，强化学习意识，创新学习思想和学习方法，把学校建成学习型组织，迎接学习化社会的挑战。

一个好学的人不一定能当校长，但一个校长必须是好学的人。校长是教师、学生的标杆，校长的言传身教直接影响着每一位教师和学生。许多优秀的校长均是学习型校长，他们都有着谦虚的学习心态，都非常善于学习和思考，具有先进的办学理念，具有前瞻性的视野，能预见学校未来的发展，并能做学习的表率，听取各方意见，不断反思，建构学校的共同学习愿景。学习型校长一定会大兴学习之风，以推动学习型学校的建立。

2.“常充电”是时代发展的需要

知识经济的兴起、科教兴国战略的实施，对学校来说，既是机遇更是挑战。胡锦涛明确指出：“面对新形势、新任务，各级领导干部必须把学习摆在更加重要的位置。”学校要在这样的时代背景和未来竞争中站稳脚跟并实现快速发展，“充电”是校长面临的一个课题。校长只有更新观念，与时俱进，不断加强学习，才能根据形势的变化适时做出各种必要的调整，才能不断迎接新挑战，承担新使命，解决新课题。

3. “常充电”是学校发展的需要

学校是文化传播和创新的园地。面对学习型社会，具有竞争力的学校只能是学习型学校。可以说，学习型学校的建设是时代的需要，是社会的需要，是深化教育改革的需要，是推进素质教育、培养适应新世纪人才的需要。只有“常充电”的校长才能把学校建成一个学习型学校。

4. “常充电”是提高校长和教师素质的需要

著名教育家梅贻琦说过：“大学者，非谓有大楼之谓也，有大师之谓也。”对于中小学校也是一样，学高为师，身正为范。学习，对一个锐意进取的校长来说，更是不可忽视的事情。只有校长领学习之头，才能使教师坚持终身学习，只有校长和教师都具备源源不断的“后劲”，学校才会不断发展。

学校的校长和教师只有经常地进行学习研究，才能站在理论的高度，从平凡的、司空见惯的事物中看出新的方向、新的特征、新的细节，时刻指导与反思自己的教育实践。

而目前学校又面临前所未有的发展机遇，作为校长，只有不断学习，经常对自己的教育管理进行反思，对自己的知识与经验进行重组，使自己由单纯的“管理者”成长为研究型、专家型、复合型的教育管理专家，才能带领全校教师由“传道、授业、解惑”者变为学习型、创造型教师，这样才能适应时代发展的需要，适应教育改革的需要。

（三）“常充电”对校长发展的现实意义

校长读书学习首先是提高自身素质的需要。读书学习是提高校长思考水平的捷径，没有经常性的、广泛的专业阅读和学习，就没有教育教学业务上的“精度”，就没有扎实的学科教学基本功和教科研能力，校长失去的不仅仅是科学决策能力和非权力影响力，就连做管理最厚实的“家底”也将失去。

1. “常充电”是时代发展的要求

农耕时代，一个人读几年书够用一辈子；工业经济时代，读十几年书也够用一辈子，知识经济时代，只有终身学习才不会被日趋激烈的竞争淘汰出局。当今社会已是信息化、学习型社会，提升学习力、不断增强自己的后劲对每一个人来说都是生命、工作和生活的一个重要内容，已成为参与竞争和领先一步的原动力。

随着社会的飞速发展、教育改革进程的加快，校长面临的挑战和压力越来越大。在这种形势下，校长只有不断学习，快速更新自己的知识结构，重视自我学习力的提高，才能使学校、教师、学生和自我得以持续发展，才能增强个体与组织的生命力、创造力和竞争力。否则将无法立足，难以生存，更谈不上可持续发展。

2. “常充电”可以提升校长的领导力

一个领导力很强的优秀校长应具备以下素质：正确的教育观念，独特的办学思想，渊博的专业知识，较高的教育理论修养，较强的教育科研和改革创新能力，科学的态度和务实的作风，出众的管理才能，崇高的责任感和使命感。而这些素质形成的基础就在于学习，学习力是衡量一个校长领导能力强弱的重要指标。

所以，校长只有对现代领导科学、管理科学、教育科学、教育政策法规知识以及校长学、管理哲学、教育科研方法等课程进行深入学习和把握，建立起广博的知识结构体系，才能在教育改革的大潮中有所作为，才能面向未来、领先时代，才能不断提升领导水平。

3. “常充电”是校长自我价值实现的需要

美国心理学家马斯洛认为，人的基本需要可以归纳为生理、安全、社交、尊重和自我实现五个层次，由低到高呈梯级排列，在人的基本生存问题解决之后，激发人奋进的动力便是自我价值实现需要的驱动。校长作为学校管理的中坚力量，其基本的生存已有保障，其无限的创造力往往来自于自我价值实现需要，若要在校长岗位上实现自己的价值理想，就要不断学习新知识，更新旧观念，创造新思想。而没有较强学习力的校长很难做到这些。

同时，如果校长没有良好的学习能力，也很难有持续的后劲，很难在学校管理上取得斐然的成绩，从而难以赢得持久的任用，更不用说实现自我的价值。

“常充电”的意义远远不止这些，“常充电”还可引领校长课程改革的能力，有效地推动校本培训；改善校长的思维和工作方式，提升自身的执行力；也唯有校长“常充电”，树立“以学为本”的思想，才能实现“创新”“共享”“开放”等学习型学校的目标，构建学习型团队，也才能深入把握教育规律，顺应时代潮流，永葆创新活力。

二、名校长与“常充电”

（一）在不断学习中成长

清华附小校长、特级教师窦桂梅可以说知名度很高，她先后被评为全国模范教师、教育系统劳动模范、全国师德标兵，荣获“十大杰出教师”提名奖等。窦校长所取得的这些成绩，可以说与她终身学习的理念是分不开的。她说，教师的成长固然有赖于好的环境，但更重要的是取决于自己的心态和作为。她认为社会是课堂，实践是砺石，他人是吾师，自身是关键。只要务实肯干、积极进取、开拓创新，就会在现实生存的土壤中找到自己的生长点，并以自己的成长影响周围人。从这个意义上说，什么能给教师提供良好的成长环境呢？那就是教师自己的“常充电”。

窦校长来自农村，那块沃土把执著追求和脚踏实地的学习精神植入她的生命——她坚信，要自强不息，要奋力拼搏。不管在哪个单位，从事哪门教学，只要埋下头来认真学习，追求成长，任劳任怨，必能成为业务骨干，做出成绩，显示存在的价值。

1982 年，15 岁的窦桂梅走出山村，走进吉林师范学校。四年后，她以优异的成绩毕业留校做文书工作。同学羡慕，她却不情愿——既然学习了四年的师范，就该成为一名好教师。几经周折，她终于改派到吉林市第一实验小学。由于分配太晚，她被安排到教务处做辅助工作。在这个岗位，她一干就将近 5 年，先后教过语文、音乐、数学、美术、自然常识、思想品德几门课程。每一次代课，她都全力以赴。代数学课时，她所带班级成绩名列前茅；代音乐课时，上过大型公开课。但她感觉自己还是喜欢语文，而且语文教学也能更好地丰富她的底蕴。所以，几年里她没有停止过请求领导，要求岗位更换——教她最喜欢的语文。

1991年，窦桂梅终于如愿以偿。“打杂”的五年，使她开阔了眼界，在学习中积累了经验，综合素质得以全面提升。她也会不自觉地把音乐、美术、多媒体、信息技术等形式整合到语文教学中。

小时候没有读过多少书的窦桂梅，当上教师以后觉得腹中空空，于是把书籍作为自己成长的土壤。后来，上网阅读也成了她学习的一部分。无论工作多忙，她都挤出时间学习。教育名著、文学经典等各类书籍占据了窦校长家里的大部分空间。《南方周末》《人民教育》《书屋》等报纸杂志也成了她生活的伴侣。

从23岁到32岁，是窦桂梅作为女人最为辛劳的时期，但她却利用这9年的时间，从函授的专科一直读到师大研究生课程班。记得报考中文函授本科的时候，她每天下午5点到师范学院进行补课学习，晚上9点钟到家后再给孩子做第二天上幼儿园的饭，有时还要备课，或者给学生改作业。之后，她再复习成人高考的内容，直到半夜才睡觉。半年下来，她以第二名的优异成绩考上了中文函授本科。几年来，窦桂梅记下了20多万字的读书笔记，500多万字的文摘卡片。

日积月累，书读得多了，窦桂梅越来越感悟到：课堂教学是一门艺术，有领导、专家指导的公开课更是提高教学水平的快车道。于是她找到校长要求上公开课。工作了30多年的李校长从没有见过自己争取上公开课的教师。他告诉窦桂梅，要先在年级组内练练，然后再说。于是她积极参加年级组的教研活动。除了年级组内教师的帮助，她还三天两头请领导、专家听课，每一次接受领导评课她都郑重地把本子打开念道：“上节课里您告诉我有以下几条缺点，您看这节课我改了多少。第一条……第二条……”她经常用录音机把自己的教学过程录下来回家细听，把发现的问题记在心里，争取在下堂课改进。

1992年，窦桂梅终于有了一次上公开课的机会，执教《王二小》。一次次教学设计，一次次试教，推翻了，再重来……第二天就要上公开课了，下班后她一个人留下来做最后一次试讲。在她眼里，那一排排空空的座位就是她可爱的学生……第二天，由于太投入，窦桂梅竟忘了去托儿所接孩子，托儿所阿姨等不及了，把孩子送来，可是课还没讲完——于是她一手抱着孩子，一手拿着粉笔继续演练……由于情境营造巧妙，语言生动，师生交流真诚，加上《歌唱二小放牛郎》的感人歌声，这节课打动了所有学生和听课教师。从此，窦桂梅一炮打响，有了更多上公开课的机会，在市级、省级公开课中得到历练。

平常，窦桂梅努力把每一节课都当公开课。久而久之，她的教学水平明显提高。1995年和1997年，她两次代表吉林省参加全国小学语文教学大赛，均获一等奖。

在学习中不断积累已经成为窦桂梅的自觉行为。在琐碎繁杂的工作之余，她都会努力挤出时间写教学随笔、教育心得，哪怕是几十个字也赶紧记下来。另外，她在“教育在线”网站经常粘贴自己的“豆腐块”，以便和网友交流。几年来积累了100多万字的教育教学笔记，出版了《为生命奠基》《我们一起成长》《窦桂梅阅读教学实录》等个人专著。

在清华附小两年中，窦桂梅和教师们一起大胆实践，勇于尝试，每一次听课后都给教师评课，努力做到优点说透、缺点不漏、策略给够。到年底听了500多节课后，她给76位一线教师每人写了一封长信，结集为《教育的对话》——总结她和教师交流中的收获和思考，并发给他们作为她的工作总结。这种交流的方法让教师有了一些感触和思考，她和他们在对话的过程中彼此了解，共同鼓励，一起成长。

通过自己的实践，窦桂梅认为教师专业发展的首要条件是教师要有自我专业追求，正确的信念就是稳定的动力。教师的自我专业追求如果内化为信念，就不会被消解，从而形成坚毅、持恒的信念。

窦桂梅认为，教师仅有专业追求是不够的，还要在行动上拥有专业学习探索的精神。作为语文教师，她认为要冲破以教材为中心、以课堂为中心、以教师为中心的攀篱；只有心的樊篱超越教材，超越课堂，超越教师，引导学生进行语言的积累、生活的积累、情感的积累，才能为学生的生命成长奠基，为中华民族的文化复兴奠基，这是语文教师的历史使命。

校长肩负着为国家培养人、塑造人的重任，体现在工作中最重要的一点就是“传道授业解惑”。而时代在前进，社会在发展，各种科学技术日新月异，作为校长不能浅尝辄止、固步自封、自以为是，要以科学发展观的思想理论为指导，不断更新知识，更新观念，努力充实和提高自身，做到活到老、学到老，“生命不息，学习不止”，方可与时俱进，方能培养出国家的栋梁之才。

首先，校长要不断学习教育新理念，给自身的教育理论体系补充新的血液。要落实国家的教育方针，培养更多更好的社会主义建设人才，校长就要掌握基本的教育理论，只有学习和掌握这些基本理论，才能藉此加深对一些教育现象的认识，认清教育与社会、教师与学生、教育与能力培养等各种基本关系，避免因认识的混乱带来实际行动的偏差。校长不能机械管理，而应具备治学勤苦、思想深刻、品行完善这些优秀品质。

其次，校长应积极参加教研与教改，为教师教书育人提供新思路。校长走向成功的基本前提是有效利用时间、勤奋涉猎积累各门类知识，注重教法、学法的研究。教育教研就是搭设教育理论通向教学实践的桥梁，它有利于教育理论与教学实践的结合，有针对性地解决在教育教学中遇到的问题。

第三，校长应博采众长，完善自我，不断成长。校长要通过多种途径去不断学习、充电，提高自己的专业知识和业务水平。校长应从媒体、网络上时常关注国家的教育动态，顺应教育发展方向，落实国家的教育方针和政策。

“百年大计，教育为本。”学校高质量的教育教学水平离不开高素质的校长，这就要求校长要学为人先，与时俱进。只有做学习型的校长，才能不断更新教育理念，开拓创新，才能紧握开启智慧之门的金钥匙，把学生培养成为会学习、敢创新、有理想、有抱负的人才。

（二）以学习提升自我，“常充电”领航潮头

何镜柱，中山市东升镇东方小学校长，1993 年调入东升镇旭日中学（原坦背中学）任教，1995 年任该校教导主任，2002 年 9 月被任命为该校副校长，2006 年 2 月调任东方小学校长。中学物理高级教师，先后多次被评为“东升镇名校长”。

多年前，家乡一群孩子渴求知识的眼神坚定了何镜柱做一名教师的理想信念；多年后，他已离开家乡，在中山这块土地匆匆走过十几载，他坚持在学习中提升自我并从教师岗位走上校长岗位。

1993 年，何镜柱踏入坦背中学的那一刻，他已经给自己确立了新的目标——要努力把学校交给自己的每一个学生教好，不断提高自己的教学水

平。为了全面了解学生的情况，何镜柱常常踩几公里单车去学生家家访。第二年，他就担任了一个毕业班的班主任，看着并不令人满意的学生成绩，何镜柱心急如焚。何镜柱深刻认识到，要尽快提高学生的成绩，必须师生一起努力。

于是，何镜柱率先组织自己班的科任老师开展备课研讨会，针对班上每一位学生的实际情况，实施可行性“挖掘”，让每个学生的潜力都发挥出来。何镜柱和教师的努力没有白费，那一年他们班的中考成绩非常不错，同时何镜柱的良好工作作风与能力也被同事所认同。1994年，何镜柱被提拔为科组长，1995年，他又任职教导主任。短短三年，何镜柱的教学生涯发生了不小的变化。

“那时，我的自我发展愿望非常强，我不放弃任何一次学习的机会，积极参与各种教学大赛，包括征文大赛、优质课竞赛等。”何镜柱说，就是在这些大赛中，自己的能力得到了提升。

“有些活动要名师去引领，有些灵感来自思想的碰撞，名师引领对提升教师的专业水平非常重要。”担任教导主任一职后，何镜柱思考的不再是一个班级的成长，而是整个学校教学质量的提高，经过一番调研和思考，他决定首先从教师专业成长方面入手，然而在实践中，他发现某些措施开展起来并不十分顺利。

“刚开始没有资料作参考，我们只能摸着石头过河。”何镜柱说，为了让教师之间加强互相学习，他制订了简单的“公开课制度”，可后来他发现，很多教师在听课后并没有评课，教师相互学习的效果并不明显。多年之后，何镜柱感叹：“那时要是有名师指导，就不会走这些弯路了。”

20世纪九十年代末，电脑开始兴起。何镜柱意识到电脑以后对教育教学肯定会起到很大作用，所以他决定对教师进行电脑知识的培训，要求教师学习五笔输入法和PPT的制作。然而，很多教师认为学这个“没用”，加重了他们的负担。两年后，当电脑知识真正被广泛运用时，教师才深感学习电脑知识的重要性。

2002年，何镜柱升任坦背中学副校长，此时全国各地刚刚迈出课程改革的第一步，很多老师都不明白课程改革如何进行。为了让教师对课改有更深的认识，何镜柱不仅自己去市内外学习，亲自给教师上课示范，还带教师去深圳等地学习。“学习归来，有的老师居然没有任何感想。”何镜柱说，他在深圳学习时感触颇多，还为此写了一篇文章。随后，他便组织教师对此次学习内容进行研讨，结果经过思想的碰撞，教师产生了很多新的灵感。

何镜柱说："校长首先就要做学习型的校长，只有校长不断提升自己的能力，学校的发展才能更上一个台阶。"

2006年，在新一轮中小学校长换届竞岗中，何镜柱被调任为东方小学的校长。"这所学校是镇里的中心小学，当时压力非常大。"何镜柱坦言，小学教育与中学教育有很大不同，这对多年从事中学教育和管理的他具有很大的挑战性。

"不过，我是个很喜欢挑战的人，我会尽最大的努力做好。"何镜柱说，还没正式入职东方小学，他就已经在网上查阅了学校的相关资料。他发现这所学校的办学理念完整而系统，特别是其"武以正人"的特色独树一帜。所以，来到这所学校后，他正式确定了学校要走以武术教育为核心的特色教育之路。

何镜柱认为，小学教育应该让学生自主发展，快乐成长，特长显现。为了充分实现这一点，学校采取了一系列措施，比如每到文艺会演前，学生都采取自主申报的形式参与节目表演，学生可根据自己的兴趣自由组队，邀请老师或家长协助编排。为了将素质教育有效地引进课堂教学中，何镜柱组织教师互相评课学习，以培养学生的问题意识、质疑意识和批判思维为课堂培养目标。

近几年，在何镜柱的引领下，东方小学快速发展，连续多年荣获东升镇素质教育督导评估优秀奖，而何镜柱也多次荣获中山市优秀教育工作者等荣誉称号。

在学校学习的，只能是学生吗？不是，还应有教师，更应有校长。如果教师只有一杯水的话，他就教不好学生，他就不可能给学生一桶水，而校长没有一桶水的话，该校的教师可能连一杯水都会因时间的流逝而蒸发掉。

所以，以学习促发展，不仅教师要学，校长更加要引领学习之风，才能实现以"充电"促发展。就如案例中的何镜柱校长，他一开始就意识到学习的重要性，所以才会在走上教育岗位伊始就非常注重学习，才有了他后来源源不断的后劲，最终不仅使自己走上了校长的岗位，还带领全校教师走上了学习之路。

可见，校长不仅要学习，还应是学校里的"首席学习者"。学校教师要想全面而有效的发展，需要一个好的引导者与管理者。俗话说：“水涨才能船高。”只有引导者与管理者获得了较大的发展，教师才有可能随之获得相应的发展。

作为一校之长，要像何镜柱校长一样，除了要精心为教师的发展构筑一个可施展才智的舞台外，更要善于用自己的专业智慧把学校打造成为一个“学习型组织”。否则，学校在教师的成长中发展、教师在学生成长中发展的目标，都只会是痴人说梦，永远都不会有成为现实的可能。

当然，校长的这种专业智慧不是天生就有的，它来自于校长的敬业精神，来自于校长的实践、研究、体验、胆识与创造。校长只有成为“首席学习者”，才能通过自身的不断学习，带领全体教师不断获得专业化成长。

且学且思，且思且行。校长只有享受学习的乐趣，才能不断焕发出工作的激情，在学习与工作之间，逐步找到最佳的结合点，并真正体会到“学习工作化，工作学习化”的内涵和境界。在学习型社会里，校长只有把学习作为自己必需的生活，成为学习型校长，在学习中不断提升自我，才能引领全校师生走上不断学习提高之路，以实现学校的跨越式发展。

(三)“常充电”让“旧课”拓展出新空间

有一次，杨一青校长去浙江省衢州市参加了一个青年教师课堂教学展示的活动。两位年轻的语文教师分别讲的是《将相和》和《三顾茅庐》这两篇课文。

听完讲解后，杨校长在点评时谈了一些自己对教材内容的看法。他说：“传统的课文，也需要与时俱进，跟得上时代的发展，这需要我们在讲解时结合时代的特色，换一种思路，换一种角度去重新解读。现在，我们之所以还在学习《三顾茅庐》这篇课文，不仅仅因为它的文化性和典范性，更是因为这个故事包含了‘尊重知识、尊重人才、求贤若渴’的思想。而这正好是我们这个时代所需要的。刘备兴复汉室需要人才，企业发展需要人才，我们学校同样也需要人才。故事中的‘千军易得，一将难求’的人才观念在今天仍然具有很强的现实意义。《将相和》也一样。刚才讲课时，老师把笔墨都花在了赞扬蔺相如机智勇敢、随机应变上，而忽视了‘和’的重要意义。‘和为贵’在今天这个竞争激烈的社会更具有非常重要的意义。因为竞争固然可以发展，但是和谐、合作才是现在的团队精神所必需的品质。”

杨校长从不同视角进行的点评赢得了在场教师们的阵阵掌声。停顿了一下，杨校长接着说：“传统的篇目，就像刚才这两篇文章，是可以一次次重读的，不同的人可以有不同的意见。所以我们的教学需要摆脱一些观念：教材，具有无上的权威；教参永远是对的；教法是不变的法则。否则的话，我们终会有一天因为信息闭塞、观念陈旧落后而使教学滞后与封闭。固然，传统是教育赖以生存永远需要的，但是创新才是我们的教学走向高峰所必须具备的。”

杨校长话音刚落，教师就再次献上了经久不息的掌声。

在回杭州的路上，杨校长又与学校的语文特级教师倪宗红老师交流了一下刚才的评课观点。倪老师颇为感慨地说：“杨校长，我一直都在提醒自己注意身上的技术化倾向，努力去追寻课文中的人文精神。今天，您给我上了一堂生动的课啊！您对这两节课的点评给了我很多启示。原来，只有我们把文本放在真实的生活和现实的时代背景中才能让它变得鲜活、生动啊！”

时代在进步，社会在发展，教育工作者必须与时俱进，适应时代的进步、社会的发展。所以，应向杨校长学习，在学习中更新观念，用新的眼光去解读那些“老课文”。

当杨校长从其他教师对“老课文”的老调重弹中受到启发，提出要赋予老课文以时代的新意时，与他同行的倪宗红老师就受到了直接影响。她很快就意识到自己在这方面也存在着欠缺，也需要和杨校长一样，进行深度学习。

所以，作为教育工作者，应像杨校长一样具备学习的精神，具备在学习中反思的态度，才能在教学时对传统课文、传统教法进行拓展，学会结合时代特色进行创新。当教育工作者不再按照以前的方式讲课，而是挣脱固有的教学模式，习惯讲课时加上自己的思考，寻找课堂教学中的“新刺激”与“新感觉”时，学生才不会在课堂上打瞌睡，才会真正从课堂教育中学到东西。

这是杨校长从两堂“老调重弹”的课中学习到的，也是作为校长应具备的一种学习精神——尽力开拓自己的视野，帮助教师开拓新的教学思路。

（四）不断积累知识，下功夫在课外

现在的学生最欢迎什么样的老师？

恐怕没有几个人说得清楚这个问题。杨一青校长经常在学校对学生进行一些类似问题的调查。尽管学生的答案形形色色、意见不一，但大致可以概括为两点：渊博的知识储备和幽默的教学语言。

“渊博”的知识完全是靠平时一点一滴积累起来的。一旦有了渊博的知识储备，教师上起课来就容易左右逢源、游刃有余，即便谈不上十分“幽默”，也能吸引绝大多数学生。

对此，杨校长总对教师说：“平时我们要注重积累知识。而积累知识的重要途径就是‘功夫在课外’。”他是这样对教师说的，他自己也是这样做的。因为他知道，校长的学习行为也是一种无形的教育力，会极大地影响教师，极大地带动教师的学习热情和教研发展。

杨校长曾经在学军小学语文老师苏峰的班上讲过一堂作文展示课——《我喜欢的小物件》。那堂课让苏老师真正见识了一下杨校长这位特级教师、学习型校长准备一节作文课的全过程。

那天上课前，杨校长在布置了《我喜欢的小物件》这一课前习作题后，不仅亲自批改了每个学生的作文，还和每个学生进行了个别面谈，了解了学生们心中想到但没有通过文字表达出来的真实想法。

上课时，杨校长对作文素材信手拈来，不时地旁征博引，让学生进入了一个完美、和谐而精致的作文世界。

下课后，他再一次进行了全面而细致的批改，还要求学生们把这次作文的优秀作品打印出来，作为成品保留，以作为下一次作文教学的素材。

苏老师很奇怪为什么杨校长会在课前与课后要花那么多的时间去准备与总结。难道他要做的不只是让学生学会写作文吗？

对此，杨校长回答道：“了解学生的写作习惯是上好作文课的前提，而学生习作后的总结评价则是反映学生习作水平的‘点睛之举’。所以，一位真正想优化课堂教学、提高课堂效率的教师绝不能忽视课前了解学生和课后组织评价这两个重要环节。这就是功夫在课外。”

杨校长的话让苏老师认真想了很久。

原来，苏老师对于备课的理解比较狭隘。他以为备课不过是在上课前看看教科书，翻翻参考书，设计一下教学过程，编写一则教案而已。在见识了杨校长那节作文课的全过程之后，他突然觉得自己跟那些“现炒现卖”的小商贩们没有多大差别。而仅凭这样的备课，怎么可能上好课，怎么可能让学生喜欢自己的课呢？

认识到这一点后，苏老师也学着杨校长的样子，下起了“课外的功夫”：在日常生活中，他随时收集各种信息数据，广泛汲取各方面的知识——文学、科技和艺术等，保存学生的各种作业和作品。

果然，后来他在课堂上讲起课来也渐渐地有模有样了。

“博观而约取，厚积而薄发”是苏东坡的名言。作为教育工作者，只有多在课外下功夫，时时注意知识的“厚积”，对有利于教育教学工作的学问处处留心，备起课来才能轻松，讲起来才能有趣，学生听起来才能过瘾，而不至于只是当一个“教参”和“标准答案”的“传声筒”。为了让教师多积累知识，杨校长不仅自己把功夫下在课外，多学多积累各种专业知识，他还要求其他教师在日常教学中多下功夫。

“教参”和“标准答案”是辅助教师教学的，而不是教师教学的唯一内容。所以，教师在教学实践中不能仅仅向学生传达“教参”和“标准答案”中的信息，更应该向学生传达更多相关信息。那么，这些信息从哪里来呢？当然是课外。

从案例中可以看出，仅仅是给学生上一堂作文展示课，杨校长就做了那么多准备工作：既批改每个学生的作文，还与每个学生面谈。这样，他就知道学生是怎么想的、怎么写的，也就知道学生想的与写的的差距了。

那样一来，在课堂上，他就能对症下药，指导每一个学生写作文。杨校长这种“为一堂课全面备战”的学习精神立刻打动了苏老师，引起了苏老师的反思，并且让他在以后的教育教学实践中脚踏实地地像杨校长那样，学习在“课外”下功夫。

读书少，少读书，不读书，时间一长，必然会让自己变成真正意义上的“教书匠”，自身的学识魅力自然会越来越少，自然会阻碍自己提升理论素养、知识水平和精神境界。所以，作为教育工作者，只有多读书、好读书、善读书，才能让自己的精神家园充满绿意，才能让自己的教育事业充满诗意。

（五）终身学习，构建学习型校园

“就要求学习来说，杨校长简直是一位严厉的家长。他根本不是在督促你学习，而是在逼迫你学习。”学军小学的唐老师这样说。之所以这样说，是因为唐老师至今忘不了那段“惊心动魄”的回忆。

从刚开始要求教师订阅教育杂志，每月做读书笔记与摘记起，杨一青校长几乎强制性地组织教师结合工作与生活在书本上学、在工作中学、在实践中学。

经过几年的努力，教师的学习终于步入了正轨，读书学习已经成为一种校园风气了。教师们最初被逼着读书的不满没有了，取而代之的是越读越想读，还老是觉得自己读得不多，觉得自己读得不够好。

独学而无友，孤陋而寡闻。所以在教师有了美好的读书体验后，杨校长开始及时组织教师们进行交流，让他们畅快淋漓地吐露自己的读书乐趣、读书收获。由此，教师又获得了更大的读书热情，收获了更多的知识与学问。

在实践“多求索，多反思”这一要求时，杨校长要求教师写“案例千字文”。每上完一次课，教师们就通过“自检”来完善教学设计，寻找教学规律与技巧；对课堂中发现的有待改进的地方和学生提出的问题及时做功课，提出改进方案，以求教学理论的深化，同时把有价值的理念放在“案例收藏夹”里边。

经过“多求索，多反思”这个环节，学校的袁晓萍老师开始关注复习课习题的编制，提出了“做题好，做好题，题好做”的观点；杨劲芳老师记下了“学生们在课堂上打横炮”的苦恼，引起了教师对课堂评价语言的关注与反思。

每一位教师都有了自己的收获，都觉得自己取得了很大的进步，一个学习型校园正在逐步构建起来。

当学军小学的所有教师都在杨校长的带领下投入课外学习时，他们也渐渐地学习到了很多课堂上学不到的知识，渐渐地让自己腹中的“经文”越来越多，越来越有新意。

学习如逆水行舟，不进则退。所以不管平时的教育教学工作有多忙，作为校长还是应抽出一些时间来学习，也应抽出时间来带领教师学习。这样日积月累，教师在上课时才有可能厚积薄发，成为最受学生欢迎的老师。

教育界流传着这样一句话："有一位好校长，就有一所好学校。"尽管这句话的含义有待商榷，但却也得到了广泛的认同。因为它道出了教育界存在的一个相当普遍的事实，那就是一所学校的兴衰成败往往与学校的领导层密切相关。

要想做一个好校长，管理好一所学校，校长要意识到自己肩上的重大责任，对此不能有丝毫懈怠，不能因自己的一时疏忽，就给学校的发展造成不应有的损失。而避免出现这种局面的最好方法，就是不断要学习，与时俱进。

校长管理学校，不能总是凭借自己的个人经验、个人阅历，更需要及时充电，及时学习新的思想、方法，只有具备源源不断的后劲，才能解决在教育教学管理中出现的新问题，而那些问题是不可能仅凭一个人已有的经验和阅历就能解决的。

当今社会，竞争激烈，在这样的社会环境中，如果校长只是得过且过，随遇而安，不及时学习、充电的话，他能不随时面临被淘汰的危险吗？如果一位校长天天墨守成规，不及时学习、更新管理观念、寻求治校的新思想，他管理的学校能不落后于其他学校吗？

所以，作为学校的主要管理者——校长，更应该致力于构建学习型学校，营造全员学习氛围，以学习促发展，以"充电"赢高效。

校长应努力使自己成为"老师的老师"，率先接受终身教育，带头加入终身学习行列，用自己的人格影响教师的人格，用自己的素质提升教师的素质，坚持引导学校教师尽快完成从传统教育工作者到现代教育工作者、专业人士的转变，从传统意义上的教师到作为优秀启蒙教师和导师的转变，从单纯提高文化程度到更加追求文化层次、文化品位的转变，努力提高教师的人品修养，提升教师的人格魅力。

当校长带领教师学习进步时，学生自然也会从中受到启发，也会从教师学习的新知识、新思想中受益。不妨假设一下，如果不是杨校长乐于学习，他能反思出"老课文"也需要赋予"新内涵"吗？如果他也像某些教师听公开课那样只是走走过场、摆摆架子的话，教师可能在很长一段时间内不会想到自己的教学有什么问题、而学生更不可能从《将相和》中体会到"和为贵”的重要性，也不能从《三顾茅庐》中体会到“尊重知识、尊重人才、求贤若渴”的精神。

如果杨校长不注意在课外学习、在课前提前做好讲课的准备、课后认真批改作文等“功夫”，苏老师或许还不能马上做出深刻的反省，并积极地付诸行动。

所以，校长要想管理好自己的“一亩三分地”并在这片土地上收获更多，就应学学杨校长，努力学习，从发生在身边的小事学起，从教学中学起，从课外学起，从一切好的、具有启发的地方学起，去积累管理经验，发掘管理智慧。

三、如何做“常充电”的校长

苏霍姆林斯基说：“校长必须具备教师所具备的一切素质，一校之长应该是师者之师。”所以，校长要想管理好一所学校，只能靠不断充实自己，学习新的教育观念和教育方式，使自身素质不断提高，才能让自己在学校管理中有用不完的后劲。校长只有站得高、看得远，常“充电”，才有可能使自己成为一个有能力、有作为的校长。

（一）树立终身学习的理念，用新的理念指导学习

校长要想在学习中增后劲，首先应具备自我学习的意识。有些校长认为工作中所需要的知识、技能都来自前期的学习储备，只重视职前学习，忽视甚至放弃职后学习，一旦走向工作岗位则无需学习，或者以实践经验代替学习，或以工作忙推脱学习，或以有文凭不想学习等，反正认为学习也没什么价值。究其原因，还是一个对学习的认识问题。

所以，校长要提高自己的学习能力，应改变自己旧的学习态度。校长只有改进自己的学习方式方法、学习习惯，自觉地改造自己的主观世界，改造自己的认知方式，提高自己的思维水平，才能为以后的自觉学习提供保障。

为此，校长要切实树立终身学习的理念，积极倡导“学习革命”，全面树立“终身学习”，“人人学习、处处学习、时时学习”“工作学习化、学习工作化”“团队学习”“反思式学习”等先进理念。校长只有拥有一颗终身学习之心，使学习成为工作、生活常态，充分认识到学习就是工作，也是胜任本职工作的基本保证，才能认识到要保持工作活力，就要勤于学习、善于学习。

另外，校长还要强化自我的学习修养。在具体学习中，校长要时刻保持谦虚严谨的学习态度，积极主动地将自己的所学与别人共享，努力做到共同学习，充分认识到在学习上没有“老本”可吃，要常“充电”，把终身学习的过程作为终身接受教育的过程，把终身学习作为自我发展和自我完善的内在要求和必然选择，作为自己一生不变的理想信念和自觉行动，从而不断提高领导力，实现教与学的双向强化，达到互融共进，并以新的理念进一步指导学习，提高学习效率。

（二）全面创新学习机制，激发学习的动力

要促进学习的积极性，关键在于学习动力的大小。校长只有具备正确的学习动机和强大的学习动力，才能端正学习态度，学习起来才能不怕苦，不畏难，不达目的不罢休。有的校长不重视学习主要不是能力问题，而是学习动力不足，目的不明，因而学习干劲不大，自觉性不强，坚持性不够。所以，校长要想提高自己的学习力，应全面创新和建立灵活、高效的学习运行机制，不断增加外部动力，激活学习“内驱力”，只有这样，校长才能深入持久地推动学习型队伍建设。

（三）坚持主动学习，磨炼学习毅力

学习可贵之处在于毅力，毅力就是意志力，它表现在为了实现目标不怕艰难困苦，不怕失败和挫折，持之以恒的行为过程之中。毅力就是坚持，坚持就是胜利，所以，校长在学习的过程中，要不怕慢，不怕不能立竿见影，贵在坚持。具体应做到以下几点：

首先，校长要把学习当作工作、生活的重要组成部分，成为工作、生活

中的一种需要、一种乐趣，改变过去那种把学习当成一种负担、一种包袱的思想，充分认识学习是为了生存和发展，是为了实现自我的人生价值，变被动的学习为主动、自觉、积极学习。

其次，要力戒浮躁，淡泊名利，耐住寂寞，剔除杂念专心务学，善于排除干扰，减少应酬。

第三，校长要学会提高处理日常事务性工作的效率，多挤时间和精力用于学习。要让终身学习的信念时刻萦绕在脑海中，在工作中时刻不忘学习。要学习，就要积极主动，就要下定决心，不怕苦，持之以恒，做到活到老学到老，才能磨炼坚强的学习毅力，从而学有所成。

（四）运用多元学习手段和方法，提升学习能力

《论语》有云：“工欲善其事，必先利其器。”由此可见，校长要想提高自己的学习能力，必须从各方面采取措施。

首先，要善于运用一切先进手段。知识经济时代，学习的手段除书本、纸和笔外，还有电视、电脑、多媒体等动态的、多元的学习手段，校长应善于运用这些新的学习工具。当一种新的信息传播技术手段出现后，校长要尽快掌握并学会利用，在最有限的时空条件下获得最多的数据信息，以提高学习效率。

其次，校长应掌握科学的学习方法。一方面，要把书“读进去”，对理论和知识要深钻细研，善于进行问题性学习、研究性学习、批判性学习，有自己的独立思考和判断，做到学有所悟，学有所成，从而形成新的知识、新的思想；另一方面，校长要从书本中“走出来”，要通过学习创新思路指导实践，把理论与实践结合起来，学以致用，以用促学，以学促用，从而不断更新自己的学习方法，以提高学习效率。

第三，校长应养成良好的学习习惯。当前，在少数校长中依然存在着“学风不良”的现象，这就要求校长应养成良好的学习习惯，如“挤”时间学习的习惯，凡事多问一些为什么的思维习惯，“一问多思”的习惯。校长不仅要向书本学，还要养成向实践学、向成功人士学的习惯。每个人都有自己的学习方法与学习习惯，校长要寻找最适合自己的学习方式，抓住一切学习机会，善于运用多元动态的先进技术手段，以达到有效学习的

目的。

学校要想发展，就应有一个爱学习、懂学习、善学习的校长。作为现代校长，不仅要有渊博丰富的知识，更重要的是要做学习型校长，乐于学习，善于学习，学以致用。只有不断学习的校长，才能不断获得营养，适应时代飞速发展的需要，永远立于时代的潮头浪尖，才能领导学校走在发展的前列，创造学校教育的新篇章。

参考文献

[1] 杨立国.校长培训与校长专业化发展[M].厦门：厦门大学出版社，2008.

[2] 韦勒.学校人力资源领导：中小学校长手册[M].北京：中国轻工业出版社，2005.

[3] 辜伟节.特色学校与校长个性[M].南京：南京师范大学出版，2004.

[4] 张广中.校长应树立哪些新的办学理念[J].中小学校长，2007，(5).

[5] 姜毅松.新魅力领导的结构与其实证研究[D].北京大学，2000.

[6] [美] 彼得·诺斯豪斯，吴荣先等译.领导学：理论与实践[M].南京：江苏教育出版社，2002.

[7] 杨超有.学校管理活动中的领导艺术[J].玉林师范学院学报，2002，(4).

[8] 李超平.变革型领导与领导有效性之间关系的研究[J].心理科学，2003，(1).

[9] 严卫林.校长用人"四忌"[J].河北教育（综合版），2007，(12).

[10] 王清.现代中小学校长用人策略的研究[D].西南师范大学，2004.

[11] 李时岗.我理解的以学生为本[J].中小学校长，2008，(6).

[12] 王铁军.中小学教育科学研究与应用[M].南京：南京师范大学出版社，2002.

[13] 周竹生."科研校长"王文忠[J].中小学校长，2003，(12).

[14] 徐启建.李升勇：学会回到原点思考教育[N].中国教育报，2009—3—10.

[15] 张永福.校长深入课堂引领教师创新[J].福建教育，2003，(2B).

[16] 熊卫东.校长宜进课堂[J].福建教育，2003，(2B).

[17] 陈增群.校长实施赏罚的艺术 [J]. 中小学教育与管理（月刊），2002，(12).

[18] [美] 马特等，徐玲等译.校长理财实务——全国中小学校长培训参考用书 [M]. 北京：中国轻工业出版社，2006.

[19] 卢家仪，蒋冀.财务管理 [M]. 北京：清华大学出版社，1997.

[20] 李凯.强化中学校长创新意识 [N]. 光明日报，1999—12—1.

[21] 陶行知.陶行知教育文选 [M]. 北京：教育科学出版社，1981.

[22] 甘鸣华等.创新的策略——通用方法指南 [M]. 北京：红旗出版社，1999.

[23] [美] 彼得·圣吉.第五项修炼——学习型组织的艺术与实务（第二版）[M]. 上海：上海三联书店，1998.

[24] 燕良轼.创新素质教育论 [M]. 广州：广东教育出版社，2002.

[25] 陈松信.校长要善于学习 [J]. 江西教育，2009，(7).

[26] 李源梅.终身学习促校长不断超越自我 [J]. 中外教育研究，2011，(10).

[27] 周长安.校长学习“四要”[J]. 中小学校长，2002，(11).